Gedächtnis Training

Douglas J. Herrmann

Gedächtnis Training

Über 70 Methoden, das Lernen und Einprägen zu verbessern

Inhalts-verzeichnis

Vorwort

Ich war Student an der *U.S.Naval Academy* in Annapolis, als ich anfing, mich für Gedächtnistraining zu interessieren. Damals bot ein gewisser *Bruno Furst* in einer Anzeige einen Selbsthilfekursus zum Bestellen an. In der Anzeige hieß es, der Kurs sei schnell und leicht durchzuarbeiten und verbessere das Gedächtnis auf mannigfaltige Weise. Die 15 Lektionen kosteten zusammen 15 $.

Die Universität der Marine verlangte ziemlich viel von ihren Absolventen, und ich wollte mit einem Minimum an Aufwand ein Maximum an Erfolg für mich herausholen. Also entschloß ich mich, *Bruno Furst* eine Chance zu geben. Die Sache hatte nur einen Haken: Ich besaß keine 15 $.

Zum Glück aber konnte man den Kurs zehn Tage frei zur Ansicht anfordern. War man nicht zufrieden, durfte man ihn danach zurückschicken, ohne einen Pfennig bezahlen zu müssen. Also dachte ich mir, ich bestelle den Kurs, ackere die Lektionen in zehn Tagen durch und schicke dann die Unterlagen zurück. Als die Postsendung kam, sah ich gleich, daß es sich um reines Grundlagenmaterial handelte, das ich in drei bis vier Tagen würde durcharbeiten können. Ich erfuhr auch nicht viel Neues, aber ein paar Dinge lernte ich doch. Und irgend etwas veranlaßte mich, die Unterlagen nach Ablauf der Probezeit zu behalten.

Ich dachte mir, *Bruno Furst* würde die Sache mit den 15 $ ganz einfach vergessen, und das wär's dann. Aber er vergaß wohl nie etwas. Eines Tages nämlich kam ein Brief, in dem stand: „Erinnern Sie sich? Es ist wichtig, daß Ihre Mitmenschen wissen, daß sie sich auf Sie verlassen können, weil Sie Ihren Verpflichtungen immer nachkommen. Siehe Lektion 7, Absatz 2." *Bruno Furst* hatte mich am Wickel.

Am nächsten Tag kam wieder ein Brief mit einem klugen Spruch aus seinem Kursprogramm, und so ging das Tag für Tag weiter.

Meine Zimmergenossen amüsierten sich köstlich. Sie pinnten die Mahnschreiben überall auf dem Campus an die schwarzen Bretter, und mein Gedächtnis wurde zur Zielscheibe des allgemeinen Spotts. Ziemlich gedemütigt kratzte ich das Geld zusammen und stellte *Bruno Furst* einen Scheck aus.

Dies war meine erste Begegnung mit dem weiten Feld des Gedächtnistrainings, und seither habe ich einen Großteil meiner Arbeit diesem Gebiet gewidmet. Stellen Sie sich vor: Wenn Sie wollen, können Sie die Augen aufmachen, ein Bild eine Sekunde lang anschauen und sich für den Rest Ihres Lebens an dieses Bild erinnern. Eine derart leistungsstarke Maschine ist das menschliche Gedächtnis! Und trotzdem vermag es uns mit verwirrender Regelmäßigkeit im Stich zu lassen.

Obwohl meine Frau und meine Tochter sich ständig über mein miserables Gedächtnis lustig machen, habe ich seit meiner Studienzeit einiges über das menschliche Erinnerungsvermögen gelernt, und dieses Wissen würde ich gern an Sie weitergeben. Freilich - eine Geld-zurück-Garantie gibt es in diesem Fall nicht. In Ordnung?

Danksagung

Eine Reihe von Menschen haben mein Denken bezüglich der Verbesserung der Gedächtnisleistung beeinflußt und geformt. Für die Impulse und Hilfestellungen, die sie mir gegeben haben, bin ich ihnen zu Dank verpflichtet.

John McLaughlin förderte mein Interesse an der Materie, *Dick Atkinson* ermutigte mich, sie zu meinem Studienobjekt zu machen, *Jack Carroll* half mir verstehen, inwieweit Gedächtnis mit Sprache und Denken zusammenhängt, *Dick Neisser* überzeugte mich davon, daß eine sinnvolle Gedächtnisforschung Alltagssituationen einbeziehen müsse, und *Herman Buschke* lehrte mich, den Feinheiten der Erinnerungsverarbeitung mehr Aufmerksamkeit zu schenken.

Die Entscheidung, dieses Buch zu schreiben, fiel, als ich am *Institut für Angewandte Psychologie* in Cambridge, England, ein Forschungsjahr absolvierte. Ein zweites Forschungsjahr an der *Universität von Manchester*, England, unterstützt von einem *Simon-Stipendium*, gab mir die Möglichkeit, das Phänomen der Gedächtnisverbesserung zu erforschen und einen Großteil dieses Buches zu schreiben.

Vor allem *Jim Reason* bin ich verpflichtet, denn seinen Bemühungen verdanke ich, daß ich nach Manchester kommen konnte. Auch führte ich mit ihm, *Pat Rabbitt* und *Graham Hitch* sehr viele hilfreiche Diskussionen über die Auswirkungen des Gedächtnistrainings.

Zahlreiche Menschen haben an der Zusammenstellung dieses Buches mitgearbeitet.

Ich danke vor allem meinen Studenten, die in den Projekten hervorragende Arbeit geleistet haben und mir so zu neuen Erkenntnissen bezüglich der Gedächtnisverbesserung verhalfen.

Verschiedene Leute, die Entwürfe und Probekapitel dieses Buches lasen, gaben mir wertvolle Hinweise zum Inhalt und zum Stil des Buches, darunter *Donna Herrmann, Steve Andrzejewski, Wendy Weber, John McLaughlin, Roger Chaffin* und *Jonathan Schooler.*

Ich danke *Michael Gervasio* und *Edward Walters*, die für Klarheit des Ausdrucks sorgten.

Nancy Ernst, Nancy Hardy und *Sheila Vincent* bin ich verpflichtet, da sie mich in vielerlei Weise unterstützten. Sie halfen mir nicht nur, das Buch zusammenzustellen, sondern nahmen mir auch andere Arbeiten ab, damit ich die Zeit hatte, die ich brauchte, um mich voll und ganz diesem Projekt widmen zu können. Vor allem *Michael Gruneberg* und *Margaret Matlin* danke ich, daß sie mich immer dann wieder ermutigten, die Arbeit fortzusetzen, wenn ich diese Ermunterungen dringend brauchte.

Schließlich danke ich ganz besonders *Dan Gutman*, der einen großen Teil meines letzten Entwurfs neu schrieb. Er hat das Buch lesbarer und unterhaltsamer gemacht. Ein Gutteil des Humors und der zündenden Ideen gehen auf Dans Konto. Auch sind viele Abschnitte durch seine Eingriffe deutlich klarer geworden, weil Dan – der ein Studium in kognitiver Psychologie absolviert hat – über ein besonderes psychologisches Einfühlungsvermögen verfügt. Gelegentlich schlug Dan sogar für spezielle Aufgaben eigene Wege der Gedächtnisverbesserung vor, die ich noch nicht in meinem Programm hatte. Ich schätze mich sehr glücklich, daß mir seine Unterstützung zuteil geworden ist.

Das Gedächtnis aus neuer Sicht

Haben Sie schon mal festgestellt, daß Sie den kompletten Text eines Schlagers, den Sie mit 13 Jahren hörten, auswendig wissen, aber wo Sie vor fünf Minuten Ihre Schlüssel hingelegt haben. daran können Sie sich nicht erinnern?

Sind Sie in der Lage, die Spieler aufzuzählen, die bei den Fußballweltmeisterschaften die entscheidenden Tore geschossen haben, ohne daß Sie je eine besondere Anstrengung gemacht hätten, sie sich zu merken?

Wenn Sie sich einen Film anschauen, haben Sie dann Schwierigkeiten, sich zu erinnern, wer mit wem wie in Verbindung steht, wer mit wem ein Liebesverhältnis, wer wen umgebracht hat usw.?

Wissen Sie noch genau, wie Sie und Ihre Mitschüler in der Abschlußklasse gesessen haben, während Sie sich an den Unterrichtsstoff kaum noch erinnern können?

Entsinnen Sie sich manchmal, daß eine bestimmte Passage in einem Buch, das Sie vor Jahren gelesen haben, auf einer linken Seite im unteren Drittel stand?

Haben Sie sich schon einmal nach einem besonders lebhaften Traum, der Sie in der Nacht aufweckte, gesagt: Daran werde ich mich morgen früh erinnern..., und dann sind Sie aufgewacht und wußten nur noch schemenhaft, daß Sie überhaupt geträumt haben?

Ist es Ihnen schon passiert, daß Sie sich erinnern, wie viele Silben ein Wort hat, das Wort selbst aber fällt Ihnen nicht ein?

Kennen Sie all Ihre persönlichen Zahlen und Nummern auswendig, also: Telefon- und Faxnummer, Postleitzahl, Kontonummer mit Bankleitzahl, Zahlenschloßkombinationen, Bankfachnummer, Versicherungsnummer bei der Krankenkasse, Personalausweis- und Paßnummer etc.?

Sind Sie schon einmal in ein Zimmer gegangen, um etwas zu holen oder zu tun, und hatten dann völlig vergessen, was Sie dort wollten?

Schnell, ohne zu gucken: Welche Farbe hat der Schlips oder der Schal, den Sie heute tragen?

Wir sind auf den Mond geflogen. Wir haben den Atomkern gespalten. Aber das menschliche Gehirn und seine Gedächtnisleistungen stellen noch immer ein geheimnisvolles, weitgehend unerforschtes Gebiet dar. Zum Glück aber lernen wir jeden Tag etwas dazu.

Wahrscheinlich haben Sie zu diesem Buch gegriffen, weil Sie glauben, Sie hätten ein schlechtes Gedächtnis, oder weil Sie meinen, Ihr Gedächtnis verbessern zu können. Gut. Das ist schon mal ein ausgezeichneter Anfang! Wenn Sie den Wunsch verspüren, auf einem bestimmten Gebiet besser zu werden, sind Sie schon auf dem besten Weg, Ihr Ziel zu erreichen.

Es gibt Dutzende von Büchern zum Thema Gedächtnistraining (zu viele, um alle im Gedächtnis zu behalten!). Was ist an diesem Buch anders?

„Gedächtnistraining" geht über die altbekannten Memorierungstechniken hinaus und nimmt auch die jüngsten, sehr erfolgversprechenden Fortschritte, die die Wissenschaft in den letzten Jahren auf dem Gebiet des Gedächtnistrainings gemacht hat, genau unter die Lupe. Wenn Sie das Buch bis zum Schluß durcharbeiten, haben Sie ein paar überraschende, neue Systeme zur Verbesserung der Gedächtnisleistung kennengelernt. Doch wichtiger noch: Sie werden wissen, welche Techniken sich für *Sie ganz persönlich* am besten eignen.

Die vielen Methoden, die auf den Seiten dieses Buches vorgestellt werden, sind das Ergebnis jahrelanger Arbeit und zahlloser Experimente mit Erwachsenen unterschiedlicher Altersgruppen. Die Techniken haben sich für jegliche Art von Gedächtnisaufgabe und -leistung als wirkungsvoll erwiesen. Wenn Sie entschlossen sind, die Fähigkeiten Ihres Gedächtnisses zu erweitern, dann bietet Ihnen dieses Buch eine echte und praktische Hilfe.

Im 1. Kapitel erfahren Sie Wissenswertes über die Geschichte der Techniken zur Gedächtnisverbesserung. Das 2. Kapitel befaßt sich mit der Frage, wie unser Gedächtnis überhaupt funktioniert. Im 3. Kapitel können Sie Ihr eigenes Gedächtnis testen und anhand des Ergebnisses herausfinden, welche speziellen Gedächtnisleistungen Sie besonders üben sollten. In den

Kapiteln 4 und 5 geht es um die Frage, inwieweit unsere Haltung und Einstellung, unsere physische Konstitution und das soziale Umfeld unser Gedächtnis beeinflussen. Das 6. und 7. Kapitel stellen Strategien und mechanische Hilfsmittel vor, die eingesetzt werden können, um die Erinnerungsleistung zu verbessern. Das 8. Kapitel befaßt sich mit Gedächtnisstrategien, die Ihnen helfen, spezielle Situationen besser in den Griff zu bekommen. Das 9. Kapitel schließlich zeigt, wie Sie Ihre Fähigkeiten weiterentwickeln und mit Bravour im täglichen Leben anwenden können.

Das Gedächtnis läßt im Alter *nicht* unausweichlich nach! Ihr Gedächtnis ist wahrscheinlich besser, als Sie glauben; aber Sie können es trotzdem verbessern, egal, ob Sie jung oder alt, blitzgescheit oder normaler Durchschnitt sind. Alles, was Sie brauchen, sind die richtigen „Werkzeuge“ und Übung. Die richtigen Werkzeuge finden Sie in diesem Buch.

KAPITEL 1

Ein gutes Gedächtnis ist wichtig

Es ist eine Sache, wenn Sie gelegentlich vergessen, wo Sie gerade Ihren Schlüssel hingelegt haben. Aber es ist eine ganz andere Sache, wenn Sie auf Weltreise gehen und im ersten Hotel feststellen, daß Sie die Kofferschlüssel zu Hause liegengelassen haben. Schon in solchen Situationen ist ein schlechtes Gedächtnis mehr als ärgerlich. Aber manchmal kann es das Leben sogar gefährlich durcheinanderbringen.

„Was! Du hast unseren Hochzeitstag vergessen?"

In der Arbeitswelt ist es unerläßlich, daß man sich genau erinnert: Man muß wissen, welche Arbeitsgänge nötig sind und wie man sie durchführt, wo bestimmte Dinge aufbewahrt werden, die man für die Arbeit braucht, wo Geräte oder Akten stehen usw. Wer in diesem Bereich ein schlechtes Erinnerungsvermögen hat, erscheint oft inkompetent. Skrupellose Leute können ihren persönlichen Nutzen aus der Vergeßlichkeit der Mitmenschen ziehen, etwa, indem sie sich Geld bei ihnen leihen, das sie absichtlich nicht zurückzahlen, weil sie wissen, daß der andere es vergessen hat. Als ich meinen Militärdienst ableistete, mußte ich lernen, daß man vors Kriegsgericht kommen kann, wenn man einen Safe abzuschließen vergißt, der Geheimdokumente enthält.

Oft können Gedächtnislücken auch das persönliche Leben beeinträchtigen. Der Himmel stehe dem Ehemann bei, der den Hochzeitstag verschwitzt hat! Vergißt man wichtige Dinge, die einem nahestehende Menschen betreffen, so verletzt man nicht nur deren Gefühle, sondern man erscheint auch selbst als gefühllos, egoistisch, ja sogar grob.

Ein gutes Erinnerungsvermögen lässt Sie persönlich als gut erscheinen.

Darüber hinaus können Gedächtnislücken aber auch Ihr eigenes Wohlbefinden beeinträchtigen. Wenn Sie versäumen, Ihre Rechnungen zu bezahlen, schaden Sie Ihrer Kreditwürdigkeit. Vergessen Sie, Ihre Arznei zu nehmen, können Sie – schlimmstenfalls – Ihr Leben gefährden. Menschen, denen dauernd etwas entfällt, fühlen sich einfach nicht wohl in ihrer Haut.

Ein gutes Gedächtnis dagegen wirkt sich auf alle Lebensbereiche positiv aus. Sie haben bessere Chancen, in Ihrem Beruf Karriere zu machen, Ihre persönlichen Beziehungen laufen glatter, Ihre Mitmenschen haben mehr Respekt vor Ihnen, und Sie selbst begegnen sich auch mit mehr Achtung – Ihr Selbstwertgefühl steigt, weil Ihr gutes Gedächtnis Ihnen dazu verhilft, gute Erfahrungen zu machen.

Kurze Geschichte des Gedächtnisses: Wie lautete die Telefonnummer von Julius Cäsar?

Sie nehmen vielleicht an, daß die Menschen früher weniger Probleme mit dem Gedächtnis hatten. Es gab ja schließlich kein Telefon, keine Banken, keine Versicherungen, keine Autos – man mußte sich also weder Telefon- noch Versicherungs- noch Autonummern merken. Die Welt war vergleichsweise kleiner, die Geschichte der Menschheit kürzer – man mußte sehr viel weniger Ländernamen und Hauptstädte kennen, man brauchte seinen Kopf nicht damit zu belasten, welcher Kaiser, König oder Kanzler wann und wo regiert hatte. Geschichtsdaten auswendig herzusagen, muß kinderleicht gewesen sein – was gab's denn vor zweitausend Jahren schon groß an Geschichte? Meint man, und täuscht sich natürlich gewaltig. Auch damals gab es etliches, an das man sich erinnern mußte. Und tatsächlich hielten schon die alten Ägypter, die Griechen und die Römer die Probleme eines schlechten Gedächtnisses für so gravierend, daß sie sich Götter schufen wie beispielsweise *Mnemosyne* (die griechische Göttin des Gedächtnisses und

Mutter der Musen), die ihnen helfen sollten, sich besser zu erinnern! Und immer wieder treten sowohl seriöse als auch selbsternannte Experten auf den Plan, die neue Wege zur Verbesserung des Gedächtnisses anpreisen.

Am bekanntesten aus damaliger Zeit ist wohl der griechische Dichter *Simonides von Keos* (556–468 v. Chr.), der seine Zeitgenossen mit seinem phänomenalen Gedächtnis immer wieder in Erstaunen versetzte. Man erzählt sich, *Simonides* habe einmal an einem großen Gastmahl teilgenommen, das tragisch ausging. Das Dach des Hauses stürzte ein und begrub einen Großteil der Gäste unter sich. Um die Angehörigen verständigen zu können, mußte man die Leichen identifizieren, doch viele der erschlagenen Opfer waren bis zur Unkenntlichkeit verstümmelt. Da kam ihnen *Simonides* zur Hilfe. Er konnte nicht nur die Namen aller Gäste aufzählen, er wußte auch genau, wer wo gesessen hatte.

Simonides gilt als der Erfinder der Gedächtniskunst, der **Mnemonik.** Eine der von ihm angewandten Methoden, die sogenannte **Methode des Ortes**, beruht darauf, daß man sich die zu memorierenden Dinge örtlich verteilt denkt. Wenn man also bestimmte Informationen im Gedächtnis behalten muß, ordnet man sie in Gedanken Städten, Häusern, Zimmern zu. Will man die Information dann wieder abrufen, denkt man einfach an das Haus oder das Zimmer, in dem man die Information „abgelegt" hat, und schon findet man, was man sucht.

Auch andere Gelehrte haben sich Systeme ausgedacht, mit deren Hilfe man das Gedächtnis entwickeln und verbessern kann. Eines davon ist das **Aufhängersystem.** Statt Dinge dadurch zu behalten, daß man sie in Gedanken an einen bestimmten Ort verfrachtet, schlagen diese Fachleute vor, man solle die zu memorierenden Einzelteile an „Haken" aufhängen, die man sich wie geistige Kleiderbügel an einer Garderobe vorstellen kann.

Wenn man beispielsweise Milch, Eier und Brot einkaufen müsse, dann solle man sich einen kleinen Vers schmieden: „Eins ist Mainz; zwei ein Hai; drei ist Brei." Indem man sich nun vorstelle, daß die Milch aus Mainz komme, der Hai Eier lege und man das Brot in den Brei brocke, solle es ganz einfach sein, die Gegenstände zu behalten, die man besorgen wolle. (Einfacher wäre es möglicherweise, gleich Reime auf die Gegenstände zu bilden, etwa: „Milch für den Knilch, Eier für die Feier, Brot fürs Abendbrot.")

Noch heute findet man in den meisten Büchern, die Gedächtnistraining lehren, die guten alten **Mnemotechniken**, die sich auf künstliche Brücken der eben vorgestellten Art stützen. Aber aus verschiedenen Gründen hat das Geschäft mit der Gedächtnisverbesserung mit der Zeit nicht Schritt gehalten.

Ein neuer Versuch, sich dem Gedächtnis zu nähern

Die meisten alten Methoden nehmen für sich in Anspruch, für *alle* Situationen, bei denen das Gedächtnis gefordert ist, nützlich und brauchbar zu sein. Die Forschung hat aber gezeigt, daß sie diesen Anforderungen nicht gerecht werden. Sie mögen hilfreich sein, wenn man eine Latte unverbundener Einzelelemente im Kopf behalten muß, doch wenn es darum geht, komplexere Zusammenhänge zu memorieren, beispielsweise ein ganzes Gedicht, den Inhalt eines Dokuments oder einer Erzählung, dann nützen sie wenig. Und in manchen Fällen, etwa wenn man sich die Gesichtszüge eines Menschen einprägen möchte, sind sie vollkommen nutzlos.

Die alte Methode, sich als Gedächtnisstütze ein Bild vorzustellen, funktioniert – manchmal. Doch die moderne Wissenschaft hat bessere Systeme entwickelt.

Zunehmendes Wissen um die Faktoren, die das Gedächtnis beeinflussen, hat den Fachwissenschaftlern neue Wege aufgezeigt, wie die Gedächtnisleistungen des einzelnen verbessert werden können. Ihre **Einstellung**, Ihre **körperliche Kondition**, Ihre Geisteshaltung, Ihre **Redegewandtheit**, aber auch der **Einsatz von mechanischen Gedächtnisstützen** können alle eine Rolle spielen, wenn es darum geht, die Erinnerungskraft ein wenig anzukurbeln.

Hier ein kleines Beispiel für eine praktische Hilfe zur Gedächtnisverbesserung, die sich auf die neuesten wissenschaftlichen Erkenntnisse stützt:

Die meisten Menschen glauben, sie lernten dann am besten, wenn sie sich hinsetzen und sich dem Lehrstoff eine Zeitlang intensiv und äußerst konzentriert widmen. Die Forschung fand aber kürzlich eine viel bessere Methode: Schauen Sie sich den Stoff, den Sie lernen müssen, ohne besondere Anstrengung an. Lassen Sie danach ein wenig Zeit verstreichen, bevor Sie das Lernmaterial erneut überfliegen. Nun wird die Zeit *verdoppelt*, in der Sie nichts tun. Dann kehren Sie wieder zum Lehrstoff zurück. Fahren Sie fort im Rhythmus Anschauen - Zwischenzeitverdoppeln, bis Sie die Sache intus haben. Die wiederholte Rückkehr zum Stoff, den Sie lernen wollen, verankert ihn viel besser im Gedächtnis als eine einzige, intensive Arbeitssitzung.

Gedächtnissteuerungstechniken und Erinnerungsstrategien sind der Schlüssel zur umfassenden Erinnerung.

Die grundlegende Erkenntnis, auf der dieses Buch basiert, ist schlicht folgende: Es gibt keinen Zaubertrick und keine Wunderpille zur Verbesserung des Gedächtnisses. Aber ich werde Ihnen helfen, den Stand Ihres jetzigen Erinnerungsvermögens zu bewerten. Dann will ich Ihnen für Ihr ganz spezielles Gedächtnisproblem Methoden aufzeigen, die ich „Steuerungen" (Manipulationen) nenne und die gezielt entworfen wurden, um die jeweiligen Schwierigkeiten zu korrigieren.

Sind Sie bereit, Ihr Gedächtnis zu verbessern? Gut, dann fangen wir an.

KAPITEL 2

Ein neues Verfahren zur Gedächtnisverbesserung

Der Hirnchirurg *Dr. William Penfield* führte 1959 an epileptischen Patienten eine Reihe bemerkenswerter Experimente durch. Dabei stellte *Penfield* fest, daß die Patienten, wenn man bestimmte Hirnregionen mit schwachen Stromstößen stimulierte, anfingen zu sprechen und Erinnerungen zu beschreiben, die Jahre zurücklagen – und zwar so präzise, als ob sie sie in diesem Moment erlebten.

Damit war bewiesen, daß sich individuelle Erinnerungen in bestimmten Teilen des Hirns einnisten und dort erhalten bleiben. Nun sind aber verschiedene Regionen des Gehirns für unterschiedliche Gedächtnisfunktionen zuständig. So sitzt beispielsweise das **Sprachzentrum** in der linken Hirnhälfte. Menschen, die linksseitig eine Gehirnverletzung erlitten – wie es häufig bei Autounfällen geschieht –, vergessen unter Umständen ihre Sprache und haben oft große Mühe, abstrakte Begriffe neu zu erlernen, aber sie können noch immer Klavier spielen oder einen Golfball schlagen.

Das Gehirn hat mit unserem restlichen Körper etwas gemeinsam: Je besser man es behandelt, desto besser funktioniert es. Ein schlechter Gesundheitszustand, Erschöpfung, Unterernährung und jede Form von Mißbrauch von Medikamenten oder anderen Substanzen beeinträchtigen die Gedächtnisleistung. Es liegt auf der Hand - und wird doch oft übersehen -, daß die Grundvoraussetzung für ein gutes Gedächtnis eine **gute körperliche Verfassung** ist.

IHRE KÖRPERLICHE VERFASSUNG BEEINFLUSST IHRE ERINNERUNGSFÄHIGKEIT

Das Gedächtnis als „Stereoanlage"

Manchmal scheint es, als könnte uns das Gedächtnis auf hunderterlei Weise im Stich lassen; tatsächlich aber gibt es nur drei Möglichkeiten. Es kann passieren, daß es eine Information

1. überhaupt nicht aufnimmt,
2. sie nicht speichert, obwohl es sie aufgenommen hat,
3. sie wieder vergißt, nachdem sie erfolgreich aufgenommen und gespeichert war.

Wir können nicht immer mit Sicherheit sagen, wo im Gehirn bestimmte Erinnerungsprozesse ablaufen, aber wir haben inzwischen schon recht viel über die Erinnerungsprozesse selbst gelernt; wir wissen, wie sie funktionieren und was sie stören kann.

Stellen Sie sich einmal Ihre Stereoanlage vor. Sie besteht aus **Einzelbausteinen,** die aber alle untereinander verbunden sind. Sie haben einen Empfänger, der Radiowellen aufnimmt, einen Tuner, der die gewünschten Signale herausfiltert, einen Verstärker, der die Wellen in hörbare Töne umsetzt, zwei Lautsprecher, die den Ton ausstrahlen. Wahrscheinlich besitzen Sie außerdem einen Plattenspieler und/oder einen CD-Player und ein Kassettendeck, und vielleicht sind noch weitere Elemente mit Ihrer Stereoanlage verbunden.

Viele Psychologen sind der Ansicht, daß unser Gedächtnis ein wenig wie eine Stereoanlage aufgebaut ist: daß es auch aus verschiedenen **Einzelelementen** besteht, die alle eine bestimmte Funktion zu erfüllen haben. Nur beim reibungslosen Zusammenspiel aller Komponenten kann es richtig funktionieren. Die Bausteine des Gedächtnisses sind

- die fünf Sinne (sozusagen die Antennen)
- das Kurzzeitgedächtnis (der Empfänger)
- das Langzeitgedächtnis (vergleichbar dem Kassettendeck)
- die Zentraleinheit (der Tuner)
- der Mund (die Lautsprecher)

Die **Sinne**, das sind natürlich die Augen, die Ohren, der Geruchs-, der Geschmacks- und der Tastsinn. Das **Kurzzeitgedächtnis** ist eher eine Transportfirma als ein Warenlager. Wenn Sie im Telefonbuch eine Nummer nachschlagen, die Sie dann gerade lange genug behalten, um Sie anwählen zu können, dann war das Kurzzeitgedächtnis in Aktion. Der Inhalt des Kurzzeitgedächtnisses verblaßt innerhalb von Minuten, es sei denn, man bemüht sich, die Inhalte länger zu speichern. Die **Zentraleinheit** bestimmt, wieviel Aufmerksamkeit welchen Informationen geschenkt wird. Wahrnehmungen, denen besondere Aufmerksamkeit zuteil wird und die folglich länger als ein paar Minuten bewahrt werden, gelangen ins **Langzeitgedächtnis.** Von dort können wichtige Erinnerungen immer wieder abgerufen und – wie Ihre heißgeliebten Oldies – stets neu „abgespielt" werden.

Dinge, denen weniger als eine Minute Aufmerksamkeit geschenkt wird, verblassen in der Erinnerung meist schnell wieder.

Es wird also gleichsam eine **Erinnerungsspur** aus Überbleibseln von Erlebnissen gelegt, deren einzelne Schritte in ihrer Abfolge gespeichert werden. Unsere Sinne nehmen aus der Welt, die uns umgibt, laufend Informationen auf, die in das Kurzzeitgedächtnis weitergeleitet werden. Von dort gelangt die Information in das Langzeitgedächtnis, je nachdem, wie die Zentraleinheit darüber entscheidet. Diese Entscheidung wiederum hängt von den beiden wichtigsten Prozessen ab, die in unserem Kopf ablaufen:

Aufmerksamkeit und Speicherung

Es ist sicherlich nicht besonders überraschend zu erfahren, daß der wichtigste Prozeß im Erinnerungsgeschehen die **Aufmerksamkeit** ist. Dieser gemeine Lehrer, der Sie in der vierten Klasse unterrichtete und den Sie haßten, weil er Sie immer so trietzte, hatte völlig recht: „Wenn du nicht aufpaßt, dann lernst du nichts!“ Die Wahrscheinlichkeit, daß Informationen vom Kurzzeit- ins Langzeitgedächtnis übernommen werden, verläuft proportional zur Aufmerksamkeit, mit der man die Information aufgenommen hat. Wer besser aufpaßt, besitzt eine klarere Vorstellung von dem, was er aufnimmt, er nimmt mehr Details wahr, die dann im Langzeitgedächtnis gespeichert werden. Damit wächst die Wahrscheinlichkeit, daß man sich später wieder an die Sache erinnern wird. Wenn Sie also den Grad Ihrer Aufmerksamkeit erhöhen können, dann verbessern Sie damit auch die Qualität ihrer Gedächtnisleistung.

Doch der Grad der Aufmerksamkeit ist nicht der einzige Aspekt, der Schwankungen unterliegen kann. Sind Sie schon einmal ins Kino gegangen, um einen bestimmten Schauspieler oder eine spezielle Schauspielerin zu sehen? Dann haben Sie vielleicht diesen einen Star so genau beobachtet, daß Ihnen die anderen Schauspieler kaum auffielen, von der Kulisse und der Musik ganz zu schweigen. Ja, vielleicht könnten Sie nicht einmal die spannende Handlung wiedergeben. Obwohl also Ihr Grad der Aufmerksamkeit hoch war, ist Ihre Erinnerung an den Film als Ganzes ziemlich gering.

So gehen wir aber mit allen Aspekten des täglichen Lebens um. Immer schenken wir einigen Details mehr Aufmerksamkeit als anderen. Natürlich haben die Einzelheiten, denen die größte Aufmerksamkeit zuteil wird, auch die beste Chance, im Gedächtnis zu überdauern. Wir verteilen unsere Aufmerksamkeit sehr willkürlich – entsprechend sieht es in unserem Gedächtnis aus.

Es sind also sowohl der **Grad** der Aufmerksamkeit als auch die **Art und Weise, wie** die Aufmerksamkeit verteilt wird, die gemeinsam darüber bestimmen, welche speziellen Bruchstücke der Gesamtheit aller aufgenommenen Informationen im Gedächtnis haften bleiben.

Was wissen Sie noch von dem Film *Vom Winde verweht?* Die Antwort hängt davon ab, mit wieviel Allgemeininteresse Sie den Film angesehen haben (= **Grad der Aufmerksamkeit**) und welche Details – Kostüme, Schauspieler, Kulisse und so weiter – Sie besonders interessierten (= **Lenkung der Aufmerksamkeit**).

Gedächtnissteuerung setzt zwei Fähigkeiten voraus: Man muss den Grad der Aufmerksamkeit erhöhen und die Aufmerksamkeit richtig lenken können.

Diese Unterscheidung zwischen Grad und Lenkung der Aufmerksamkeit ist für die Verbesserung der Gedächtnisleistung wichtig. Denn ein paar der Techniken dieses Buches befassen sich damit, wie man den Grad der Aufmerksamkeit erhöhen kann, ohne **daß** dabei die zielgerichtete Lenkung eine Rolle spielt. Bei anderen Techniken ist es gerade umgekehrt. Um aber insgesamt ein gutes Gedächtnis zu bekommen, ist es nötig, *beide Aspekte* zu trainieren: Man muß sowohl einen hohen Grad an Aufmerksamkeit erreichen, als auch seine Fähigkeit schulen, die richtige Auswahl zu treffen. Um die Gedächtnisleistung zu maximieren, müssen beide Aspekte der Aufmerksamkeit gleichermaßen beachtet werden.

Äußere Einflüsse

Sich an jemandes Geburtstag zu erinnern scheint das gleiche zu sein, wie eine Verabredung nicht zu vergessen. Tatsächlich aber sind dies *zwei* Aufgaben, bei denen das Gedächtnis eine feine Unterscheidung macht. Die Verabredung beinhaltet mehr Informationen (*wann, wo, wie, mit wem, zu welchem Zweck* usw.), während der Geburtstag vor allem persönliche Bedeutung hat.

Verschiedene Situationen, in denen unser Gedächtnis gefordert ist, stellen für das Erinnerungsvermögen unterschiedliche Herausforderungen dar. Wie gut wir uns an etwas erinnern, hängt nicht zuletzt davon ab, wie gut die von uns angewandten Erinnerungstechniken oder Gedächtnissteuerungsmethoden zu der speziellen Situation passen. Wir werden später sehen, daß es aufgrund dieser Unterschiede günstiger ist, wenn man sich Geburtstage und Verabredungen mit Hilfe *unterschiedlicher* Techniken merkt.

Drei Dinge beeinflussen unsere Aufmerksamkeit, wenn wir versuchen, uns etwas einzuprägen:

1. die äußeren Umstände,
2. die Art der Information und
3. die damit verknüpfte Absicht.

Äußere Umstände

Bei den äußeren Umständen gilt es *vier Kategorien* zu unterscheiden:

1. Ihre körperliche und geistige Verfassung

Wenn Sie guter Laune sind, wird es Ihnen leichterfallen, einen neuen Namen zu behalten, als wenn sie müde und niedergeschlagen sind.

2. Das soziale Umfeld

In Gegenwart anderer Menschen geben wir uns oft größere Mühe, etwas zu behalten, als wenn wir allein sind. Hinzu kommt, daß wir in Gesellschaft mit Gedächtnissituationen konfrontiert werden, die einfach nicht vorkommen, wenn wir allein sind. Zum Beispiel muß man auf einer Party daran denken, andere nicht durch unbedachte Äußerungen in Verlegenheit zu bringen. Dazu ist es notwendig, sich daran zu erinnern, was der andere als peinlich empfinden könnte.

IN GEGENWART ANDERER MENSCHEN MUSS DAS GEDÄCHTNIS HÄRTER ARBEITEN.

3. Die physische Umgebung

Vielleicht haben Sie festgestellt, daß Sie außerhalb Ihrer eigenen vier Wände besser lernen oder daß Sie leichter lernen, wenn eine bestimmte Musik läuft? Manche optischen Eindrücke, Geräusche oder Gerüche können das Gedächtnis positiv beeinflussen, andere vermögen es regelrecht zu behindern. Viele Produkte werden ausdrücklich als Gedächtnishilfe verkauft. Wecker zum Beispiel sind erfahrungsgemäß zuverlässiger als die innere biologische Uhr des Menschen. Geräte, die sich automatisch ein- oder abschalten – wie etwa die automatische Sprinkleranlage für den Garten –, entheben uns der Notwendigkeit, gewisse Dinge im Kopf zu behalten.

4. Die geistigen Grenzen

Die Fülle der Informationen und die Art, wie sie uns präsentiert werden, haben Einfluß darauf, wie gut das Gedächtnis damit umgehen kann. Es ist schwieriger, ein Gedicht mit zehn Strophen auswendig zu lernen als einen Limerick. Es ist viel leichter, die Börsenkurse zu behalten, wenn man sie gedruckt in der Zeitung vor sich hat, als wenn sie am Bildschirm vorbeiflimmern. Es ist schwieriger, sich eine Liste mit Wörtern in einer Fremdsprache einzuprägen, als sich mehrere Wörter der eigenen Sprache zu merken.

Welcher Gedächtnisbereich ist gefordert?

Das zweite Charakteristikum, das unsere Aufmerksamkeit beeinflußt, ist die *Art* des Stoffes, den man zu behalten versucht. Ein Spiel wie *Trivial Pursuit* beispielsweise verlangt ein gutes Gedächtnis für **Grundwissen** bzw. eine gute **Allgemeinbildung.** Wenn Sie mit Ihren Freunden zusammensitzen und Erinnerungen austauschen, ist ein Gedächtnis für **Ereignisse** gefragt. Um sich an eine Verabredung oder einen Geburtstag zu erinnern, ist die **Absicht**, der **Vorsatz** Gegenstand des Gedächtnisses. Um einen Fußball ins Tor zu schießen, eine flotte Sohle aufs Parkett zu legen, zu schwimmen oder Rad zu fahren, ist das Gedächtnis für **Handlungen** und **Bewegungsabläufe** gefordert.

Versuch dich zu erinnern...

Vielleicht haben Sie auch schon erlebt, daß Sie sich an den gesamten Text eines Schlagers erinnern, obwohl Sie sich gar nicht darum bemüht haben, ihn zu behalten. Wenn man etwas ohne bewußte Anstrengung lernt, so bezeichnet man das als *zufällige* Gedächtnisleistung. Ihr steht die *absichtliche* Gedächtnisleistung gegenüber, bei der man die Aufmerksamkeit bewußt und gezielt auf das lenkt, was man zu behalten wünscht.

UNSER GEDÄCHTNIS IST VOLL VON INFORMATIONEN, DIE ZU BEHALTEN WIR NIE DIE ABSICHT HATTEN.

Der Unterschied zwischen gezieltem und zufälligem Lernen hat in der Praxis große Bedeutung. Wenn man etwas absichtlich lernt, wird die Gedächtnisspur im allgemeinen detaillierter und brauchbarer sein. Auch ist die Chance, daß man etwas gezielt Gelerntes behält, größer.

Die neue Theorie der Gedächtnisverbesserung

Nehmen wir an, Sie möchten gern besser Tennis spielen. Dann arbeiteten Sie wahrscheinlich nicht nur an ihrer Rückhand oder Ihrem Aufschlag. Wenn Sie ernsthaft daran interessiert wären, Ihre gesamte Spielweise zu verbessern, gingen Sie die Sache von allen Seiten an. Sie täten etwas für Ihre allgemeine Kondition, Sie informierten sich über Tennisschläger und die verschiedenen Arten der Bespannung, über die Bälle und über die Beschichtung des Courts. Sie übten den Aufschlag und die verschiedenen anderen Schläge. Im Laufe der Zeit fänden Sie heraus, wo Ihre eigenen Stärken oder Schwächen liegen, und genau da würden Sie ansetzen und besonders intensiv üben.

Wer sein Gedächtnis verbessern will, muß ähnlich vorgehen. Mit einer *einzigen* Methode kann man es nicht zur Meisterschaft bringen. Das beste Rezept umfaßt eine *Vielzahl* von Faktoren: ein allgemeines **Konditionstraining**, eine gefühlsmäßig **richtige Einstellung (mentale Motivation)**, das **soziale Umfeld**, Binsenweisheiten ebenso wie **ausgefeilte Techniken.**

Einige Methoden zur Verbesserung des Gedächtnisses konzentrieren sich nur auf mentale Techniken. Das ist genauso, als wollte man sein gesamtes Tennisspiel verbessern, indem man lediglich den Aufschlag übt. Ich schlage hingegen eine Form der Gedächtnisverbesserung vor, die umfassender und breiter gefächert ist als alle herkömmlichen Methoden.

Mit Hilfe des nächsten Kapitels können Sie ihr Gedächtnis testen, um herauszufinden, wo Ihre größten Schwächen liegen. Danach erfahren Sie, wie Sie an diesen Punkten gezielt arbeiten können.

Zusammenfassung

Die Verbesserung Ihres Gedächtnisses hängt von den Einzelbausteinen Ihres Gedächtnissystems ab und davon, wie gut diese Einzelteile zusammenwirken. Sie können dieses System unterstützen, indem Sie den Grad Ihrer Aufmerksamkeit für die Dinge erhöhen, die Sie zu behalten wünschen, und indem Sie ihre Aufmerksamkeit durch Techniken der Gedächtnissteuerung gezielt zu lenken lernen.

Dieses Buch hilft Ihnen, sich ein ganzes Repertoire an Steuerungssystemen anzueignen; Sie werden lernen, welche Technik für bestimmte Gedächtnisaufgaben anzuwenden ist.

KAPITEL 3

Wie gut ist Ihr Gedächtnis?

Die meisten Menschen glauben genau zu wissen, wie gut ihr eigenes Gedächtnis ist.

„Ich habe ein hervorragendes Gedächtnis."
„Ich habe ein gutes Gedächtnis."
„Ich habe ein schlechtes Gedächtnis."
„Ich habe ein Gedächtnis wie ein Sieb."

Doch die Forschung hat bewiesen, daß sie sich sehr oft täuschen. Studien zeigen, daß beispielsweise gerade Menschen, die behaupten, ein *schlechtes* Namensgedächtnis zu haben, häufig sogar über ein *sehr gutes* verfügen.

Einer der Gründe, warum wir unser eigenes Erinnerungsvermögen so schlecht einschätzen können, liegt darin, daß man uns beigebracht hat, das Gedächtnis quasi mit einem Muskel zu vergleichen, der entweder stark oder schwach ausgebildet ist. Tatsächlich aber ist niemandes Gedächtnis einheitlich gut oder schlecht. Die meisten Menschen schneiden bei bestimmten Gedächtnisübungen gut, bei anderen dagegen schlecht ab. Wenn jemand dafür bekannt ist, ein „gutes Gedächtnis" zu haben, dann bedeutet das meist nur, daß diese Person *auf einem ganz bestimmten Gebiet* gute Erinnerungsleistungen zeigt – etwa, wenn es darum geht, Geschichtsdaten oder Telefonnummern zu behalten. Umgekehrt wird manchen Leuten sehr zu Unrecht ein schlechtes Gedächtnis nachgesagt, nur weil sie dazu neigen, etwas zu vergessen, was viele andere behalten können – Geburtstage beispielsweise.

Ein weiterer Grund, warum wir unsere eigenen Gedächtnisleistungen so schlecht beurteilen können, liegt darin, daß wir ja üblicherweise keine

Strichliste führen, anhand der wir abzählen könnten, wie oft uns die Erinnerung tatsächlich im Stich gelassen hat.

Bevor Sie aber Ihr eigenes Gedächtnis verbessern können, müssen Sie erst einmal herausfinden, welche Gedächtnisleistungen Ihnen Mühe bereiten. Sobald man das weiß, kann man versuchen, die Mängel gezielt anzugehen. Und wenn Sie wissen, welche Art von Gedächtnisaufgaben Sie mühelos bewältigen, dann brauchen Sie auf diesem Gebiet keine Energien zu verplempern. Eine realistische Einschätzung der tatsächlichen Fähigkeiten Ihres Gedächtnisses versetzt Sie in die Lage, sinnvoll und gewinnbringend an dessen Verbesserung zu arbeiten.

Ihr Gedächtnis ist besser, als Sie glauben. Sie müssen nur die Schwachstellen herausfinden.

So können Sie Ihre Gedächtnisleistung messen

Die beste Möglichkeit, das eigene Gedächtnis einzuschätzen, besteht natürlich darin, es vom Fachmann – also einem Psychologen, Psychiater oder auch Neurologen – testen zu lassen. Wahrscheinlich wird dieser Experte Ihnen einen genormten Test (beispielsweise den *Wechsler-Gedächtnistest*) vorlegen, der von der Testperson verlangt, daß sie eine Reihe von Gegenwartsereignissen aufzählt, sich an eine Liste mit Zahlen, Wörtern und Wortpaaren erinnert, eine Geschichte nacherzählt und ein geometrisches Muster aus dem Gedächtnis nachzeichnet. Andere anerkannte Tests umfassen Aufgaben, die dem täglichen Leben etwas näher sind; so muß man beispielsweise Verabredungen behalten und anhand einer Wegbeschreibung einen Ort finden.

Leider sind die von Fachleuten durchgeführten Gedächtnistests teuer und zeitaufwendig, und obendrein wirken sie auf viele Menschen einschüchternd. Obwohl Sie ganz offensichtlich interessiert daran sind, Ihr

Gedächtnis zu verbessern, möchten Sie wahrscheinlich nicht Ihr gutes Geld dafür hinblättern, daß Ihnen ein Fachmann dabei hilft. (Sollten Sie aber doch einen wissenschaftlich anerkannten Gedächtnistest machen wollen, so wenden Sie sich an die *Abteilung für Klinische Psychologie* an der nächsten Universitätsklinik und erkundigen Sie sich, ob dort Tests durchgeführt werden. Haben Sie dort kein Glück, dann können Sie sich bei der jeweils zuständigen Landesärztekammer eine Liste der zugelassenen Psychologen oder Psychiater aushändigen lassen; eventuell bekommen Sie auch bei der Kammer direkt Auskunft darüber, welche Fachärzte Gedächtnistests durchführen.)

Wenn Sie gefragt werden, woher der Spruch stammt: „Bleibe im Lande und nähre dich redlich", wissen die wenigsten Menschen die richtige Antwort: Psalm 37,3.

Viele **Bücher** enthalten Gedächtnistests, die man selbst machen oder zusammen mit einem Freund oder einer Freundin durchführen kann. Diese Tests ähneln jenen, die die Fachleute anwenden, sehr. Leider aber sind die Ergebnisse wenig zuverlässig. Damit sie korrekt ausfallen, ist der Test unter genau kontrollierten Bedingungen durchzuführen. Die Person, die den Test leitet, muß den Probanden für jede einzelne Aufgabe eine genau festgelegte Zeit lassen, die für die Erinnerungsleistung eingeräumte Zeit muß festgelegt sein, und die Pausen zwischen den einzelnen Aufgaben müssen genau eingehalten werden.

Außerdem sind alle Absolventen unter den gleichen Bedingungen zu testen. Der Fachmann weiß, wie er dies gewährleisten kann, aber er weiß auch die Faktoren zu bewerten, die den Kandidaten negativ beeinflussen, wie zum Beispiel Prüfungsangst oder Nervosität, die das Testergebnis verfälschen können. Außerdem rechnet der Experte damit, daß Testpersonen bei bestimmten Fragen aus dem Bereich Allgemeinbildung dazu neigen zu raten, d.h. die Antwort zu wählen, die ihnen am wahrscheinlichsten erscheint - und dabei erzielen sie so manchen Treffer. Wenn man Leute fragt: „Woher stammt der Ausspruch: *Bleibe im Lande und nähre dich redlich?*“, so antworten die meisten „Goethe“ oder „Schiller“, oder sie meinen, es sei einfach ein Spruch aus dem Volksmund. Die wenigsten wissen, daß es sich um einen Bibelspruch handelt (Psalm 37,3). Da aber sehr viele Zitate aus der Bibel entnommen werden, könnten sie geneigt sein, einfach auf gut Glück mit „Bibelspruch“ zu antworten, was dann so aussieht, als hätten sie es gewußt und sich richtig erinnert. Dabei hätten Sie die Frage ehrlicherweise mit dem Hinweis beantworten müssen, daß sie zwar den Spruch kennen, aber noch nie gewußt haben, woher er stammt.

Der neue Gedächtnistest

Es gibt jetzt einen Test, der ausgefeilter, umfassender und in der Substanz besser ist, als die bisher üblichen Tests zum Selbermachen. Ich habe nämlich einen **Fragebogen** entworfen, der Ihnen die Möglichkeit bietet, Ihre Fähigkeiten in jenen *vier Kategorien* der Gedächtnisleistung zu überprüfen, die wir im täglichen Leben brauchen:

1. Allgemeinwissen
2. Ereignisse
3. Absichten
4. Handlungen

Allgemeinwissen

Während Ihres Lebens sind Sie einer unendlichen Flut von **Informationen** ausgesetzt: Das beginnt in der Schule mit dem Lehrstoff, später geht es dann im Beruf weiter. Aber auch durch unsere Hobbys und durch die Medien (Zeitung, Fernsehen, Radio) erfahren wir täglich Neues.

Je nachdem, wo Ihre persönlichen Interessen liegen, lernen Sie auf dem einen Gebiet mehr als auf dem anderen. Manchen Themen gehen Sie vielleicht ganz aus dem Weg, selbst wenn Sie Gelegenheit hätten, etwas darüber zu erfahren, mit anderen kommen Sie überhaupt nicht in Berührung.

Überprüfen Sie einmal Ihr Wissen. Sie werden überrascht sein, wie reich Ihre Datenbank bestückt ist.

Test: Was glauben Sie, wieviel Sie wissen?

Sie finden hier eine Liste mit vielen völlig unterschiedlichen Wissensgebieten. Legen Sie zunächst fest, ob Sie sich schon einmal für das spezielle Gebiet interessiert und darüber etwas gelernt haben.

Möglicherweise wollen Sie bei dem einen oder anderen Gebiet eine Unterteilung vornehmen. Nicht jeder, der sich einmal ausführlich mit alter Geschichte befaßt hat, muß sich in neuer Geschichte auskennen. Nicht jeder, der ein Jazzfan ist, kennt sich auch mit Volksmusik oder Gregorianischen Gesängen aus. Wo ein Fachgebiet Ihnen zu groß erscheint, können Sie also ruhig Ihre eigenen Unterteilungen vornehmen.

Wenn Sie meinen, sich mit dem Gebiet befaßt und darüber etwas gelernt zu haben, kreisen Sie „Ja" ein, wenn nicht, kreisen Sie „Nein" ein.

Rechts vom „Ja" setzen Sie eine Zahl zwischen 1 und 7 ein, je nachdem, wieviel Zutrauen Sie zu sich und Ihrer Fähigkeit haben, aus diesem speziellen Gebiet eine beliebige Frage auf Anhieb richtig zu beantworten. Wenn Sie beispielsweise glauben, jede Frage zum Thema jederzeit richtig beantworten zu können, dann setzen Sie eine 1 ein. Das bedeutet, daß Sie davon überzeugt sind, die Materie so gut im Griff zu haben, daß Ihre Erinnerung Ihnen hier keine bösen Streiche spielen wird. Wenn Sie dagegen glauben, daß Sie, obwohl Sie sich mit dem Fach früher einmal beschäftigt haben, keine Frage mehr beantworten können, weil Sie längst alles vergessen haben, dann schreiben Sie eine 7 neben das Ja. Wenn Sie vermuten, daß sich Ihr Wissensstand und Ihre Erinnerung irgendwo in der Mitte bewegen, notieren Sie – je nach Ihrer Einschätzung – 3, 4 oder 5.

Zum Schluß sollte auf Ihrem Bogen bei allen Wissensgebieten ein „Ja" oder ein „Nein" eingekreist sein und hinter jedem „Ja" eine Bewertungszahl stehen. Hier noch einmal die Bewertungsskala:
Ich kann eine Frage zu diesem Gebiet

1 = *immer*
2 = *sehr oft*
3 = *ziemlich oft*
4 = *etwa in der Hälfte der Fälle*
5 = *manchmal*
6 = *selten*
7 = *nie*

richtig beantworten.

WISSENSGEBIET	BEKANNT	
Aktuelles Tagesgeschehen	Ja	Nein
Astronomie	Ja	Nein
Bildhauerei	Ja	Nein
Chemie	Ja	Nein
Deutsch	Ja	Nein
Etikette (Benimmregeln)	Ja	Nein
Fremdsprachen	Ja	Nein
Gemeinschaftskunde	Ja	Nein
Geographie	Ja	Nein
Geologie	Ja	Nein
Geschichte	Ja	Nein
Gesellschaftsklatsch	Ja	Nein
Gesundheitswesen	Ja	Nein
Handarbeiten	Ja	Nein
Heimwerken	Ja	Nein
Hobbys	Ja	Nein
Jura (Gesetzeskunde)	Ja	Nein

WISSENSGEBIET	BEKANNT	
Aktuelles Tagesgeschehen	Ja	Nein
Kochen/Backen	Ja	Nein
Landwirtschaft	Ja	Nein
Literatur	Ja	Nein
Malerei	Ja	Nein
Mathematik	Ja	Nein
Musik	Ja	Nein
Pflanzenkunde	Ja	Nein
Philosophie	Ja	Nein
Physik	Ja	Nein
Politik	Ja	Nein
Rechtschreibung	Ja	Nein
Religion	Ja	Nein
Sachbücher	Ja	Nein
Schauspiel/Theater	Ja	Nein
Soziologie	Ja	Nein
Sport	Ja	Nein
Tierkunde	Ja	Nein
Wirtschaftswissenschaften	Ja	Nein
Witze	Ja	Nein

Beantworten Sie außerdem die folgenden Fragen:

Gedächtnisaufgabe		
Kennen Sie häufig benutzte Telefonnummern auswendig?	Ja	Nein
Beherrschen Sie am Arbeitsplatz erworbene Kenntnisse?	Ja	Nein
Haben Sie ein gutes Orientierungsvermögen?	Ja	Nein
Kennen Sie Namen berühmter Persönlichkeiten auswendig?	Ja	Nein
Kennen Sie die Namen alter Bekannter?	Ja	Nein

Ereignisse

Es gibt mehr als fünf Milliarden Menschen auf diesem Planeten, doch nicht zwei von ihnen haben eine exakt übereinstimmende Biographie. Unsere Erlebnisse sind von entscheidender Bedeutung, wenn es darum geht, wie wir uns selbst sehen. Was wir getan oder nicht getan haben, bestimmt, wer wir sind. Wie gut wir uns erinnern, ist für uns alle wichtig.

Jedes Menschenleben ist mit Millionen von Ereignissen angefüllt, die vergessen werden. Ein trainiertes Gedächtnis beschert dem Menschen zusätzliche Erinnerungen.

Test: Wie gut ist Ihre Erinnerung an alltägliche Details?

Es ist unausweichlich, daß wir die meisten unserer alltäglichen Erlebnisse – entweder teilweise oder ganz – vergessen. Der folgende Fragebogen bezieht sich auf typische Situationen des täglichen Lebens. Sie werden gebeten, anhand Ihrer Einschätzung in die rechte Spalte einzutragen, wie oft Sie die in Frage 1 bis 10 genannten Dinge behalten oder vergessen. Wiederum geben die Zahlen 1 bis 7 die Häufigkeit des Sicherinnernkönnens an

1 = *immer*
2 = *sehr oft*
3 = *ziemlich oft*
4 = *etwa in der Hälfte der Fälle*
5 = *manchmal*
6 = *selten*
7 = *nie*

Gedächtnisaufgabe	
1. Denken Sie an die Male, bei denen Sie sich eine Telefonnummer oder eine Adresse merken mußten, die Sie einen Moment vorher gelesen hatten. Wie oft erinnern Sie sich, ohne noch einmal nachschauen zu müssen?	
2. Wie oft gelingt es Ihnen, sich an die Namen von Leuten zu erinnern, die Sie kennen?	
3. Wie oft können Sie sich den Namen von jemandem merken, den Sie eben erst kennengelernt haben?	
4. Wenn Sie etwas weglegen, das Sie Minuten später wieder brauchen, wie oft erinnern Sie sich auf Anhieb, wo Sie es hingetan haben?	

GEDÄCHTNISAUFGABE	
5. Wenn Freunde oder Verwandte über Dinge aus Ihrer Kindheit sprechen, wie oft können dann auch Sie sich an das erwähnte Ereignis erinnern?	
6. Wenn Sie in einem Restaurant sind und sich nach dem Kellner umschauen, der Sie bedient hat, wie oft finden Sie ihn sofort unter den Kollegen heraus?	
7. Wie oft können Sie sich erinnern, was jemand gerade zu Ihnen gesagt hat?	
8. Wenn Ihnen jemand eine Wegbeschreibung gibt, wie oft vermögen Sie dann Ihr Ziel zu finden, ohne nochmals nachfragen zu müssen?	
9. Wenn Ihnen jemand sagt, dies oder das habe er Ihnen schon bei früherer Gelegenheit mitgeteilt, wie oft können Sie sich dann erinnern, was der andere sagte und wann er es sagte?	
10. Wenn Sie im Kino oder im Fernsehen einen Film gesehen haben, wie oft sind Sie danach in der Lage, den Inhalt genau wiederzugeben?	

Absichten und Vorsätze

Berühmte Abschiedsworte: „Vergiß nicht, auf dem Heimweg von der Arbeit einen Liter Milch zu besorgen!“ Wie oft muß man sich daran erinnern, für sich selbst oder für andere etwas zu erledigen. Gelegentlich vergißt man es natürlich. Wenn Sie allerdings vergessen, Ihren **Verpflichtungen** nachzukommen, riskieren Sie Verärgerung auf der Gegenseite.

SEHR LEICHT VERGISST MAN GERADE DIE DINGE, AN DIE MAN SICH NICHT ERINNERN WILL. UND DIES KANN BÖSE FOLGEN HABEN.

Test: Wie gut erinnern Sie sich an Absichten und Vorhaben?

Schätzen Sie anhand des Fragebogens ab, wie oft Sie sich an Dinge erinnern, die zu tun Sie vorhaben. Tragen Sie die Bewertung in die rechte Spalte ein.

1 = *immer*
2 = *sehr oft*
3 = *ziemlich oft*
4 = *etwa in der Hälfte der Fälle*
5 = *manchmal*
6 = *selten*
7 = *nie*

Gedächtnisaufgabe	
1. Wie oft erinnern Sie sich an das, was Sie erledigen sollten?	
2. Wenn Sie mehrere Dinge zu tun haben, sich aber keinen Merkzettel schreiben, wie oft erinnern Sie sich dann an alle Dinge, die Sie erledigen wollten?	
3. Sie gehen in ein anderes Zimmer, um etwas zu holen. Wie oft wissen Sie dann noch, was Sie dort wollten?	
4. Wenn Sie einkaufen gehen, wie oft bringen Sie dann alles mit, was Sie kaufen wollten, ohne einen einzigen Posten vergessen zu haben?	
5. Wie oft erinnern Sie sich an Verabredungen (Termine)?	
6. Wenn jemand Sie bittet, einem gemeinsamen Bekannten etwas auszurichten, wie oft erinnern Sie sich und tun das dann auch?	
7. Sie müssen einen Gegenstand mitnehmen (zur Schule, zur Arbeit, zum Sport): Wie oft denken Sie daran?	

GEDÄCHTNISAUFGABE	
8. Wie oft erinnern Sie sich, daß Sie Routinearbeiten (Müll runterbringen, Post aus dem Kasten holen, Haus abschließen, Garten sprengen) erledigen müssen?	
9. Wie häufig denken Sie daran, persönliche Utensilien (Brieftasche, Geldbörse, Schlüssel, Medikamente) mitzunehmen?	
10. Wie oft gelingt es Ihnen, alltägliche Dinge (Herd oder Licht ausschalten, Hemd oder Bluse richtig zuknöpfen) richtig zu erledigen?	

Handlungen und Bewegungsabläufe

Es ist leichter, einen Toaster zu reparieren, wenn man sich daran erinnern kann, wie man die Reparatur das letzte Mal durchgeführt hat. Viele Aufgaben des täglichen Lebens erfordern die Erinnerung an einen **Handlungsablauf.** Ein diesbezüglich gutes Gedächtnis kann Ihnen in vielen Situationen, die von kleinen Reparaturen im Hause bis zu sportlichen Aktivitäten reichen, sehr nützlich sein.

WER SICH GUT ERINNERN KANN, WIE MAN BESTIMMTE DINGE MACHT, VERMAG SICH DAS LEBEN DEUTLICH ZU ERLEICHTERN.

TEST: WIE GUT KÖNNEN SIE SICH NÖTIGE ARBEITSSCHRITTE MERKEN?

Schätzen Sie anhand des Fragebogens ab, wie oft Sie sich erinnern, wie bestimmte Handgriffe des täglichen Lebens auszuführen sind. Tragen Sie die Bewertung rechts ein.

1 = *immer*
2 = *sehr oft*
3 = *ziemlich oft*
4 = *etwa in der Hälfte der Fälle*
5 = *manchmal*
6 = *selten*
7 = *nie*

GEDÄCHTNISAUFGABE	
1. Wenn Sie einen bestimmten Bewegungsablauf (einen Tanzschritt, einen Bewegungsablauf im Sport), den Sie früher gut beherrschten, aber lange nicht ausgeführt haben, jetzt vorführen sollten, wie oft gelingt Ihnen das korrekt?	
2. Wenn Ihnen ein anderer etwas zeigt oder Sie in einem Do-it-yourself-Handbuch eine Anweisung lesen, wie häufig sind Sie dann später in der Lage, die Anweisung auszuführen und sich an sie zu erinnern?	
3. Wie oft können Sie eine erforderliche Handlungsabfolge richtig ausführen, ohne sie mit einer ähnlichen Abfolge durcheinanderzubringen? (Zum Beispiel den Rückwärtsgang im neuen Auto einlegen, ohne ihn mit der Position des Rückwärtsgangs im alten Wagen zu verwechseln?)	
4. Wie häufig erinnern Sie sich an alle Schritte einer komplizierteren Handlung (z.B. das Wiederzusammensetzen eines Gegenstandes, den Sie auseinandergenommen haben?)	

Gedächtnisaufgabe	
5. Wenn Sie eine Handlung ausführen, die mehrere Schritte erfordert: Wie oft erinnern Sie sich, welches der nächste Schritt ist?	
6. Wie häufig erinnern Sie sich, wie alltägliche Dinge zu handhaben sind (wie der Schlüssel im Schloß zu drehen ist, welcher Knopf an der Herdplatte zu bedienen ist)?	
7. Wie oft können Sie jeden einzelnen Schritt einer Handlungskette rekapitulieren (wie die Zusammenstellung aller Zutaten und die Zubereitung eines bestimmten Gerichts)?	
8. Wenn Sie eine Gebrauchsanweisung lesen – etwa, wie etwas zusammenzubauen ist, das in Einzelteilen geliefert wurde: Wie oft erinnern Sie sich dann an die letzten Schritte, haben aber Schwierigkeiten, die ersten Schritte auszuführen?	
9. Sie tun etwas, wozu Sie verschiedene Gegenstände brauchen (Werkzeuge für eine Reparaturarbeit, Utensilien und Zutaten beim Kochen): Wie oft greifen Sie dann den für den nächsten Arbeitsschritt richtigen Gegenstand?	
10. Wenn Sie eine Arbeit angehen, die Werkzeuge, Hilfsmittel oder Zutaten erfordert, wie oft erinnern Sie sich dann an alle Gegenstände, die Sie brauchen, so daß Sie die Arbeit zügig erledigen können, ohne sie unterbrechen zu müssen, um einen vergessenen Gegenstand zu holen?	

Der richtige Punktestand

Bei den Fragen, die Sie gerade beantwortet haben, geben sich die meisten Menschen 2 oder 3 Punkte. Das heißt, sie glauben, daß sie „sehr oft" oder „ziemlich oft" an alles Nötige denken. Die Schwierigkeit bei Selbsteinschätzungen dieser Art besteht darin, daß die Antworten oft eine Reaktion darauf sind, wie sehr ein Mensch sich selber mag, aber weniger eine echte Beurteilung der tatsächlichen Fähigkeiten darstellen. Manche Menschen halten sich für perfekt, andere trauen sich so gut wie gar nichts zu.

Hier geht es darum herauszufinden, welche Gedächtnisaufgabe Ihnen die meisten Probleme bereitet. Machen Sie sich bei jedem Fragebogen bei jeweils den beiden Fragen ein Zeichen an den Rand, bei denen Ihre Eigenbeurteilung am schlechtesten ausfällt und bei denen Sie eine Verbesserung der Leistung wünschen. Wenn Sie *keine* Verbesserung in diesem Bereich anstreben, weil er Ihnen unwichtig erscheint, übergehen Sie die Frage. Viele Menschen nehmen es gelassen hin, daß sie auf bestimmten Gebieten keine Glanzleistungen vollbringen. So gibt es zum Beispiel Leute, die es für unnötig halten, sich gleich bei jeder ersten Begegnung einen Namen zu merken. Sie ziehen es vor zu warten, bis sie die andere Person etwas besser kennen; erst dann unterziehen sie sich der Mühe, auch deren Namen ins Gedächtnis aufzunehmen.

Liebes Tagebuch ...

Fragebogen sind ein gutes Hilfsmittel, um eine **Bestandsaufnahme** Ihrer Gedächtnisleistungen zu erstellen. Doch sehr oft vergessen wir Dinge, ohne daß wir es merken oder bewußt zur Kenntnis nehmen. Wir müssen uns also darüber im klaren sein, daß die Antworten keine hundertprozentig zuverlässige Aussage erlauben.

Um den Fragebogen also zu ergänzen und so zu einem stichhaltigeren Ergebnis zu kommen, schlage ich vor, Sie führen eine Zeitlang ein Gedächtnistagebuch. Die Informationen über Ihre Gedächtnisleistungen werden sozusagen direkt eingegeben, sobald Sie etwas vergessen haben – während der Fragebogen ja nicht ausschließt, daß Sie schon längst vergessen haben, daß Sie etwas vergessen haben!

Das Tagebuch kann sowohl *bestätigen,* was Ihre Fragebogen ergaben, es zeigt unter Umständen aber auch, daß Sie sich *getäuscht* haben. Indem Sie das Tagebuch gewissenhaft führen, können Sie feststellen, daß Sie vielleicht ein sehr viel besseres – möglicherweise aber auch schlechteres – Gedächtnis haben, als Sie dachten.

Ein Tagebuch zu führen, kann eine ausgesprochen lästige Aufgabe sein. Zum Glück ist das Gedächtnistagebuch eine relativ simple Angelegenheit.

Führen Sie einen Monat lang ein Gedächtnistagebuch, und Sie werden die Bereiche entdecken, in denen Ihre Erinnerungsfähigkeit besonders stark oder schwach ist.

Ziehen Sie einfach vom nachfolgenden Gedächtnisprotokoll-Formblatt 30 oder mehr Kopien. Führen Sie jeden Tag eine datierte Kopie mit sich. Statt selbst einen langen Eintrag zu formulieren, brauchen Sie nur in dem jeweils vorgesehenen Freiraum ein Stichwort einzusetzen. Natürlich können Sie das Formblatt Ihren persönlichen Gegebenheiten entsprechend ändern oder ergänzen.

Notieren Sie nun täglich auf dem jeweiligen Tagesblatt *jeden einzelnen Gedächtnisausfall.* Wenn Sie eine *Verabredung* vergessen haben, notieren Sie es in der Rubrik „Absichten und Vorsätze". Wenn Ihnen ein *Name* nicht eingefallen ist, schreiben Sie es auf, indem Sie ein Kreuzchen an der entsprechenden Stelle machen und in Stichpunkten die Umstände festhalten. Auf diese Art denken Sie über die Sache nach und vermeiden vielleicht beim nächsten Mal einen ähnlichen **Gedächtnisausfall** – obwohl das nicht die eigentliche Aufgabe dieses Tagebuches ist.

Es kann sein, daß Sie nicht allein sind, wenn Sie bemerken, daß sie eine momentane Gedächtnislücke haben. Wenn es Ihnen peinlich ist, vor anderen Leuten Ihre Liste hervorzuziehen, dann entfernen Sie sich kurz von der Gesellschaft, oder füllen Sie ihr Tagebuch aus, sobald Sie wieder allein sind. Aber verlassen Sie sich nicht darauf, daß Sie sich schon erinnern werden, was Sie in Ihr Tagebuch eintragen müssen! Je länger der dazwischenliegende Zeitraum, desto größer die Chance, daß Sie eine Eintragung vergessen – was die Akkuratesse Ihres Tagebuchs erheblich beeinträchtigen kann.

GEDÄCHTNISPROTOKOLL VOM ...	
Gedächtnisaufgabe	Nähere Beschreibung des Gedächtnisausfalls (bitte eintragen)
Allgemeinwissen	
Sie haben etwas vergessen, das Sie in der Schule, in der Ausbildung, im Beruf oder in einer weniger formalen Situation an Wissensstoff gelernt haben.	
Ereignisse	
Sie mußten eine Telefonnummer, eine Adresse, eine andere Kurzinformation nachschlagen, doch ehe Sie sie anwendeten, hatten Sie einen Teil vergessen und waren gezwungen, nochmals nachzuschauen. Sie konnten sich an den Namen einer Person nicht erinnern. Sie haben Einzelheiten eines Films/Theaterstücks/Ereignisses o. ä. vergessen und merkten es, als Sie mit anderen darüber sprachen.	
Absichten und Vorsätze	
Sie sollten irgend etwas erledigen, haben aber vergessen, was es war.	

GEDÄCHTNISPROTOKOLL VOM ...	
Gedächtnisaufgabe	Nähere Beschreibung des Gedächtnisausfalls (bitte eintragen)
Absichten und Vorsätze	
Sie sollten etwas erledigen, haben aber vergessen, es zu tun. Als Sie das Haus verließen, stellten Sie fest, daß Sie einen Gegenstand vergessen hatten, den Sie mitnehmen wollten, und mußten umkehren, um ihn zu holen.	
Handlungen und Bewegungsabläufe	
Sie wollten eine Bewegung ausführen, die Sie lange nicht gemacht haben (Tanzschritt o. ä.), und wußten nicht mehr genau, wie es geht. In einem Handlungsablauf vergaßen Sie einen oder mehrere Schritte.	

Aufaddierung

Wenn der Monat um ist, nehmen Sie eine weitere Kopie zur Hand und vermerken auf ihr die *Gesamtzahl der Fehlleistungen* in den einzelnen Bereichen. So sehen Sie auf einen Blick, wo die Schwächen und die Stärken Ihres Gedächtnisses liegen.

Ehe Sie aber zu einer endgültigen Schlußfolgerung kommen, müssen Sie in Betracht ziehen, wie oft Sie überhaupt mit einer bestimmten Gedächtnissituation konfrontiert waren. Schätzwerte genügen dabei. Die Forschung hat gezeigt, daß die meisten Menschen auch nach einem Monat recht gut einschätzen können, wie oft Sie gewissen Situationen ausgesetzt waren. Erst dann, wenn zwischen Häufigkeit der Situation und Gedächtnisleistung eine *Relation* hergestellt ist, kann die tatsächliche Leistung eruiert werden. Denn wenn Sie beispielsweise im Laufe des Testmonats 500 Leuten vorgestellt wurden und von deren Namen 50 vergessen haben, dann ist das noch immer eine überragend gute Gedächtnisleistung; immerhin konnten Sie 450 Namen behalten! Wenn Sie aber 50 Leuten vorgestellt wurden, und Sie erinnern sich an keinen einzigen Namen, dann ist das wahrhaftig keine Glanzleistung. In beiden Fällen wurden zwar 50 Namen vergessen, dennoch ist die Leistung völlig unterschiedlich zu bewerten. Die *Zahl* der Ausfälle allein sagt also zunächst nichts aus, es kommt entscheidend darauf an, *wie oft* das Gedächtnis einer bestimmten Situation ausgesetzt war.

Deshalb muß die reine Zahl der Gedächtnisausfälle relativiert werden. Sie machen das mit der schon bekannten 7-Punkte-Skala: 1 bedeutet, Sie erinnerten sich immer während des Testmonats und hatten bei keiner Gelegenheit in diesem Bereich einen Gedächtnisausfall. 7 bedeutet, Ihr Gedächtnis hat Sie bei allen Gelegenheiten, wo eine bestimmte Gedächtnisleistung gefordert war, im Stich gelassen. Hatten Sie von 20 Gelegenheiten gleicher Art 9, 10 oder 11 Gedächtnisausfälle, so ergibt das 4 Punkte (= etwa in der Hälfte der Fälle), hätte Ihr Gedächtnis Sie nur einmal im Stich gelassen, so dürften Sie sich 2 Punkte geben.

Diese Art der Bewertung nehmen Sie für alle Kategorien vor. Das Ergebnis wird auf dem letzten Tagebuchblatt vermerkt; Sie brauchen die Bewertung für die spätere genaue Analyse Ihrer Gedächtnisleistungen.

Interpretation der Ergebnisse

Inzwischen haben Sie schon gemerkt, daß man gar nicht sagen kann: „Ich will mein Gedächtnis verbessern." So einfach ist die Sache nicht. Verschiedene Bereiche des Gedächtnisses müssen auch auf unterschiedliche Weise trainiert werden.

Man muss die Schwachstellen seines Gedächtnisses genau kennen, um am richtigen Punkt ansetzen zu können.

Der Trick besteht darin, das *ärgerlichste* Gedächtnisproblem ausfindig zu machen und dann die richtige Technik zu finden und anzuwenden, die am ehesten dazu geeignet ist, das Problem zu überwinden. Wenn Sie die Fragebogen und das Tagebuch zu Rate ziehen, sollte es nicht schwerfallen, die Bereiche zu finden, die eine Aufbesserung am dringendsten nötig haben.

Ehe Sie sich dem nächsten Kapitel zuwenden, überlegen Sie, welche der vier Kategorien – *Allgemeinwissen, Ereignisse, Absichten, Handlungen* – für Ihre persönliche Zielvorstellung wichtig, welche weniger wichtig sind. Dann gehen Sie die Fragebogen und die Tagebuchnotizen durch und schauen nach, wie Sie in den einzelnen Kategorien *insgesamt* abgeschnitten haben. Wenn Sie etwa im Bereich Allgemeinwissen sowohl im Fragebogen als auch im Tagebuch eine gute Bewertung vorweisen können, so brauchen Sie hier keine Energie zu investieren, um eine Verbesserung zu erzielen. Fällt die Gesamtbewertung dagegen schlecht aus, dann liegt es auf der Hand, daß in dieser Kategorie Schwachstellen liegen.

Wahrscheinlich werden die Fragebogenbewertungen und das Tagebuch recht übereinstimmende Werte aufweisen. Wenn allerdings zwischen den Ergebnissen *erhebliche* Unterschiede bestehen, dann sollten Sie dem Tagebuch mehr Gewicht beimessen. Meiner Erfahrung nach ist es genauer als die Antworten in den Fragebogen, da es ja aufgrund aktuellen Geschehens erstellt ist, während die Fragebogen die persönliche Selbsteinschätzung wiedergeben. Wenn Sie beispielsweise im Fragebogen angegeben haben, Sie könnten Namen nur schwer behalten, das Tagebuch dies aber widerlegt, dann dürfen Sie getrost annehmen, daß Sie in diesem Bereich ein besseres Gedächtnis haben, als Sie sich selbst zutrauten. Wahrscheinlich neigen Sie in manchen Bereichen zu einer falschen Einschätzung Ihrer Fähigkeiten.

Trotzdem könnte es natürlich sein, daß Sie persönlich glauben, die Fragebogen zeigten richtigere Ergebnisse als das Tagebuch. Dann empfiehlt es sich, das Tagebuch einen oder zwei Monate *länger* zu führen, bis Sie zu einer Sie selbst überzeugenden Einschätzung gelangt sind.

UNTERSCHIEDLICHE GEDÄCHTNISPROBLEME MÜSSEN MIT UNTERSCHIEDLICHEN METHODEN „BEHANDELT" WERDEN.

Zu guter Letzt sollten Sie bitte noch etwas tun: Erinnern Sie sich, daß ich Sie bat, bei jedem Fragebogen jeweils die beiden Fragen am Rand zu kennzeichnen, bei denen Ihre Eigenbeurteilung am *schlechtesten* ausfällt? Wenn Sie nun Ihr Tagebuch fertiggestellt haben, dann schauen Sie doch einmal nach, wo Ihre Randmarken stehen. Sind Sie noch immer der Meinung, daß Sie dort die meisten Probleme haben? Wenn ja, so notieren Sie sie in der nachfolgenden **Liste der Schwachstellen.** Hat sich aber herausgestellt, daß Ihre Schwächen eigentlich ganz woanders liegen, dann setzen Sie nun die tatsächlichen Schwachpunkte unten ein.

Wurden die Fragebogen ehrlich ausgefüllt und das Tagebuch regelmäßig geführt, dann kennen Sie jetzt die wunden Punkte Ihres Gedächtnisses. Das sind die Probleme, denen Sie die größte Aufmerksamkeit zukommen lassen sollten, wenn Sie nun weiterlesen.

Schwachstellen meines Gedächtnisses

1. ______________________________

2. ______________________________

3. ______________________________

4. ______________________________

ZUSAMMENFASSUNG

Die meisten Menschen sind sich der Fähigkeiten ihres Gedächtnisses nicht voll bewußt. Wir vermeiden oft Gedächtnisaufgaben, bei denen wir durchaus erfolgreich sein könnten, und laden uns andere auf, die wir umgehen sollten. Unsere Tendenz, uns entweder einer bestimmten Gedächtnisaufgabe zu stellen oder aber ihr eher auszuweichen, hängt davon ab, wie wir die Fähigkeiten unseres Gedächtnisses einschätzen.

Um Ihre Gedächtnisleistungen verbessern zu können, müssen Sie zunächst wissen, wo Ihre wahren Stärken und Schwächen liegen.

Um das herauszufinden, sollten Sie die in diesem Kapitel vorgestellten Fragebogen sorgfältig ausfüllen und einen Monat lang ein Gedächtnistagebuch führen. Beides wird später ausgewertet. Danach sind Sie in der Lage, Ihre persönlichen Schwachpunkte und das Ziel Ihrer Gedächtnisverbesserung genau zu bestimmen.

KAPITEL 4

So bringen Sie Ihr Gedächtnis *in Hochform*

Es ist vier Uhr früh, und Sie sind auf einem Klassentreffen; der Schulabschluß liegt zehn Jahre zurück. Sie haben etwas getrunken und während der letzten 24 Stunden kaum geschlafen. Ein alter Freund aus der Parallelklasse kommt mit ausgebreiteten Armen auf Sie zu und will Sie begrüßen. Was meinen Sie: Wird Ihnen der Name dieses einstigen Schulkameraden einfallen? Wetten Sie lieber nicht darauf!

Forschungsergebnisse haben gezeigt, daß die durchschnittliche Gedächtnisleistung eines Menschen starken Schwankungen unterliegt, je nach körperlicher und geistiger Verfassung des Betroffenen. Tatsächlich ist die **Gesundheit** der entscheidende Faktor, wenn es darum geht, wie gut oder wie schlecht man bei einer zufälligen Gedächtnisaufgabe abschneidet – bei Erinnerungsleistungen also, bei denen man nicht gezielt versucht, etwas zu behalten. Doch auch bei den in diesem Buch präsentierten gezielten Gedächtnisübungen spielt der Gesundheitszustand eine wichtige Rolle.

Das von mir gewählte Szenario „Klassentreffen" mag etwas weit hergeholt erscheinen. Doch selbst in den gewöhnlichsten Alltagssituationen ist die **körperliche Verfassung** ein entscheidender Faktor beim Erinnerungsgeschehen. An einen Geschäftsabschluß, spät abends nach dem dritten Martini auf leeren Magen getätigt, vermag man sich am nächsten Tag oft nur sehr vage zu erinnern. Ebenso ist nächtliches Büffeln über Lehrbüchern häufig von wenig Erfolg gekrönt und führt nur zur Erschöpfung, die auch das Lernen am nächsten Tag noch beeinträchtigt.

WER SICH AN EINEM TAG VÖLLIG VERAUSGABT, KANN AUCH AM FOLGENDEN TAG NOCH EIN UMNEBELTES GEHIRN HABEN. DIE CHANCEN, DASS DAS LANGZEITGEDÄCHTNIS ETWAS AUFNIMMT, SIND DANN GERING.

Schlechte Gesundheit, schlechtes Gedächtnis

Wenn Ihre geistige und physische Kondition schlecht ist, dann bleibt auch die Leistung Ihres gesamten Erinnerungssystems unter dem Durchschnitt. Die Aufmerksamkeit, die Schlüsselfunktion aller Gedächtnisleistungen, ist herabgesetzt. Das Langzeitgedächtnis leidet. Die zentrale Schaltstelle nimmt nicht alles wahr, was in das Kurzzeitgedächtnis gelangt, folglich werden Ideen und Bilder nicht fest gespeichert. Die Erinnerungsspuren verblassen. Es ist schwierig, sie in das Langzeitgedächtnis zu transferieren, und auch, Unnötiges wieder daraus zu entfernen. Um die volle Funktionstüchtigkeit des Gedächtnisapparates wiederherzustelllen, muß die **körperliche und geistige Verfassung** verbessert werden. Für manche Menschen mag das eine grundlegende **Änderung des Lebensstils** bedeuten.

Wenn Sie zu diesem Buch gegriffen haben, weil Sie hofften, schnelle und einfache Lösungen für Ihre Gedächtnisprobleme geboten zu bekommen, dann sollten Sie sich jetzt der Erkenntnis stellen, daß es die rasche Patentlösung nicht gibt. Doch wenn sie Ihr Gedächtnis wirklich verbessern möchten, dann werden sich die Ratschläge dieses Kapitels auszahlen.

Mit Ihrem Gedächtnis ist es wie mit Ihrem Körper – ohne Schweiß und Anstrengung ist keine Topform zu erreichen.

Trainieren Sie Ihren Geist!

Menschen, die häufig krank sind, haben ein deutlich schlechteres Gedächtnis als Menschen, die sich bester Gesundheit erfreuen. Zu diesem Ergebnis kam eine unter wissenschaftlicher Aufsicht gemachte Testserie, die an 1000 freiwilligen Testpersonen durchgeführt wurde.

GESUNDE MENSCHEN HABEN WENIGER GEDÄCHTNISPROBLEME ALS SOLCHE, DIE HÄUFIG KRANK SIND. MENSCHEN, DIE REGELMÄSSIG SPORT TREIBEN, SIND MEIST GESÜNDER ALS DER REST DER BEVÖLKERUNG.

Körperliche Bewegung hilft nicht nur, die Körperkräfte zu erhalten, sie nützt auch dem Kreislauf; sie hält uns physisch fit für die Gedächtnisaufgaben, die auf uns zukommen. Wer sich täglich Bewegung verschafft, klagt seltener über Stimmungstiefs, leidet weniger unter Streß, hat eine regelmäßigere Verdauung, schläft besser – und all das nützt dem Gedächtnis.

Nun mag es ziemlich albern erscheinen, allein zur Verbesserung der Gedächtnisleistung Sport zu treiben. Die meisten Menschen trainieren aus anderen Gründen - doch jetzt haben Sie einen weiteren.

Ich habe festgestellt, daß manche Menschen sich schon bei dem bloßen Gedanken, sich körperlich betätigen zu sollen, am liebsten gleich ins Bett verkriechen würden. Ich sage ja nicht, daß Sie anfangen sollen, Gewichte zu stemmen oder jeden Tag einen 20-Kilometer-Marsch mit Sturmgepäck zu machen, um Ihr Gedächtnis auf Vordermann zu bringen. Ein **täglicher Spaziergang** von 15 bis 20 Minuten reicht völlig aus für einen Menschen, der sonst keinen Sport treibt. Es geht im Grunde nur darum, an die frische Luft zu kommen, den Körper zu bewegen, damit der **Kreislauf** angeregt wird und die alten und neuen Erinnerungen ein wenig „durchgeschüttelt" werden.

Ihr Gedächtnis hat eine Uhr

Sie kennen sicher die Behauptung: „Ich bin ein Nachtmensch“ oder „Ich bin ein Morgenmensch“? Das ist keine Einbildung. Unsere Gedächtnisstärke ist einem **Rhythmus** unterworfen. Es gibt gewisse Tageszeiten, bestimmte Tage in der Woche, an denen unser Gedächtnis besser arbeitet als sonst.

Ich nenne sie die **Spitzenzeiten.** Im Laufe der Jahre habe ich herausgefunden, daß ich meine persönlichen Bestleistungen zwischen 10 Uhr 30 und 13 Uhr erbringe. Nicht daß ich in der übrigen Zeit zu nichts zu gebrauchen wäre, aber am späten Vormittag ist mein Geist am schärfsten und arbeitet am wirkungsvollsten. Jeder Mensch hat seine persönlichen Spitzenzeiten, bei den meisten liegen sie zwischen 11 und 16 Uhr.

Es gibt ein paar Gründe dafür, warum wir solche Hochleistungszeiten haben. Im Laufe des Tages vertiefen wir uns mehr und mehr in unsere Angelegenheiten. Nach dem Mittagessen setzt meist eine gewisse Müdigkeit ein, und unser Elan schwindet. Auch unser **biologischer Kreislauf** – Körpertemperatur, Atmung, Puls – beeinflußt den Grad unserer Aufmerksamkeit.

Darüber hinaus hat Ihr **Schlafrhythmus** Einfluß auf Ihre persönlichen Spitzenzeiten. Wenn Sie früh zu Bett gehen und früh aufstehen, lernen Sie wahrscheinlich am frühen Vormittag besser. Sind Sie eine Nachteule und kommen erst spät aus den Federn, ist Ihre Zeit wahrscheinlich eher der Nachmittag. Als ich einen Vollzeitlehrauftrag an der Universität hatte, lagen meine Spitzenzeiten am frühen Nachmittag. Als ich aber eine Zeitlang an einem Forschungsinstitut arbeitete, mußte ich täglich um 6 Uhr aufstehen – in dieser Zeit erreichte ich meine Spitzenleistungen am frühen Vormittag. Wenn Sie Nachtdienst haben oder am Wochenende arbeiten, werden Ihre persönlichen Spitzenzeiten mit sehr großer Wahrscheinlichkeit andere sein, als die von Leuten, die tagsüber während der Woche arbeiten.

Obwohl die **Spitzenzeit** allgemein am häufigsten um die Tagesmitte liegt, mag es sein, daß Sie nicht in dieses Schema passen. Sie können selbst herausfinden, wann Ihre persönliche Bestzeit ist: Beobachten Sie einfach, wann es Ihnen am leichtesten fällt aufzupassen, wann Sie am aufnahmebereitesten sind und am klarsten denken können.

Nutzen Sie Ihre Bestzeiten aus. Sie holen das meiste aus Ihren Reserven heraus, wenn Sie Ihre Gedächtnisaufgaben in Ihrer persönlichen Spitzenzeit erledigen. Kreative oder geistige Arbeit sollten Sie am besten auch dann verrichten. Wenn Sie Einfluß auf den Zeitpunkt von Sitzungen oder Besprechungen nehmen können, dann legen Sie sie so, daß Sie den Vorteil Ihrer Bestzeit ausnutzen. Erledigen Sie hingegen lästige Tätigkeiten wie Büro aufräumen, putzen usw. dann, wenn Sie nicht in Topform sind.

Zu bestimmten Tageszeiten und an bestimmten Wochentagen funktioniert das Gedächtnis besonders gut. Heben Sie sich Ihre schöpferische und geistige Arbeit für diese Spitzenzeiten auf.

Verlegen Sie *wichtige* Memorier- oder Lernarbeit auf die Tage zum Wochenende hin. Forschungen haben erstaunlicherweise ergeben, daß die meisten Menschen am Freitag und Samstag die besten Gedächtnisleistungen erbringen. Möglicherweise hat das damit zu tun, daß die Aussicht auf das Wochenende die Stimmung hebt, als Ansporn wirkt und so die Leistungsfähigkeit steigert.

Unterbrechungen im normalen Tageszyklus hemmen die Lernfähigkeit. Wenn Sie beispielsweise ein Kleinkind haben, das nachts alle paar Stunden aufwacht und versorgt werden muß, dann ist Ihr eigener Schlaf ständig unterbrochen und somit wenig erholsam. Das wirkt sich nachteilig auf die tagsüber zu leistende Gedächtnisarbeit aus. Auch der sogenannte Jet-lag, der bei Flugreisenden einsetzt, die die Datumsgrenze überfliegen, hat ähnliche Auswirkungen. Viele Menschen haben nach solchen mehrstündigen Flügen Probleme mit Ihrem Orientierungssinn: Sie finden das Hotel nicht oder können sich die Zimmernummer nicht merken.

Wenn Ihr Tages- oder Wochenrhythmus aus irgendeinem Grund durcheinandergebracht wird, bemühen Sie sich, die Anzahl der Gedächtnisaufgaben gering zu halten oder sie zu verschieben. Gegen einen schreienden

Unterbrechungen der täglichen Routine wirken sich nachteilig auf die Lern- und Erinnerungsfähigkeit aus.

Säugling kann man natürlich kaum etwas anderes tun, als abzuwarten, daß er größer wird. Aber wenn Sie reisen, können Sie versuchen, genügend Zeit zur körperlichen und geistigen Erholung einzuplanen, ehe Sie sich beispielsweise in schwierige Geschäftsverhandlungen stürzen, die Ihre volle Aufmerksamkeit erfordern.

Schlafen Sie drüber

Vor einigen Jahren machte eine Theorie Schlagzeilen, derzufolge der Mensch **im Schlaf lernen** könne. Und nicht nur das. Die Verfechter der Theorie behaupteten sogar, Menschen behielten das Gelernte *besser,* wenn sie es sich im Schlaf aneigneten, als wenn sie es im Wachzustand lernten. Clevere Geschäftsleute witterten ihre Chance und machten wahrscheinlich Millionen mit der Gutgläubigkeit von Menschen, die Schallplatten, Tonbänder und Kassetten kauften, um sich im Schlaf Fremdsprachenkenntnisse oder das Wissen ganzer Enzyklopädien reinzuziehen.

Intensive Forschung auf diesem Gebiet belegt aber eindeutig: Während des Schlafes lernt kein Mensch irgend etwas! Wenn Sie des Nachts ein Tonband laufen lassen und sich am nächsten Morgen an einen Teil des Stoffes erinnern, dann sind das Dinge, die Sie während einer Wachphase aufgenommen haben. Wer wirklich fest schläft, lernt – wie schon oben erwähnt – nichts.

Es scheint allerdings deutliche Beweise dafür zu geben, daß man Lernstoff besser behält, wenn man sofort nach der Lektion schläft, statt erst noch etwas anderes zu tun, wie etwa Karten zu spielen oder zum Essen zu gehen. Wenn Sie es also einrichten können, dann sollten Sie lernen, bis Sie das Licht ausmachen und dann sofort schlafen.

WAS SIE UNMITTELBAR VOR DEM EINSCHLAFEN GELERNT HABEN, WIRD AM NÄCHSTEN TAG WAHRSCHEINLICH BESSER IN IHREM GEDÄCHTNIS HAFTEN.

Grundsätzlich ist ein **erholsamer Nachtschlaf** eine gute Voraussetzung dafür, Gedächtnisaufgaben besser zu bewältigen. Sehen Sie also zu, daß Sie vor einer Prüfung, einem wichtigen Gespräch, einer Geschäftsverhandlung genügend Schlaf bekommen – dann ist das Spiel schon halb gewonnen. Die meisten Menschen können sich an Situationen erinnern, wo sie die Nacht durchgemacht haben – sei es aufgrund einer Fete, wegen einer heftigen Diskussionsrunde oder einfach, weil zuviel Arbeit zu erledigen war – und am nächsten Tag damit zu kämpfen hatten, sich an die geläufigsten Wörter und Dinge zu erinnern.

Um sicherzugehen, daß Sie gut und fest schlafen, sollten Sie spät abends weder essen noch **Alkohol** trinken. Vermeiden Sie auch den Gedanken an unangenehme Dinge und belastende **Probleme**, und gehen Sie jeden Abend etwa um dieselbe Zeit zu Bett.

Und noch etwas: Nehmen Sie keine **Schlaftabletten!** Der Schlaf, den sie hervorrufen, ist selten von der erfrischenden Qualität des normalen Schlafs. Außerdem haben Schlaftabletten Nachwirkungen, die das Gedächtnis und die Erinnerungsleistungen beeinträchtigen.

Gedächtnisnahrung

Im 15. **Jahrhundert** rieten Experten denjenigen, die ihre Gedächtnisleistungen steigern wollten, zu einer **Diät** in Form von gebratenem Huhn, Hasenbraten, Äpfeln, Nüssen und Rotwein. In der **spätmittelalterlichen Vorstellungswelt** war herzhaftes Essen die Quelle aller Kraft und Energie und stärkte folglich auch die geistigen Kräfte. Nun mögen sich unsere Vorfahren in der Art der empfohlenen Nahrungsmittel getäuscht haben, aber sie waren auf dem richtigen Weg. Die Ernährung spielt in der Tat eine wichtige Rolle beim Denk- und Erinnerungsprozeß.

Wir wissen heute, daß die Nahrungsmittel sich auf die chemischen Abläufe im Gehirn auswirken, also auch die Funktion des Gedächtnisses beeinflussen. Angemessene Mengen von *Protein* (Eiweiß), *Kohlenhydraten, Lecithin,* vor allem aber *Vitamin* B_1 gelten als ausschlaggebend für ein reibungsloses Funktionieren der chemischen Prozesse im Gehirn, die ablaufen, wenn wir denken, wahrnehmen und uns erinnern. Allerdings wissen wir nicht, ob bestimmte Nahrungsmittel eine bessere „Hirnnahrung" darstellen als andere. Es erscheint deshalb sinnvoll, sich ausgewogen und gesund von frischen Nahrungsmitteln zu ernähren, also Milchprodukte, Brot und Vollkornprodukte, Gemüse und Obst, Fisch und Fleisch zu sich zu nehmen, um eine gute Gedächtnisfunktion zu gewährleisten.

Wenn es Ihnen an bestimmten Nährstoffen mangelt, dann können Sie Ihren Arzt fragen, welche Präparate er Ihnen empfiehlt. Zur sogenannten „Gedächtnisnahrung" gehören *Lecithin,* die Vitamine des B-Komplexes (besonders B_1, B_6 und B_{12}), *Jod, Mangan* und *Folsäure.* Während es erwiesen scheint, daß eine rundum gute und gesunde Ernährung auch dem Erinnerungsvermögen und dem Gedächtnis nützt, bin ich selbst nicht davon überzeugt, daß ein einzelnes Vitamin oder Mineral eine besonders gedächtnisstärkende Wirkung hat.

Die Vitamine des B-Komplexes sind als Geistesnahrung bekannt.

Jüngste Forschungen auf ernährungswissenschaftlichem Gebiet könnten mich allerdings zwingen, meine Überzeugung zu ändern. *Glukose* scheint in der Tat einen direkten Einfluß auf das Gedächtnis zu haben. Eine an der Universität von Virginia durchgeführte Forschungsreihe ergab, daß Studenten, die nach dem Unterricht eine mit Glukose gesüßte Limonade tranken, den Lehrstoff leichter behielten. Andere Forscher haben das Ergebnis in einer neuen Testreihe bestätigt. Offensichtlich unterstützt Glukose die

Prozesse im Hirn, die für die Speicherung von Informationen im Langzeitgedächtnis zuständig sind. Möglicherweise gilt das für jede Form von gezuckertem Getränk, aber das muß erst noch getestet werden.

Forscher der Universität von Virginia fanden heraus, dass Studenten, die nach dem Lernen mit Glukose gesüsste Limonade tranken, den Stoff besser behielten.

Ich glaube, die meisten Menschen ernähren sich so, daß ihr Essen alle Nährstoffe enthält, die sie brauchen, damit Körper und Geist gut funktionieren. Sollten Sie befürchten, daß ein Mangel an bestimmten Nährstoffen Ihre Gedächtnisleistungen beeinträchtigt, konsultieren Sie Ihren Arzt; er wird Sie beraten können.

Eine Sache im Zusammenhang mit dem Essen hat freilich ganz sicherlich einen schlechten Einfluß auf die Gedächtnisleistung. Wer sich, kurz bevor er eine Gedächtnisaufgabe in Angriff nimmt, mit Essen vollstopft, wird ziemlich schlecht abschneiden. *Allzu reichliches* Essen macht einen müde, schwerfällig und unaufmerksam. Was auch immer Sie für Ihre Ernährung wählen: Sehen Sie zu, daß Sie vor einer Prüfung oder einer wichtigen Besprechung, ehe Sie eine Rede halten oder sonst etwas tun, wozu Sie ein auf Hochtouren arbeitendes Gedächtnis brauchen, nicht zu viel essen.

Wenn einer der Sinne nicht richtig funktioniert

Vielleicht ist es in Wahrheit gar nicht Ihr Gedächtnis, das Ihnen Schwierigkeiten bereitet. Möglicherweise liegt das Problem mehr im **sensorischen Bereich,** das heißt einer Ihrer Sinne funktioniert vielleicht nicht optimal und braucht eine künstliche Hilfe. Oft schneiden Menschen, die nicht gut sehen oder hören, bei Gedächtnistests schlechter ab als andere Kandidaten. Das liegt daran, daß die sensorischen Defekte die Aufnahme von Informationen verlangsamen. Oder, sehr einfach gesagt, wie können Sie hoffen, etwas gut zu behalten, wenn Sie es nicht gut gesehen oder gehört haben?

Wer nicht gut sieht oder wer schlecht hört, lernt auch weniger gut, weil das Gehirn viele Impulse, die das Lernen erleichtern, nicht mitbekommt.

Wenn Sie das Gefühl haben, daß ihre Augen, Ihr Gehör oder ein anderer Ihrer Sinne nachläßt, gehen Sie unbedingt zum Arzt und lassen Sie sich untersuchen! Es mag sich herausstellen, daß Sie nichts weiter brauchen als eine Lautsprecheranlage für das Telefon oder eine Lupe, um sehr kleine Schriften lesen zu können. Vielleicht benötigen Sie auch ein Hörgerät oder eine Brille. Die Vorteile solcher Hilfen überwiegen in jedem Falle die unangenehme Seite, sie tragen zu müssen.

Die meisten Menschen glauben, Erinnerungsschwäche sei ausschließlich ein Gedächtnisproblem. So könnte es leicht sein, daß auch Sie annehmen, Sie hätten ein schlechtes Gedächtnis, obwohl lediglich Ihre Augen schlecht sind und Sie eine Lesebrille brauchen. Sicher haben Sie schon von Kindern gehört, die schlechte Schüler zu sein schienen, bis sich herausstellte, daß ein Augenfehler sie daran hinderte zu lesen, was an der Tafel stand. Und plötzlich war der angebliche Dummkopf oder Faulpelz Klassenprimus.

Viele Kinder, vor allem aber Erwachsene, neigen dazu, medizinische Probleme vor der Umwelt zu verbergen. So ist es nicht verwunderlich, wenn andere Menschen Ihre Gedächtnislücken Ihrem schlechten Erinnerungsvermögen zuschreiben, nicht aber einem gesundheitlichen Mangel. Leider reagieren viele Menschen nicht gerade rücksichtsvoll und einsichtig. Wenn jemand offen zugibt, etwas nicht behalten zu haben, weil er es von Anfang an nicht richtig gehört oder gesehen hat, so wird das oft als faule Ausrede abgetan.

Krankheit: ein geistiger Rückschlag

Sind Sie schon einmal von einer schweren Erkältung überrascht worden, just an dem Tag, an dem Sie vor Publikum eine freie Rede halten sollten? Dann standen Ihre Chancen gut, Wichtiges zu vergessen.

Wir alle werden gelegentlich mal krank. Wenn das geschieht, fallen uns geistige Aufgaben und natürlich auch Gedächtnisleistungen deutlich schwerer. **Krankheit** bedeutet Unwohlsein, was wiederum unsere Aufmerksamkeit reduziert. Wenn wir nicht richtig aufzupassen vermögen, nehmen wir Informationen nicht auf, können sie also auch nicht im Gedächtnis speichern. Schon die kleinste Irritation, wie ein leichter Schnupfen oder ein Anflug von Kopfweh, beeinträchtigt unsere Gedächtnisleistung.

Wenn eine wichtige Unterredung, eine Prüfung oder ähnliches auf Ihrem Terminplan steht, und Sie sind krank, dann versuchen Sie auf jeden Fall, den Termin zu verschieben. Sie können in diesem Zustand keinesfalls in Bestform sein. Wenn eine **Verschiebung** unmöglich ist, dann sehen Sie wenigstens zu, daß Sie so ausgeruht wie möglich zum Termin erscheinen. Sollten Sie außerdem zur Linderung der Beschwerden irgendwelche Medi-

> **Krankheit garantiert eine verminderte Gedächtnisleistung. Wenn Sie eine Prüfung oder eine wichtige Sitzung haben, versuchen Sie, den Termin zu verschieben.**

kamente einnehmen, lesen Sie in jedem Fall erst die Packungsbeilage gründlich durch! Zwar wird auf dem Waschzettel selten ein direkter Hinweis auf die Gedächtnisfunktion zu finden sein, doch wenn es heißt, das Medikament könne die Reaktionsfähigkeit und/oder die Aufmerksamkeit beeinträchtigen, dann können Sie sicher sein, daß es auch die Gedächtnisleistung herabsetzt. Fragen Sie in einem solchen Fall Ihren Arzt oder Apotheker, ob er Ihnen ein anderes Medikament empfehlen kann.

Veränderter Geisteszustand

„Ich trinke, um zu vergessen“ ist ein altes Witzklischee; aber nichts könnte wahrer sein. **Alkohol** – zumal hochprozentiger – hat eine derart beeinträchtigende Wirkung auf das Gedächtnis, daß er geradezu als Amnesiegetränk bezeichnet werden könnte, als Trunk des Vergessens.

Es ist längst eine Binsenweisheit, daß Alkohol langsam aber sicher die Gehirnzellen schädigt und schließlich zerstört. Unterbrochene Bahnen vermögen keine Informationen weiterzuleiten, vieles, was wir uns merken wollen, kommt also im Langzeitgedächtnis gar nicht erst an. Aber der voranschreitende Verlust an **Gehirnzellen** endet in dem Moment, in dem der Mensch aufhört, Alkohol zu sich zu nehmen. Allerdings können einmal zerstörte Hirnzellen nicht wieder repariert oder durch neue ersetzt werden.

> Alkohol zerstört wahllos Gehirnzellen und beeinträchtigt die Hirnchemie. Folge: Ein Grossteil der aufgenommenen Informationen gelangt nicht ins Langzeitgedächtnis.

Sicherlich: Dadurch daß durch den Alkohol Gehirnzellen wahllos zerstört werden, ist natürlich unter den Erinnerungen, die damit zugleich mitvernichtet werden, auch die eine oder andere unangenehme. Doch man darf die Kehrseite der Medaille nicht vergessen: Traurigerweise schädigt großer Alkoholkonsum nicht nur das Gehirn, er setzt auch einen Teufelskreis in Gang. Unter dem Einfluß von Alkohol nämlich verhalten sich manche Menschen derart unsozial, daß sie später nur zu gern vergessen würden, wie sie sich aufgeführt haben, also trinken sie wieder...

Ein gelegentlicher Drink ist relativ harmlos, aber regelmäßiger Genuß hochprozentiger Alkoholika führt zu einer bleibenden Schädigung des Gehirns und des Gedächtnisses. Häufige und umfassende **Gedächtnisverluste** durch Trinken deuten auf ein schweres Alkoholproblem hin.

Während nicht nachgewiesen werden konnte, daß auch **Marihuana** Gehirnzellen zerstört, zeitigt sein Genuß kurz vor einem Gedächtnistest doch ähnliche Ergebnisse wie Alkohol. 1973 führte *Dr. John Darley* an der *Stanford Universität* ein Experiment durch, bei dem freiwillige Versuchspersonen Marihuana in Form von Tabletten verabreicht bekamen. Es wurde ihnen dann eine Zahlenreihe vorgelegt, die sie auswendig lernen sollten. Alle Kandidaten schnitten deutlich schlechter ab als die Kontrollpersonen, die kein Marihuana zu sich genommen hatten. *Darley* schloß daraus, daß die schlechtere Leistung auf den Einfluß der Droge zurückzuführen sei.

Kokain, Crack, Haschisch und andere **stärkere Rauschmittel** als Marihuana haben entsprechend schwerere Auswirkungen auf die intellektuellen Fähigkeiten.

Haben Sie schon einmal gehört, daß jemand behauptete, er könne sich an Dinge, die er unter Alkohol- oder Drogeneinfluß gelernt habe, am besten erinnern, wenn er ein paar Drinks oder einen Joint genommen habe? Man nennt das einen **zustandsabhängigen Effekt.** Dieser Theorie zufolge funktioniert das Gedächtnis am besten, wenn das Lernen und das spätere Reproduzieren des Gelernten unter den *gleichen* Bedingungen erfolgen. Sehr salopp gesagt: Wer mit besoffenem Kopf lernt, erinnert sich an das, was er gelernt hat, im nüchternen Zustand nur schwer. Trinkt er aber, dann fällt es ihm wieder ein. Die Forschung freilich kann diese Theorie nur bedingt bestätigen, insofern nämlich, als daß Dinge, die im nüchternen Zustand gelernt wurden, auch am besten im nüchternen Zustand reproduziert werden konnten.

Alles in allem erinnert man sich wohl am besten, wenn man Informationen mit klarem Kopf aufnimmt. Manche Menschen behaupten zwar, ein Drink oder ein Joint wirke entspannend und verbessere deshalb ihre Lernleistung. Doch ungeachtet aller moralischer oder juristischer Argumente scheint mir die Botschaft der Forschung klar: Alkohol und Drogen vermindern die Gedächtnisleistung.

Wachmacher Kaffee und Zigarette

Wer hätte nicht schon festgestellt, daß eine Tasse **Kaffee** den Kreislauf morgens in Schwung bringt oder tagsüber wieder ankurbelt? Die gute Nachricht lautet: Wenn man schläfrig wird, aber wegen einer bevorstehenden Prüfung noch Lehrstoff pauken muß, dann ist ein mildes **Stimulans** wie etwa eine Tasse Kaffee geeignet, die Aufmerksamkeit kurzfristig zu erhöhen.

Die schlechte Nachricht lautet: Stimulantien haben auch eine nachteilige Wirkung auf das Gedächtnis. Wenn Sie ohnehin hellwach und voll aufnahmebereit sind, werden Kaffee oder Nikotin wenig bis gar nichts dazu beitragen, Ihre Leistung zu maximieren. Und selbst wenn sie es täten, wüßte niemand zu sagen, was denn die ideale Dosis wäre. Nur eins scheint bewiesen: Wer zuviel des Guten tut, wird nervös und kann schlecht schlafen; entsprechend leidet die Leistungungsfähigkeit seines Gedächtnisses.

Vor einigen Jahren führte ich selbst am *Hamilton College* in Clinton, New York, eine Versuchsreihe mit Studenten durch. Sie sollten Wörter von einer Liste memorieren, die ihnen kurz gezeigt wurde. Die Hälfte der Studenten trank vor dem Test zwei oder mehr Tassen normalen – also koffeinhaltigen – Kaffee oder Tee. Die anderen bekamen vor dem Test die gleichen Getränke gereicht, mit dem Unterschied, daß ihnen das als stimulierend betrachtete **Koffein** entzogen war. Drei Versuchsreihen wurden durchgeführt; ein deutlicher Unterschied in den Leistungen der beiden Gruppen war nicht festzustellen.

Jüngste Forschungen scheinen zu belegen, daß Koffein sich nur auf die Gedächtnisleistungen von *Frauen* negativ auswirkt. Doch dieses Ergebnis muß durch weitere Untersuchungen erst noch verifiziert werden. Mit koffeinhaltigen Medikamenten (zu denen vor allem frei verkäufliche Schmerzmittel gehören) wurden bislang noch keine Experimente gemacht.

Allerdings haben neuere Forschungen gezeigt, daß das **Rauchen** die Gedächtnisleistung negativ beeinflußt. Und zwar fast in dem Maße wie Alkohol. Nichtraucher schneiden bei Gedächtnistests besser ab als Raucher.

Wenn Sie Raucher sind, sollten Sie unmittelbar vor einer Gedächtnisaufgabe nicht zur Zigarette greifen. Sie sollten sich aber auch nicht schon

Nichtraucher lernen schneller als Raucher. Die Forschung scheint zu belegen, dass Rauchen das Gedächtnis fast im gleichen Masse beeinträchtigt wie Alkohol.

Stunden vorher um den Genuß einer Zigarette bringen, da der Nikotinmangel Sie nervös machen könnte, was die Gedächtnisleistung ebenfalls vermindert – zu diesem Ergebnis kommen jüngste Forschungen.

Im großen und ganzen sind Sie ohne Anregungsmittel besser dran. Nikotin und/oder Kaffee mögen Sie wach halten, aber Sie werden auch leichter abgelenkt – was bei Gedächtnisaufgaben immer ein Nachteil ist. Wenn Sie aufkommende **Müdigkeit** bekämpfen müssen, sind relativ ungefährliche Aufputschmittel wie Kaffee oder Tee, *in Maßen* genossen, ganz hilfreich. Mindestens genausogut ist – wenn die Möglichkeit dazu besteht – ein wenig **Bewegung** in frischer Luft. Am allerbesten aber hilft eine gehörige Dosis **Motivation**.

Achtung!

Haben Sie schon einmal einem Kaffee- oder Getränkeautomaten einen automatisch gemurmelten Dank entboten? Haben Sie sich je dabei erwischt, daß Sie unter der Dusche die Socken anhatten? Sollte Ihnen dergleichen schon passiert sein, dann hat Ihre **Konzentration** Sie gehörig im Stich gelassen. Die für Professoren sprichwörtliche Zerstreutheit behindert die Aufmerksamkeit, was sich selbstverständlich darauf auswirkt, ob und wie wir Informationen aufnehmen und speichern.

Typisch im täglichen Leben sind folgende Situationen: Sie lesen einen Text Zeile um Zeile und können zum Schluß doch nicht sagen, worum es ging. Oder Sie sitzen jemandem gegenüber, der mit Ihnen spricht, doch obwohl Sie zuzuhören scheinen, könnten Sie nicht wiederholen, was der andere gerade gesagt hat. Sie waren mit Ihren Gedanken woanders. Die Konzentration leidet auch, wenn die Gefühle aufgewühlt sind. Am Arbeitsplatz macht jemand eine abfällige Bemerkung, und Sie können an nichts anderes mehr denken.

Gegen eine unverschämte, gemeine Äußerung am Arbeitsplatz läßt sich nicht viel unternehmen. Aber Sie können Ihre tägliche Routine ändern, um Ihre Konzentration zu verbessern. Ein hektischer, gehetzter Lebensstil vermag sogar an sich sehr organisierte Leute völlig aus dem Gleis zu bringen. Jede Form der Verwirrung behindert das Gedächtnis, denn sie senkt den Grad der Aufmerksamkeit und der Konzentration. Tun Sie deshalb alles, was in Ihrer Macht steht, um Hetze und Hektik zu vermeiden. **Ruhe und Gelassenheit** dagegen helfen der Konzentration und damit dem Gedächtnis.

SO VERBESSERN SIE IHRE KÖRPERLICHE VERFASSUNG

Unbestritten wirkt sich eine gute körperliche Kondition auf die geistige Leistung aus. Um zu einer maximalen Gedächtnisleistung zu kommen, sollten Sie folgende Ratschläge beachten:

- **Jede kleine oder größere Krankheit muß unverzüglich behandelt werden.** Sich-unbehaglich-Fühlen lenkt ab.

- **Meiden Sie Alkohol, Drogen, Kaffee und Zigaretten.** Sie können Ihre Aufmerksamkeit und Konzentration stören.

- **Ihre Ernährung sollte ausgewogen sein, das stärkt nicht nur den Körper, sondern auch die Hirnfunktion.** Essen Sie keine zu großen Portionen; so vermeiden Sie Schläfrigkeit, die oft eine Folge allzu üppigen Essens ist.

So verbessern Sie Ihre körperliche Verfassung

- **Sorgen Sie für ausreichenden, erholsamen Schlaf; halten Sie Ihren natürlichen Schlafrhythmus ein.** Dadurch bleiben Sie tagsüber wach und aufmerksam.

- **Ihre persönlichen Bestzeiten sollten Sie ausnutzen.** Wenn möglich, verlegen Sie wichtige Termine auf die Stunden, in denen Sie am aufmerksamsten und konzentriertesten sind.

- **Machen Sie während des Tages regelmäßige Pausen, wenn es die Zeit erlaubt.** Sie können Ihren „Gedächtnisverpflichtungen" dann besser nachkommen.

- **Halten Sie sich in Form.** Körperliche Vitalität bringt auch den Geist in Schwung; physische Müdigkeit ist stets mit geistiger Müdigkeit gepaart.

- **Ein hektischer Lebensstil behindert die Konzentrationsfähigkeit; ein allzu eingefahrener, in Routine erstarrter Lebensstil ebenfalls.**

Gehen Sie die Dinge *langsam* an, aber nicht *zu* langsam. Wenn Ihr Leben in Routine erstarrt und vollkommen vorhersagbar wird, dann läßt zwangsläufig auch Ihre Aufmerksamkeit nach.

Denken Sie beispielsweise an eine Sache, die Sie aus dem Effeff beherrschen. Wahrscheinlich sind Sie so entspannt und so an diese Arbeit gewöhnt, daß Sie nebenher noch etwas anderes machen können. Wahre Könnerschaft ist bewundernswert, aber manchmal gereicht sie einem auch zum Nachteil. Tests haben nämlich ergeben, daß Menschen, die eine Sache sozusagen wie im Schlaf beherrschen, sich gelegentlich auch entsprechend verhalten, das heißt sie widmen der Aufgabe keine rechte Aufmerksamkeit mehr; und dann kommt es unter Umständen zu Fehlern, die manchmal sehr ernste Folgen haben können.

Die Fähigkeit, sich zu konzentrieren, hängt davon ab, wie gut man sich einer bestimmten Umgebung anpassen kann oder wieviel **Anpassungsfähigkeit** die Umgebung zuläßt. Im großen und ganzen gilt: Ein wenig **Unbequemlichkeit** macht den Menschen aufmerksamer als schnuckelige **Gemütlichkeit.** Wenn man sich rundum wohl fühlt, mag man ein Gefühl der Sicherheit haben, aber man wird auch leichter schläfrig.

Natürlich würden Sie nicht gern mitten im Gewühl des Frankfurter Hauptbahnhofs eine Lektion lernen oder ein anspruchsvolles Buch lesen, aber absolute Stille wäre Ihnen möglicherweise genauso unangenehm. Ironischerweise kann völlige **Stille** verwirrender sein als normaler Tageslärm. Vielleicht lernen Sie am besten, wenn Sie mit leiser Hintergrundmusik in bequemer Kleidung auf einem bequemen Stuhl an einem aufgeräumten Tisch sitzen?

Ob Ihre **Umgebung** Ihnen zuviel oder zuwenig Bequemlichkeit bietet, ist eine Frage der persönlichen Einschätzung. Manche Menschen arbeiten am besten, wenn sie ausgesprochen korrekt gekleidet sind. Und wenn Sie wirklich erfolgreicher lernen, wenn im Hintergrund Rock-'n'-Roll-Musik dröhnt, dann lassen Sie sie dröhnen. In diesem Fall wäre es falsch, Bach oder Beethoven aufzulegen oder die Musik ganz abzuschalten.

Stimmungen: gut, schlecht oder einfach mies drauf

Es ist bekannt, daß **schlechte Laune** die Gedächtnisleistung beeinträchtigt. Schon ein kleines Stimmungstief, wie man es beispielsweise nach einem harten, ermüdenden Arbeitstag hat, kann die Konzentrationsfähigkeit vermindern. Eine wirklich stinkige Laune, in die man manchmal nach einem heftigen Streit gerät, ist dem Gedächtnis ganz und gar abträglich. Wer sich in einem Zustand von Ärger oder Wut auf eine Lernaufgabe konzentrieren möchte, wird feststellen, daß seine Bemühungen zu nichts führen.

Auch **Depressionen** sind eine Bedrohung für das Gedächtnis. Krankhafte Depressionen verändern sogar die Hirnchemie in der Form, daß Denkprozesse länger dauern und auch die Reaktionsfähigkeit vermindert ist. Das wiederum senkt den Grad der Aufmerksamkeit, man hat im wahrsten Sinne des Wortes eine lange Leitung, kann sich nicht richtig konzentrieren, und im Gedächtnis kommt weniger an.

SCHLECHTE LAUNE UND DEPRESSIONEN WIRKEN SICH NACHTEILIG AUF DAS GEDÄCHTNIS AUS.

Schwere, behandlungsbedürftige Depressionen schwächen das Gedächtnis derart, daß manche Ärzte den Umkehrschluß ziehen, Patienten mit erheblichen Gedächtnisverlusten könnten im Grunde depressiv sein, auch wenn sie nie über Niedergeschlagenheit klagen. Werden die üblichen Therapiemaßnahmen gegen Depression eingeleitet – Psychotherapie und die Gabe von Antidepressiva – verbessert sich meist auch die Gedächtnisleistung.

Umgekehrt leistet das Gedächtnis mehr und auch die Aufmerksamkeit ist besser, wenn der Mensch sich wohl fühlt, er eine **positive Lebenseinstellung** hat und ihm die Dinge leicht von der Hand gehen. Doch auch hier ist es wie mit der Gemütlichkeit: Zuviel des Guten kann sich negativ auswirken. Euphorische Glücksgefühle, wie sie Frischverliebte oder Lottogewinner mitunter erleben, verleiten dazu, sich mehr mit der guten Stimmung zu befassen als mit den nötigen Anforderungen des täglichen Lebens. Das Gedächtnis läßt folglich nach. (Allerdings mag es in den genannten Fällen die Sache wert sein.)

Ich sagte es schon: Die Beweislage spricht zwar dagegen, dennoch sind manche Menschen fest davon überzeugt, daß das Erinnerungsvermögen gesteigert werde, wenn man sowohl beim Lernen als auch bei der Wiedergabe des Gelernten Alkohol oder Marihuana zu sich nimmt. Dieselbe **Theorie der Zustandsabhängigkeit** wird auch auf Stimmungen angewandt: Wer in guter Laune lerne, werde auch in der Prüfung gut abschneiden, wenn er guter Laune sei, so die weitverbreitete Einschätzung. Wer dagegen in gedrückter Stimmung gelernt habe, werde trotz guter Laune bei der Prüfung nicht so gut sein, weil die Stimmungslagen nicht übereinstimmten.

Es scheint in der Tat so, als könnte an dieser Theorie was dran sein. Allerdings hat man noch keinen Weg gefunden, Stimmungen willkürlich so zu manipulieren, daß sie sich im gegebenen Moment decken. Denn es ist dem Menschen praktisch nicht gegeben, allein aufgrund eines Willensaktes eine gute Laune in eine schlechte oder umgekehrt zu verwandeln. Man kann lediglich versuchen, solche Gedanken, die einen erfahrungsgemäß in schlechte Stimmung versetzen, nach Möglichkeiten zu vermeiden.

Streß und Entspannung

Menschen, die beruflich und/oder privat ständig oder doch häufig unter **Streß** stehen, klagen mehr über Gedächtnisprobleme als entspanntere Menschen. Eine Studie hat beispielsweise ergeben, daß Krankenschwestern, die auf der Intensivstation Dienst tun, häufiger Gedächtnisschwächen zeigen als die Schwestern auf den normalen Stationen. Streß kann der Feind des Gedächtnisses sein.

Und doch ist ein bißchen Streß besser als gar keiner. Genauso wie Lampenfieber dazu führen kann, daß ein Schauspieler seinen Text vergißt, kann völlige Entspanntheit bewirken, daß er seinen Einsatz verpaßt. In ähnlicher Weise lenkt ängstliche Anspannung vor einer Prüfung unter Umständen derart ab, daß die Erinnerung blockiert ist; geht man dagegen mit einem Gefühl der Gleichgültigkeit in die Prüfung, kann auch das durchaus zu einem Versagen führen, weil man die Dinge zu leichtnimmt und wichtige Einzelheiten übersieht.

Ein *angemessener* Streßpegel hält einen munter und aktiv, man kann sich den Aufgaben des täglichen Lebens erfolgreicher stellen. Der Trick besteht darin, den Streß im *Mittelbereich* zu halten – hat man zuwenig, wird man nachlässig, hat man zuviel, wird man nervös. **Bewußte Entspannung** ist ein guter Weg zur Streßreduzierung.

ENTSPANNUNGSÜBUNGEN KÖNNEN HELFEN, DEN RECHTEN GRAD AN STRESS ZU FINDEN, DER EINE GUTE GEDÄCHTNISFUNKTION GARANTIERT.

Manche Menschen entspannen sich am besten, wenn sie gute Musik hören oder sich einen Film im Fernsehen anschauen. Andere empfinden Fallschirmspringen oder Holzhacken als entspannende Tätigkeiten. Auf was auch immer Ihre Wahl fallen mag: Entspannung baut Streß ab, verbessert die Stimmung und vermindert die Zerstreutheit, die Ihrer Gedächtnisleistung im Weg steht.

Die möglicherweise bekannteste Form der Entspannung ist das **Yoga.** Hatha-Yoga lehrt eine Reihe von Übungen und Körperhaltungen, die der traditionellen Gymnastik ähneln, allerdings ist die Ausführung langsamer und eleganter.

Daß Yoga-Übungen zu körperlicher Entspannung führen und damit auch dem Gedächtnis guttun, wird eigentlich kaum bestritten. Vor allem Positionen wie der Kopfstand und die Kerze gelten als besonders günstig, wenn es um die Beeinflussung des Gedächtnisses geht. Nicht jeder kann – oder darf – diese Übungen machen, ja manche Menschen mit bestimmten Herz-, Kreislauf- oder Wirbelsäulenerkrankungen dürfen es nicht einmal versuchen. (Fragen Sie Ihren Arzt!) Aber einfach nur entspannt auf dem Bett liegen und den Kopf über die Bettkante baumeln lassen kann ebenso nützlich sein.

Es kommt vor allem darauf an, daß der Kopf sich tiefer befindet als der Rest des Körpers. Dadurch schießt mehr Blut ins Gehirn, was ihm hilft, besser zu funktionieren und das Gedächtnis anzukurbeln. Übungen, bei denen der Kopf nach unten gehalten wird, um die **Hirndurchblutung** zu verbessern, haben sich besonders bei älteren Menschen als gute Gedächtnishilfe erwiesen.

Eine weitere Gruppe von Yoga-Übungen, die sich günstig auf das Gedächtnis auswirken, betreffen die **Wirbelsäule.** Diese Übungen verursachen eine leichte Drehung des Rückgrats, etwa so, wie wenn Sie bei leicht gegrätschten Beinen den rechten Fuß mit der linken Hand berühren.

Auch Yoga-Übungen zur Lockerung der **Muskeln** werden als hilfreich für das Gedächtnis eingestuft. Man legt sich auf eine feste Unterlage und entspannt sämtliche Muskeln des Körpers ganz bewußt, bis man sich völlig schlaff und beinahe schwerelos fühlt. In diesem völlig entspannten Zustand kann man sich über Kopfhörer Lehrstoff vom Band anhören (ein Buch zu halten würde die völlige Entspannung aufheben) und auch versuchen, Lernstoff zu memorieren, den man vorher nur schwer hat behalten können.

Yoga hilft die Gedächtnisleistung verbessern.

Einige Yoga-Experten sind davon überzeugt, daß regelmäßige **Muskelentspannung** weniger anfällig macht für Krankheiten, die durch Streß ausgelöst werden, daß sie aber auch eine ideale Unterstützung des Gedächtnistrainings – zumal für ältere Menschen – darstellt. Weitere Forschungen müssen diese Annahmen aber noch verifizieren und stützen. Doch sind gymnastische Übungen, die der Entspannung dienen, sicherlich auch dem Gedächtnis von Nutzen.

Yoga ist freilich nicht die einzige Möglichkeit zur Entspannung. Während der letzten zwei Jahrzehnte haben viele andere Methoden von sich reden gemacht:

Transzendentale Meditation (TM): Sie ist vielleicht am bekanntesten. Dabei wiederholt man ein Wort oder einen Laut („Mantra“ genannt), bis die körperliche und geistige Entspannung erreicht ist.

Positives Denken: Eine Methode zur Schaffung und Erhaltung angenehmer Vorstellungen und beruhigender Phantasien.

Sensorischer Entzug (Lilytank): Man schwimmt dabei in einem Becken mit körperwarmem Wasser, alle Sinneseindrücke sind ausgeschaltet, man sieht und hört, riecht, schmeckt und fühlt nichts, bis ein Zustand vollkommener Entspannung erreicht ist.

ALPHAWELLEN-KONTROLLE: Eine Methode, bei der man lernt, die sogenannten Alphawellen der Hirnströme zu kontrollieren und sich selbst in eine ruhige, angenehme Stimmung zu versetzen.
BIOFEEDBACK: Ein Verfahren, das einen in die Lage versetzt, Blutdruck und Puls unter Kontrolle zu bekommen, so daß man sich in eine gelassene und entspannte Verfassung bringen kann.
NEUROLINGUISTISCHES KONDITIONSTRAINING: Eine Technik, mit deren Hilfe man Selbstgespräche zu führen lernt, die einem stärkende und positiv stimmende innere Botschaften vermitteln.

Dies sind nur die bekanntesten und beliebtesten Techniken und Methoden zur Entspannung. Täglich werden neue entwickelt, oft schneller, als daß die seriöse Forschung mit ihnen Schritt halten könnte. Es ist deshalb nicht unklug, sich an alte, erprobte und bewährte Methoden zu halten.

Natürlich ist nicht jede Technik für jeden Menschen gleich gut geeignet. Ja, es kann vorkommen, daß eine bestimmte Entspannungsübung einen entsprechend veranlagten Menschen eher nervös macht, statt ihn zu beruhigen. Sie sollten also nur solche Methoden wählen, die Ihrem persönlichen Temperament, Ihrem Geschmack und Ihrem Charakter entgegenkommen und entsprechen. Eine Entspannungsübung, zu der man sich zwingen muß, verfehlt garantiert ihren Zweck. Es könnte durchaus möglich sein, daß *Sie* überhaupt kein besonderes Programm und keine Übungen zur Entspannung brauchen. Vielleicht ist Ihre beste Methode, einfach nur ein Mittagsschläfchen zu halten, Musik zu hören, mit Freunden zu plaudern, mit dem Hund spazierenzugehen... – alles, was Ihnen das Gefühl gibt, Sie ausreichend für die an Sie gestellten Gedächtnisaufgaben zu entspannen, ist gut und richtig. Alles, wozu Sie sich zwingen müßten, ist falsch.

Eine positive Einstellung

Jeder hat gegenüber den vielen verschiedenen Situationen, in denen das Gedächtnis gefragt ist, eine bestimmte Einstellung. Viele Menschen finden es beispielsweise faszinierend und persönlich bereichernd, eine Fremdsprache zu lernen. Anderen erscheint die Beschäftigung mit fremden Sprachen lästig und als schiere Zeitverschwendung. Dann wieder gibt es welche, die sich mit Begeisterung auf das Französischstudium stürzen, sich aber für Russisch oder Englisch überhaupt nicht erwärmen können.

Die jeweilige **Einstellung** kann also die Gedächtnisleistung hemmen oder fördern. Wenn Sie eine Sprache lernen wollen und Ihnen die Lektionen richtig Spaß machen, dann wird es Ihnen mit Sicherheit leichter fallen als dem Kursteilnehmer, der aufgrund eines äußeren Zwanges diese Sprache erlernen muß.

Aus einer negativen Einstellung erwächst ein schlechtes Gedächtnis.

Da die Haltung und Einstellung gegenüber einer Sache die Gedächtnisleistung so nachhaltig beeinflußt, wäre es erstrebenswert, zunächst diese zu verbessern. Leider aber sind unsere Einstellungen meist tief verwurzelt – zumal die negativen. Denn ihre Ursprünge liegen im allgemeinen in der Kindheit, in frühen Erlebnissen. Entsprechend schwer ist es, sie zu ändern – aber es geht.

Wenn Sie feststellen, daß Sie besondere Schwierigkeiten haben, spezielle Dinge zu lernen, so sollten Sie sich fragen, ob die Sache selbst wirklich so enorm schwierig ist oder ob Sie vielleicht eine Ihnen gar nicht bewußte **Abneigung** dagegen haben. Wenn es so ist, versuchen Sie, die Gründe für diese Abneigung herauszufinden und die Aversion dann zu überwinden.

Uninteressante Informationen

Wenn man etwas langweilig findet, fällt es einem meist sehr schwer, aufzupassen und die Informationen aufzunehmen. Oft vergessen wir Dinge, weil sie uns von vornherein nicht interessierten und wir deshalb auch nicht aufmerksam waren.

Der Trick heißt: **Selbstüberlistung.** Man muß sich selbst schon *vorher* darüber klarwerden, welche Information man unbedingt sicher speichern muß und welche unwichtig ist. Wenn Sie etwas persönlich für uninteressant, aber aus anderen Gründen für wichtig halten, dann müssen Sie gezielte Schritte unternehmen, um sicherzustellen, daß Sie behalten werden, was Sie behalten müssen. Es ist erforderlich, sich selbst davon zu überzeugen, daß die Information zwar zum Gähnen langweilig ist, ihr aber aus rationalen Überlegungen heraus höchste Wichtigkeit zukommt.

Wenn Sie also an einer eintönigen Vorlesung oder öden Arbeitssitzung teilnehmen müssen, von der Sie aber wissen, daß Sie für Ihr Fortkommen wichtig ist, dann sollten Sie sich vorher geistig aufrüsten. Belohnen Sie sich für die Extramühe, indem Sie sich sagen: „Wenn ich diese Vorlesung oder Sitzung erfolgreich durchstehe und die wichtigsten Dinge behalte, dann gönn' ich mir ....“

Geben Sie der Versuchung nicht nach, über die Sache die Nase zu rümpfen und statt dessen lieber etwas anderes zu tun! Gerade wenn etwas Sie nicht interessiert, sollten Sie dem Vortragenden besonders aufmerksam zuhören. Machen Sie sich deutlich geschriebene, sorgfältige Notizen. Sagen Sie sich, daß es vielleicht unangenehm ist, aber daß die Sache auch etwas Gutes hat, denn es kommt ja letztlich etwas für Sie dabei heraus. Setzen Sie sich ein Ziel, und sei es nur, daß Sie Ihre Allgemeinbildung verbessern möchten. Es gibt jede Menge Möglichkeiten, sich selbst uninteressanten Stoff schmackhaft zu machen – es kommt ganz auf Sie an. An Ihnen liegt es, sich selbst zu überzeugen.

Machen Sie sich während einer langweiligen Vorlesung, einer öden Sitzung oder eines faden Vortrags Notizen – es hilft Ihnen, Informationen zu behalten, die Sie sonst vergessen würden.

Negative Informationen

Erinnerungen, die sich an sehr *starke* **negative Gefühle** knüpfen, behalten wir meist leicht – ja, oftmals leichter und länger, als uns lieb ist. Man kann sie nicht vergessen, so sehr man sich auch bemüht.

Dagegen sind Erinnerungen, die nur mit *schwach* negativen Gefühlen verbunden sind, meist schnell vergessen. Diese schwache Emotion kann uns verleiten, die Erinnerung zu unterdrücken, aus unserem Bewußtsein auszuschalten. Dieses **Ausblenden** ist eine bekannte Reaktion auf unangenehme Gefühle. Viele Menschen „vergessen" ihren Zahnarzttermin, einfach, weil es ihnen unangenehm ist oder gar Angst macht, zum Zahnarzt zu gehen.

Das Gedächtnis hilft Ihnen bereitwillig, Dinge zu vergessen, die Sie wirklich ungern tun.

Es gibt *zwei* Möglichkeiten, das Gedächtnis vor dieser Art der Unterdrückung von Erinnerungen zu schützen. Entweder es gelingt Ihnen, der negativen Information eine positive Seite abzugewinnen. Das ist natürlich nicht immer möglich – und oft auch in keiner Weise angemessen. Während es beispielsweise durchaus gelingt, sich davon zu überzeugen, daß der Gang zum Zahnarzt positive Seiten hat – dient er doch letztlich Ihrer Gesundheit und Ihrem Wohlbefinden –, ist es wohl kaum möglich, einem tragischen Unfall mit positiven Gefühlen zu begegnen.

Eine andere Möglichkeit, das Gedächtnis vor solch einer Unterdrückung zu bewahren, besteht darin, sich zu **zwingen, die Erinnerung zu bewahren.** Angenommen, Sie müssen an einer Sitzung teilnehmen, bei der es vor allem um eine Sache gehen wird, die Sie verbockt haben. Nur zu verständlich, daß Sie diesem Meeting am liebsten fernbleiben würden. Gerade deshalb sollten Sie den Termin groß und deutlich – am besten mit Rotstift – in Ihren Terminkalender eintragen und außerdem einen Kollegen, Ihre Sekretärin oder sonst jemanden bitten, Sie an den Termin zu erinnern. Wenn es sich einrichten läßt, stellen Sie sich außerdem einen Wecker, der zwei Stunden vor dem Termin klingelt. Gehen Sie Ihre Unterlagen noch einmal durch. Überprüfen Sie, ob Sie alle Argumente parat haben, was schiefgelaufen ist und warum. Damit zeigen Sie allen Anwesenden, daß Sie aus der Sache etwas gelernt haben und daß Sie in Zukunft alles unternehmen werden, um einen solchen Fehler zu vermeiden. Mit anderen Worten: Versuchen Sie, trotz der Mißlichkeit der Lage, die Sache zu Ihren Gunsten zu wenden. Das wird Ihnen freilich nur dann gelingen, wenn Sie sich, statt die Erinnerung an die Sache auszuschalten, im Gegenteil, sehr intensiv mit ihr befassen.

UM UNTERDRÜCKTE ERINNERUNGEN ZU BEZWINGEN, BEDARF ES BESONDERER ANSTRENGUNGEN.

Das Wegdrängen von Erinnerungen ist nichts anderes als ein geistiges Davonlaufen vor einem Problem. Wenn Sie bewußte Schritte unternehmen, sich der unangenehmen Erinnerung zu stellen, wird es weniger leicht zu einer Unterdrückung kommen.

Persönlich erschütternde Nachrichten

Es ist ein bekanntes Klischee der Kinoschnulzen: Einem Darsteller widerfährt ein großes Unglück; er (oder sie) ist davon so traumatisiert, daß er (sie) jegliche Erinnerung verliert. In der Tat sind einige negative Erfahrungen so schlimm, daß wir die Erinnerung daran verdrängen. Während *unterdrückte* Erinnerungen mit einiger Willensanstrengung an die Oberfläche geholt werden können, sind *verdrängte* Erinnerungen so tief verschüttet, daß sie wie aus dem Bewußtsein ausgelöscht erscheinen.

Viele Psychologen glauben, daß alle Menschen mehr oder weniger zahlreiche Erinnerungen verdrängen. Für einige Menschen kann sich diese **Verdrängung** zu einem ernsten Problem auswachsen, denn Zugang zu verdrängten Erinnerungen bekommt man nur durch den mühsamen und langwierigen Prozeß der Erinnerung an ähnliche Erinnerungen und Situationen (*Sigmund Freud* nannte diesen Prozeß „Psychoanalyse"). Wenn Sie den Verdacht haben, viele wichtige Erinnerungen zu verdrängen, und Sie das in Ihrem Wohlbefinden beeinträchtigt, dann sollten Sie einen klinischen Psychologen aufsuchen und das Problem mit ihm besprechen. Daß jemand in der Lage ist, verdrängte Erinnerungen durch Selbsthilfe an die Oberfläche zu holen, darf nicht erwartet werden.

Manchmal handelt es sich aber weder um unterdrückte noch um verdrängte Erinnerungen – sie sind vielmehr *verdreht, entstellt, verzerrt.* Jemand hatte zum Beispiel ein ganz fürchterliches Vorstellungsgespräch bei einer neuen Firma oder ein blamables Erlebnis bei einem Rendezvous. Es gelingt ihm aber, die Sache in seiner Erinnerung so umzumodeln, daß er nicht mehr gar so schlecht wegkommt, wie es tatsächlich der Fall war. Oder Sie hatten umgekehrt vielleicht ein wunderschönes Erlebnis, doch irgend etwas veranlaßt Sie, sich daran als Katastrophe zu erinnern.

Für uns selbst ist es schwer, solche **Verdrehungen** aufzudecken, denn sie schützen ja unser Selbstbild. Wir wollen, daß unsere Erinnerungen mit unseren Zielen und dem Bild, das wir uns von uns selbst machen, übereinstimmen. Ein optimistischer Mensch neigt wahrscheinlich dazu, seine Erinnerungen zu schönen, während ein Mensch mit geringer Selbstachtung sich auch in seinen Erinnerungen schlechter darstellt, als er ist.

Unsere Erinnerungen stimmen meist mit unseren Zielen und unserem Selbstbild überein.

Freunde und nahe Verwandte sind häufig die ersten, die sehen und uns darauf hinweisen, daß wir unsere Erinnerungen verdrehen. Wenn wir dieser Möglichkeit offen gegenüberstehen, wird es uns leichter gelingen, diesen Tatbestand einzusehen und unsere Erinnerungen zu korrigieren. Ein bißchen Verzerrung ist ganz normal, aber bei allzu krassen Übertreibungen kann es zur Verhaltensgestörtheit kommen.

Seien Sie realistisch!

Eine *gute* Einstellung zu haben ist gut; eine *schlechte* Einstellung zu haben ist schlecht – stimmt doch, oder? Nun, nicht unbedingt! Wenn Sie von sich *glauben,* daß Sie einfach unschlagbar sind, was beispielsweise das Behalten von Verabredungen angeht, dann werden Sie dazu neigen, sich grundsätzlich keine Notizen zu machen. Der Mensch hingegen, der *nicht glaubt,* daß er Verabredungen und Termine im Kopf behalten kann, wird einen Terminkalender führen, in dem alles brav notiert ist. Wenn Sie nun just mit diesem Menschen eine Verabredung haben, dann könnte es gut sein, daß er pünktlich auftaucht, Sie dagegen den Termin verschwitzen.

Positive Einstellungen, die völlig unrealistisch sind, führen ins Abseits. Sie verleiten uns, Aufgaben in Angriff zu nehmen, von denen wir die Finger lassen sollten, weil wir nicht in der Lage sind, sie zufriedenstellend zu erledigen.

Umgekehrt kann es natürlich sein, daß Sie eine **negative Einstellung** Ihren Gedächtnisleistungen gegenüber haben, daß Sie sich zuwenig zutrauen. Viele gute Studenten verabscheuen den Lernprozeß an sich. Das verleitet sie, weniger gut aufzupassen; im Endeffekt schneiden sie deshalb in den Prüfungen schlechter ab, als es ihren Fähigkeiten entspricht.

Das Ziel ist nicht, eine gute oder schlechte Einstellung gegenüber Gedächtnisaufgaben zu bekommen – sondern eine *realistische.* Wenn Ihnen eine bestimmte Kategorie von Anforderungen keinerlei Schwierigkeiten bereitet, dann ist es unnötig, dort weitere Energien zu investieren. Wenn Ihnen aber spezielle Gedächtnisaufgaben, die noch dazu wichtig für Sie sind, Probleme bereiten, dann sollten Sie die Menge an Energie aufbringen, die es braucht, damit Sie die Aufgaben in Zukunft besser meistern können. Übersteigt allerdings die Aufgabe eindeutig Ihre Fähigkeiten, oder ist es völlig unnötig für Ihr Leben, daß Sie ausgerechnet dieser Anforderung gerecht werden, dann sollten Sie auf die Bewältigung weder Zeit noch Energie verschwenden. Was Sie also brauchen, ist eine **richtige Einstellung,** damit Sie die Dinge erledigen, die Sie gut können, an denen arbeiten, die Sie verbessern könnten, und denen aus dem Weg gehen, die sich als eindeutig zu schwierig erweisen.

Anhand des Tagebuchs und der Fragebögen aus dem letzten Kapitel können Sie Ihre Haltung Ihrem Gedächtnis gegenüber einer **„Realitätsprüfung"** unterziehen. Schauen Sie nach, ob die Antworten auf den Fragebögen etwa den Ergebnissen des Tagebuchs entsprechen. Wenn ja, dann

WENN IHRE BEMÜHUNGEN, IHR GEDÄCHTNIS ZU VERBESSERN, SCHEITERN, DANN SOLLTEN SIE IHRE EINSTELLUNG EINER REALITÄTSPRÜFUNG UNTERZIEHEN.

können Sie davon ausgehen, daß Ihre Haltung und Einstellung Ihrem eigenen Gedächtnis gegenüber recht realistisch ist.

Widerspricht das Tagebuch den Fragebogenantworten in manchen Punkten, so deutet das darauf hin, daß Sie während des Tests eine falsche Einschätzung Ihres Gedächtnisses hatten. Sie sollten also daran arbeiten, zu einer richtigeren, realistischeren Einstellung zu gelangen.

Aufmerksamkeitstraining

All die Dinge, die ich in diesem Kapitel vorgestellt habe – Fitneßprogramme für den Körper, richtige Ernährung, bewußte Entspannung usw. –, helfen, die Leistungen des Gedächtnisses zu steigern, da sie die Fähigkeit stützen, *aufmerksam* zu sein. Der einzige Nachteil besteht darin, daß man damit lediglich Verbesserungen von *begrenzter Dauer* erzielt. Die Wirkung der gestrigen Entspannungsübung ist heute schon verpufft.

Was wir brauchen, sind Trainingstechniken, die eine *anhaltende* Steigerung der Aufmerksamkeit bewirken. Die Forschung belegt, daß Erwachsene ihre Fähigkeiten bei bestimmten Aufgaben *dauerhaft* verbessern können. Wenn Sie Ihre Aufmerksamkeit erhöhen wollen, dann sollten Sie dies in Situationen üben, die denen gleichen, in denen Sie eine bessere Gedächtnisleistung wünschen.

Nehmen wir ein Beispiel: Angenommen, Sie haben Schwierigkeiten, bei Vorträgen oder Sitzungen den Rednern mit der nötigen Aufmerksamkeit zuzuhören. Sie könnten das Problem angehen, indem Sie sich Videobänder ausleihen und ansehen, die den Lehrstoff in ähnlicher Weise wie bei einer Vorlesung oder einem Vortrag präsentieren. Mit Hilfe der Bänder könnten Sie üben, Ihre Konzentration auf den Sprecher und auf das, was er sagt, zu richten. Sie würden - da Sie das ja allein für sich zu Hause tun - nicht unter Druck stehen, denn es hat keine negativen Konsequenzen, wenn Sie das selbstgesteckte Ziel nicht erreichen. Sie würden aber im Laufe der Zeit merken, daß Ihnen die Übung nützlich ist, denn den wirklich wichtigen, echten Vorträgen und Sitzungen können Sie nun aufmerksamer folgen.

Probieren Sie nun die folgenden **Grundregeln des Aufmerksamkeitstrainings** aus:

■ *Verbessern Sie die Fähigkeit, die Aufmerksamkeit wachzuhalten.* Haben Sie schon einmal bei einer langen Autofahrt das Nummernschilderspiel gespielt? Es ist ganz einfach: Erstellen Sie eine Liste mit 20 oder 30 deutschen Städten, und schauen Sie dann, ob Sie einen Wagen aus dieser Stadt - was ja am Nummernschild erkennbar ist - ausfindig machen können. Zur Urlaubszeit eignen sich auch Nationalitätenkennzeichen, obwohl deren Zahl auf unseren Straßen natürlich geringer ist.

Alles, was Sie zwingt, von ungewöhnlichen Anblicken und/oder Lauten Notiz zu nehmen, hilft Ihnen auch, die **Aufmerksamkeitsspanne** zu erweitern. Wachtposten beim Militär, Polizisten und Sicherheitsbeamte üben sich darin, jeden noch so geringen Laut zu registrieren, der eine Gefahr ankündigen könnte. Sie müssen nicht unbedingt anfangen, Ihre Nachbarn auszuspionieren, aber Sie können üben, auf schwache, unerwartete Geräusche zu

Alles, was Sie zwingt, von ungewöhnlichen Anblicken und Geräuschen Notiz zu nehmen, hilft Ihnen auch, die Fähigkeit zur Aufmerksamkeit zu erhöhen.

hören und sie einzuordnen, beispielsweise auf ein Flugzeug am Himmel, auf ein ungewöhnliches Vogelzwitschern im Großstadtlärm.

■ *Erweitern Sie Ihre Fähigkeit, Ihre Aufmerksamkeit zu teilen.* Während seiner Präsidentschaft pflegte *Lyndon B. Johnson* jeden Abend die Nachrichten von drei verschiedenen Kanälen auf drei Monitoren zu verfolgen – *gleichzeitig.* Er war in der Lage, hinterher genau zu sagen, wie der einzelne Sender die jeweilige Nachricht dargestellt hatte. Ich habe mir sagen lassen, es gäbe Game-Show-Fans, die das ständig praktizieren und sich auf verschiedenen Bildschirmen gleichzeitig laufende Shows anschauen. Das ist eine einfache und faszinierende Methode, die geteilte Aufmerksamkeit zu üben. Sie werden feststellen, daß Ihre Aufmerksamkeit von einem Programm zum anderen wechselt, je nachdem, was gerade passiert. Mit wachsender Übung wird sich Ihre **Konzentrationsfähigkeit** verbessern, und mit der Zeit werden Sie Ihre Fähigkeit so weit entwickelt haben, daß Sie sogar dem Unterhaltungsgewirr auf einer großen, lauten Party folgen können.

Lernen Sie, Ihre Aufmerksamkeit aufzuspalten.

■ *Verbessern Sie Ihre Fähigkeit, Details wahrzunehmen.* Wenn Sie das nächste Mal mit einer neuen Situation konfrontiert werden – zum Beispiel in einem Restaurant essen, in dem Sie noch nie waren –, dann bemühen Sie sich, so viele **Details** wie möglich aufzunehmen. Wie ist der Raum ausgestattet? Wie viele Tische hat das Lokal? Wie sind die Tische dekoriert? Wie sieht das Geschirr aus? Wie viele Kellner gibt es, wie alt würden Sie den Kellner schätzen, der Sie bedient? Statt sich einfach nur auf das Essen zu stürzen, sollten Sie sich bewußt bemühen, alle Einzelheiten der Lokalität wahrzunehmen. Indem Sie die Sie umgebende Welt genau beobachten, schärfen Sie Ihren Sinn für Einzelheiten in jeder Beziehung. Stellen Sie sich vor, Sie wären ein Detektiv und müßten nach den Spuren einer Mordtat Ausschau halten. Oder hören Sie sich eine CD mit einem langen Orchesterstück an, und verfolgen Sie das Spiel eines einzigen Instruments. Wenn Sie

Auto fahren, können Sie auf Straßenschilder aller Art achten. Wenn Sie sich einen Film anschauen, beachten Sie die Dinge, die im Hintergrund geschehen, nicht nur die Hauptakteure.

- *Schulen Sie Ihre Fähigkeit, sich nicht ablenken zu lassen.* Schalten Sie zwei Fernsehgeräte auf zwei verschiedene Kanäle oder schalten Sie Radio und Fernseher gleichzeitig ein. Während Sie bei einer früheren Übung versucht hatten, beiden Geräten Ihre Aufmerksamkeit zu schenken, probieren Sie nun, sich ausschließlich auf das eine Gerät zu konzentrieren und sich durch das andere Programm nicht ablenken zu lassen. Wenn Sie schon etwas Übung haben, dann verringern Sie die Lautstärke des Gerätes, dessen Sendung Sie verfolgen, während Sie das Volumen des anderen Apparates höher stellen.

Sie können lernen, sich nicht ablenken zu lassen, indem Sie eine Sendung auf einem Fernseher verfolgen, während auf einem anderen Apparat oder im Radio eine andere Sendung läuft.

So verbessern Sie Ihre geistige Verfassung

Eine gute geistige Verfassung ist für eine gute Gedächtnisleistung unabdingbar. Um in Hochform zu kommen, folgen Sie diesen Ratschlägen:

- **Vermeiden Sie sowohl einen hektischen Lebensstil als auch den Alltagstrott.** Hyperaktivität vermindert die Aufmerksamkeit ebenso wie Routine.

- **Streß sollten Sie auf einem überschaubaren Niveau halten.** Ein bißchen Streß hält einen wach, aber zuviel bringt einen durcheinander.

- **Entspannen Sie sich jeden Tag einmal gründlich.** Machen Sie tagsüber ein Nickerchen, wenn nötig, und gehen Sie Gedächtnisaufgaben nur ausgeruht an. Ein kleiner Urlaub oder Wochenendausflug dann und wann wirken oft Wunder. Probieren Sie neue Wege der Entspannung aus, wie etwa Yoga oder Meditation.

- **Treiben Sie etwas Sport.** Sie sind dann weniger gestreßt, dafür stärker, und Sie sehen die Dinge positiver.

- **Über Ihre Probleme sollten Sie sprechen.** Eine positivere Einstellung wird Ihnen helfen, die Dinge besser wahrzunehmen und sie besser zu behalten.

- **Wenn Sie lernen müssen, versuchen Sie das in angenehmer Umgebung zu tun.** Ungemütlichkeit schwächt Ihre Konzentration. Zuviel Gemütlichkeit dagegen macht leicht schläfrig.

- **Bewahren Sie sich eine realistische Haltung gegenüber den Anforderungen, die an Ihr Gedächtnis gestellt werden.**

Zusammenfassung

Wenn Ihnen eine Prüfung, eine wichtige Sitzung oder ähnliches bevorsteht, dann können Sie sich entsprechend vorbereiten. Doch um für unvorhergesehene Gedächtnisaufgaben gewappnet zu sein, kann man nur eins tun: die körperliche und geistige Kondition dahingehend verbessern, daß auch das Gedächtnis davon profitiert. Wenn Sie an Ihrer körperlichen und geistigen Verfassung arbeiten, ebnen Sie den Weg für mehr Aufmerksamkeit und höhere Konzentration. Das Langzeitgedächtnis wird angeregt, mehr neues Wissen aufzunehmen und altes, schon in Vergessenheit geratenes Wissen wieder an die Oberfläche kommen zu lassen.

Kapitel 5

In Gesellschaft: Ihr Gedächtnis auf dem Prüfstand

Wenn Sie finden, es sei schwierig, sich Daten und Fakten einzuprägen, wenn man allein ist, dann habe ich eine schlechte Nachricht für Sie: Wenn Sie in **Gesellschaft** sind, wird Ihr Gedächtnis Sie *noch leichter* im Stich lassen. Nicht wenige soziale Faktoren können sich nämlich negativ auf die Gedächtnisleistung auswirken.

Jede Art des **sozialen Umgangs** erfordert Gedächtnisleistungen. Wenn Sie einen Bekannten oder einen Kollegen sehen, müssen Sie eine Reihe von Fakten über diese Person parat haben: Wer dieser Mensch ist, wie er heißt, woher Sie ihn kennen. Vielleicht müssen Sie sich daran erinnern, daß Sie eine Verabredung mit ihm haben, ihm etwas ausrichten oder ihm einen Gefallen tun sollen.

Kurz und gut: Soziale Situationen sind quasi wie Theateraufführungen, bei denen Ihr Gedächtnis die Hauptrolle spielt. Oft liegt es an Ihrer Erinnerungsfähigkeit, wie andere Menschen Sie einschätzen. Wenn Sie sich erinnern, daß die Tochter Ihres Kollegen neulich die Aufnahmeprüfung zum Gymnasium bestanden hat, dann wird ihn das freuen, und er wird sie für einen netten Mitmenschen halten. Wenn Sie hingegen vergessen, daß er überhaupt eine Tochter hat, dann wird er vielleicht annehmen, Sie interessierten sich nicht für ihn, oder schlimmer, er hält Sie vielleicht für einen hochnäsigen Schnösel. Sie sehen also, daß soziale Beziehungen durch unser Erinnerungsvermögen sehr stark beeinflußt werden.

Wenn Sie in Gesellschaft anderer Menschen sind, kann Ihr Gedächtnis auf tausenderlei Weise versagen. Manchmal ist Ihnen vielleicht gar nicht bewußt, daß man von Ihnen erwartet, Sie sollten sich etwas merken; gelegentlich ist die Situation – etwa auf einer großen Party – so verwirrend, daß Sie Ihr Gedächtnis gar nicht voll nutzen können. Es mag aber auch

EIN GUTES SOZIALES UMFELD IST SEHR ANGENEHM, ABER DEM GEDÄCHTNIS BÜRDET ES EIN GEHÖRIGES STÜCK ARBEIT AUF.

vorkommen, daß Sie Informationen zwar richtig aufnehmen und Ihr Gedächtnis sie auch gespeichert hat, aber es gelingt Ihnen nicht, sie an die Mitmenschen weiterzugeben.

In diesem Kapitel betrachten wir das Gedächtnis im **sozialen Umfeld.** Sie lernen, wie Sie Ihr Gedächtnis trainieren können, damit es in Gegenwart anderer Menschen besser – ja, vielleicht sogar erstaunlich gut – funktioniert, besonders in Anbetracht der Tatsache, daß es bisher nicht hundertprozentig arbeitete.

Machen Sie sich in Gedanken Notizen

Wie oft sind Sie schon von einem Menschen freudestrahlend begrüßt worden, aber Sie hätten um nichts in der Welt zu sagen vermocht, wer dieser Mensch ist? In einem solchen Fall kann man nur die Flucht nach vorn ergreifen und geradeheraus fragen, wer der andere ist und woher man ihn kennt, oder man muß – was meistens versucht wird – im Laufe der Unterhaltung nach **Anhaltspunkten** und **Schlüsselwörtern** suchen, die einem helfen können, die Person einzuordnen.

Hätten Sie diesen Menschen, der Sie so enthusiastisch begrüßt, am anderen Ende eines großen Raumes gesehen und wäre er langsam auf Sie zugekommen, dann hätten Sie sich in der Zwischenzeit vielleicht erinnert, daß Sie ja mit ihm die Schulbank gedrückt, vor zwei Jahren einen Fortbildungskurs besucht oder ihn letztes Jahr im Urlaub kennengelernt haben. Sie hätten dann die Chance besessen, ihm die Hand zu drücken und ihn angemessen, vielleicht sogar mit Namen, zu begrüßen.

Die Etikette verlangt unserem Gedächtnis oft regelrechte Zauberkunststückchen ab. Sie gehen aus dem Haus und sehen die Familie Schulze auf sich zukommen. Frau Schulze erwartet, daß Sie sich nach dem ersten Enkelkind erkundigen, das neulich auf die Welt gekommen ist. Herr Schulze interessiert sich sehr für Politik, also sollten Sie eine Bemerkung über den letzten Politskandal fallenlassen, damit Sie nicht uninformiert erscheinen. Auch der Sohn ist dabei, und die Eltern hoffen sicherlich, daß Sie ihm zum gerade bestandenen Abitur gratulieren. Dabei versuchen Sie im Augenblick nur krampfhaft, sich zu erinnnern, wie der Filius überhaupt *heißt*.

Wenn Sie *überraschend* in eine solche Situation geraten, dann kann es sehr schwer sein, rasch und richtig zu reagieren. Sind Sie dagegen *vorbereitet*, erhöhen sich Ihre Chancen, daß Sie sich erinnern, um ein Vielfaches. Trainieren Sie also Ihr Gehirn, auf **unvorhergesehene Situationen** gefaßt zu sein, in denen Sie sich an Menschen erinnern müssen. Ein solches Training wird Ihnen helfen, die Aufgabe das nächste Mal besser zu bewältigen.

Trainieren Sie Ihr Gehirn, auf Situationen vorbereitet zu sein, in denen man von Ihnen erwartet, dass Sie sich an Menschen erinnern.

Wenn Sie die Schulzes auf sich zukommen sehen, nehmen Sie ihren Anblick als Signal, daß jetzt gleich der Vorhang aufgehen wird und Sie auf der Bühne stehen. Gehen Sie langsamer, oder bleiben Sie stehen, und überlegen Sie sich, welche Themen wohl mit größter Wahrscheinlichkeit angesprochen werden könnten. Was haben Sie mit dieser Familie gemein? Was ist wichtig für die Schulzes? Worüber sprachen Sie, als sie sich das letzte Mal begegneten? Eine solche kurze Pause gibt Ihrem Gedächtnis die Möglichkeit, sich wichtige Informationen in Erinnerung zu rufen und parat zu haben, wenn Sie den Schulzes dann Angesicht zu Angesicht gegenüberstehen.

Ähnlich verfahren Sie, wenn Sie einer Person zum ersten Mal begegnen, von der Sie aber annehmen, daß Sie sie wiedersehen werden. Dann sollten Sie sich ganz bewußt der Mühe unterziehen, Einzelheiten über diesen Menschen wahrzunehmen und zu behalten. Betrachten Sie das Gesicht und die ganze **Erscheinung**, halten Sie Ausschau nach einem hervorstechenden **körperlichen Merkmal**. Und sie sollten die wichtigsten Punkte der **Konversation** speichern; später können Sie dann wieder darauf zurückgreifen.

Ihre „Gedankennotizen" nach einem ersten Treffen könnten so aussehen: *Hans Brandt – Bartträger – Architekt – ging zusammen mit meiner Schwester in Frankfurt zur Schule – leidenschaftlicher Tennisspieler.*

Wenn Sie Hans Brandt das nächste Mal treffen, haben Sie schon ein paar Informationen parat. Sie können an einem Punkt der alten Konversation einhaken und mehr über ihn erfahren. Mit der Zeit, besonders, wenn Sie Hans öfter sehen, werden Sie ihn so gut kennen, daß Sie keine Tricks mehr brauchen, um sich an ihn zu erinnern. Das Gedächtnis liefert sein Wissen über diesen Menschen automatisch, gerade so, als träfen Sie einen Familienangehörigen oder einen guten Freund.

Geselligkeit: das Gedächtnis auf Hochtouren

Empfänge, Versammlungen, Sitzungen und andere Formen der gesellschaftlichen Zusammenkunft erfordern meist, daß Sie sich an viele **Einzelheiten** erinnern und an vieles denken, noch ehe das Treffen stattfindet. Sie müssen wissen, wie Sie sich angemessen kleiden, was Sie mitzubringen haben (Geschenk, Arbeitsunterlagen), wann Sie erscheinen sollen, wo die Veranstaltung stattfindet. Sobald Sie da sind, müssen Sie sich an Gesichter und Namen erinnern, an Themen, Sitzungsprotokolle usw.

Stellen Sie sich vor, Sie sind zu einer Party eingeladen, auf der Sie Leute treffen werden, die Sie noch nicht kennen. Vielleicht stellt man sie Ihnen vor, kaum daß Sie zur Tür hereingekommen sind. Es ist zu hoffen, daß man Ihnen ein paar Dinge über jede Person mitteilt, doch darauf verlassen können Sie sich nicht. Manche Gastgeber glauben nämlich, es genüge, schnell zwei Namen zu murmeln, um Leute miteinander bekannt zu machen. Versuchen Sie in jedem Fall, mit der neuen Bekanntschaft ein wenig Konversation zu treiben, ehe Sie sich die nächste Person vorstellen lassen. Zwischendurch werden andere Gäste, die Sie schon kennen, Sie grüßen und sich mit Ihnen unterhalten.

Nach einiger Zeit laufen Sie dann unweigerlich dem einen oder anderen Gast, mit dem Sie an diesem Abend bekannt gemacht wurden, wieder über den Weg. Das ist der Härtetest. Sie sollten sich nun an den Namen des Gastes erinnern und hoffentlich auch an das, was Sie mit ihm oder ihr gesprochen haben. Bevor Sie das Fest verlassen, müssen Sie sich beim Gastgeber bedanken und den neugewonnenen Bekannten sagen, wie sehr Sie sich freuen, sie kennengelernt zu haben.

Gesellschaftliche Verpflichtungen dieser Art können durchaus als „Gedächtnisrituale" bezeichnet werden. Sie verlangen **unablässiges Registrieren und Speichern** von Informationen. Und sollten Sie selbst die Hauptrolle spielen (etwa bei Ihrer Hochzeits- oder einer Jubiläumsfeier), dann kann das, was Sie Ihrem Gedächtnis abverlangen müssen, schon gehörige Ausmaße annehmen. Ihre Gedächtniskraft wird auf einem silbernen Präsentierteller dargeboten, um so mehr, wenn es sich um eine freie öffentliche Rede handelt, einen Toast auf einen Ehrengast, eine religiöse Zeremonie oder ähnliches; Gelegenheiten also, bei denen Sie einen auswendiggelernten Text sprechen müssen.

Eine gute **Vorbereitung** des Gedächtnisses macht es leichter, solche Aufgaben zu bewältigen. Sobald Sie eine Einladung zu einer wie auch immer gearteten Veranstaltung erhalten, sollten Sie sich deshalb eine Liste derjenigen Gedächtnisaufgaben erstellen, mit denen diese spezielle Veranstaltung Sie konfrontieren wird. Außer sich zu notieren und zu merken, wann, wo und zu welchem Zweck die Veranstaltung stattfindet, überlegen Sie, welche Leute Sie wahrscheinlich treffen und worüber Sie mit ihnen sprechen werden. Je nachdem, ob Sie zu einer Vernissage oder einer Berufsfachmesse eingeladen sind, werden diese Überlegungen unterschiedlich ausfallen. Wenn möglich, nehmen Sie Einblick in die Gäste- oder Teilnehmerliste. Das bietet eine gute Möglichkeit, sich auf die Interessensgebiete der Anwesenden einzuschießen und Einstiege in Unterhaltungen vorzubereiten.

Bei der eigentlichen Veranstaltung ist es ganz wichtig, daß Sie vom ersten Augenblick an allem Neuen mit größter Aufmerksamkeit begegnen.

Wenn Sie einem Menschen vorgestellt werden, müssen Sie von der ersten Sekunde an Ihre volle **Aufmerksamkeit** auf das lenken, was Sie erfahren. Viele Menschen sind gerade in dieser Situation unaufmerksam. Sie schütteln Hände, tauschen unverbindliche Nettigkeiten aus und können sich schon Minuten später nicht mehr erinnern, mit diesem Menschen überhaupt gesprochen zu haben, geschweige denn entsinnen sie sich seines Namens.

Wenn man jemandem vorgestellt wird, muss man sich den Namen des anderen unverzüglich ins Gedächtnis einprägen.

Wenn das eben Gesagte auch auf Sie zutrifft, so heißt das noch nicht, daß Sie ein schlechtes Namensgedächtnis haben oder sich keine Gesichter merken können. Es mag einfach bedeuten, daß Sie in solchen Situationen leicht überwältigt sind und Ihr Gedächtnis dichtmacht. Sie können dieses Problem aber überwinden, indem Sie in aller Ruhe ein paar Züge des neu kennengelernten Menschen aufnehmen, sich diese merken und sich erst dann dem nächsten Gast vorstellen (lassen), wenn Sie die Informationen über den ersten fest im Gedächtnis gespeichert haben.

Werden wir persönlich

Bestimmte Gedächtnisleistungen werden als Symbol für eine gute Beziehung gewertet, denn sie bringen **Zuneigung**, **Respekt** und **Liebe** zu den Menschen, die uns nahestehen, zum Ausdruck. Wenn Sie vergessen, welche Pralinen Tante Lisbeth am liebsten ißt, dann mag Ihnen das nichtig und trivial erscheinen, der Tante aber ist es wichtig, und Ihr lückenhaftes Gedächtnis könnte die ganze Beziehung vergiften. Wenn Sie feststellen, daß die Erinnerung an bestimmte Kleinigkeiten als Zeichen Ihrer Zuneigung gewertet wird, dann müssen Sie besondere Anstrengungen unternehmen, sich an diese Dinge zu erinnern. Natürlich können Sie sich nicht alle Geburtstage, Jubiläen und persönliche Details aller Menschen merken, die Sie kennen. Aber gute Freunde und die, die Sie lieben, verdienen Ihre besondere Aufmerksamkeit. Viele Menschen führen übrigens einen Geburtstagskalender, in den sie die Daten aller Verwandten, Freunde und Bekannten eintragen.

Was Sie von den Mitmenschen wissen, gilt als Symbol Ihrer Gefühle ihnen gegenüber.

Hier ein paar Grundbausteine der **personenbezogenen Erinnerungen:**

- Der volle Vor- und Zuname einer Person, einschließlich der richtigen Schreibweise, dazu seine/ihre Titel, Berufskarriere, vor allem spezifische Erfolge
- Versprechungen, die Sie gemacht haben – und ob Sie sie eingehalten haben
- Besondere Ereignisse, die Sie gemeinsam erlebten
- Vorlieben, Abneigungen, Auslöser schlechter Laune, Hobbys
- Verabredungen, die einzuhalten sind
- Gemeinsame Routinehandlungen (ein spezieller Gruß, ein gemeinsames Essensritual, ein Lieblingsdessert, bestimmte Blumen zu einem wichtigen Anlaß)
- Gelegenheiten, die besonders zu beachten sind (Geburtstag, Namenstag, Valentinstag, Muttertag, Firmenjubiläum eines Mitarbeiters)
- Aufgaben, die zu erledigen ein anderer von Ihnen erwartet und die als wichtig eingestuft werden
- Bestimmte Angewohnheiten oder Eigenarten, die Zustimmung oder Ablehnung, einen Stimmungswechsel, die Notwendigkeit zu handeln oder ähnliches ausdrücken
- Gebiete, auf denen der andere besondere Fähigkeiten hat, für die man ihm Respekt schuldet

Die beste Möglichkeit, solche **Schlüsselinformationen** über Menschen unseres unmittelbaren Umkreises im Kopf zu behalten, besteht darin, sich eine Art **Checkliste** anzulegen, die von Zeit zu Zeit überarbeitet oder ergänzt werden sollte. Sobald Sie die Liste erstellt haben, wird es Ihnen leichterfallen, diesen Menschen, ihren Anforderungen und Bedürfnissen in bestimmten Situationen gerecht zu werden.

NOTIEREN SIE SICH WICHTIGE INFORMATIONEN ÜBER IHRE MITMENSCHEN. LESEN SIE DIE NOTIZEN VON ZEIT ZU ZEIT DURCH, BIS SIE SIE AUSWENDIG KENNEN.

Während Sie den Rasen mähen oder auf dem Weg zur Arbeit sind, sollten Sie in Gedanken diese personenbezogenen Schlüsseldaten immer wieder durchgehen. Das hilft Ihrem Gedächtnis im Ernstfall unglaublich auf die Sprünge. Denn dadurch, daß Sie einmal gelernte Dinge im Geist wiederholen, stärken Sie das Gedächtnis. Statt also die Gedanken während einer wenig anspruchsvollen Tätigkeit ziellos wandern zu lassen, sollten Sie diese Zeit dazu nutzen, das, was Sie gelernt haben, in Ihrem Gedächtnis zu verankern.

Schließen Sie Pakte: „Du spülst, ich trockne ab!"

Manchmal treffen wir **Abmachungen** mit anderen Menschen nach dem Motto: „Bring du den Müll runter, ich gehe auf dem Heimweg vom Büro bei der Reinigung vorbei." Oder wir schließen langfristige **Pakte**: „Du behältst die Bankkonten im Auge, ich kümmere mich um den Steuerkram", „Du spülst, ich trockne ab." Solche Pakte schließen wir im allgemeinen mit Menschen, mit denen wir zusammenleben oder -arbeiten.

Häufig werden diese Vereinbarungen wortlos getroffen, eine bestimmte Handlungsweise schleift sich scheinbar ganz von selbst ein. Natürlich besteht die Gefahr, daß bei mangelnder Kommunikation eine oder beide Parteien ihren Teil der Abmachung nicht oder nicht regelmäßig erfüllt. Wie viele Ehepaare haben schon Streit gehabt wegen der Frage, wer von beiden nun hätte zuhören müssen, als der nette, um Auskunft gebetene Herr ihnen den Weg erklärte. („Ich hab' gedacht, *du* hörst zu!")

Ist nicht eindeutig klar, wer für was zuständig ist, können wortlos geschlossene „Gedächtnispakte" zu Reibereien führen.

Fast niemand ist in der Lage, sämtliche „Gedächtnispakte" aufzuzählen, die er mit anderen Menschen geschlossen hat, aber wenn die jeweilige Situation auftaucht, weiß so ziemlich jeder, was von ihm verlangt wird – spätestens, wenn er *vergessen* hat, sich an seinen Teil der Abmachung zu halten. Pakte bestehen aus Absichtserklärungen und Zusicherungen, und wie alle Absichten werden sie leicht vergessen. Versuchen Sie deshalb wenigstens, sich in Gedanken eine Notiz zu machen, wenn Sie merken, daß Sie offensichtlich einen Gedächtnispakt mit jemandem geschlossen haben. Noch besser, Sie sprechen offen mit dem anderen darüber, wer von nun an für was zuständig sein soll. Das verringert die Wahrscheinlichkeit, daß entweder Sie selbst Ihren oder der andere seinen Verpflichtungen nachzukommen vergißt.

Der Ruf Ihres Gedächtnisses

Auch Sie haben das sicherlich schon erlebt: Man glaubt felsenfest, sich an irgend etwas richtig zu erinnern, aber jemand anders sagt, man liege völlig falsch.

Jeder von uns hat eine eigene Vorstellung von dem, was ein gutes Gedächtnis ist. Es genügt nicht, daß *Sie* glauben, Ihr Gedächtnis sei gut und folglich müsse das, woran Sie sich erinnern, auch stimmen. Wenn jemand anders fälschlicherweise (oder auch berechtigterweise!) der Überzeugung ist, sein Gedächtnis sei besser als Ihres, dann wird er sich kaum eines anderen belehren lassen. Es mag vorkommen, daß ein Freund nicht mehr den leisesten Dunst hat, was bei einem bestimmten Ereignis vorgefallen ist, dennoch weigert er sich, Ihre Erinnerung daran als richtig zu akzeptieren. Das kann einen sehr wütend machen, weil man sich natürlich völlig falsch beurteilt fühlt.

Das Gedächtnis eines jeden Menschen hat im Urteil seiner Mitmenschen einen bestimmten **Ruf.** Wer mit einer Gruppe von Menschen lange zu tun hat, der steht dort irgendwann in dem Ruf, ein gutes oder ein schlechtes Gedächtnis zu haben. Genauso, wie diese Gruppe über andere Charaktereigenschaften (Loyalität, Fleiß, Diskretion) urteilt, gründet sich auch das Urteil über das Gedächtnis auf bestimmte, in der Vergangenheit beobachtete **Verhaltensmuster.**

Die Reaktionen Ihrer Freunde auf einzelne **Erinnerungsschwächen** hängen von dem Ruf ab, den Ihr Gedächtnis gemeinhin genießt. Wenn allgemein angenommen wird, Sie hätten ein gutes Gedächtnis, wird man es wohlwollend verzeihen, wenn Sie einmal etwas vergessen haben, und rasch eine Entschuldigung für Sie finden: Sie waren eben zu müde; selbst der Beste kann mal fehlen oder ähnliches. Wenn Sie aber sowieso in dem Ruf stehen, ein schlechtes Gedächtnis zu haben, und nun tatsächlich etwas verbummeln, dann neigen die Leute dazu, Sie als inkompetent, verkalkt, dumm, unfähig einzuordnen. Sollten Sie aber – trotz der Reputation, ein schlechtes Gedächtnis zu haben – eine ausgefallene, schwierige Sache behalten haben, dann wird dieser Triumph als ein nicht Ihnen zuzuschreibender Glücksfall gewertet.

Ein schlechtes Gedächtnis kann Sie inkompetent erscheinen lassen. Unternehmen Sie deshalb die notwendigen Schritte, es zu verbessern.

Ganz ähnlich geht es im Sport zu. Wenn ein Superstar im Tennis ein Match verliert, wird dies als eine Ausnahme entschuldigt. Aber wenn Uschi Unfähig schlecht abschneidet, wird es nur als weiterer Beweis dafür gewertet, daß sie eben vom Tennis nichts versteht. Und wenn die arme Uschi ein tolles Match hinlegt und haushoch gewinnt, dann wird man sagen, sie habe verdammtes Glück gehabt, daß ihre Gegnerin so schlecht in Form gewesen sei. Wer einen schlechten Ruf hat, kann nicht gewinnen.

Die einzige Möglichkeit, ein **schlechtes Renommee** auszubügeln besteht darin, überzeugend und nachhaltig unter Beweis zu stellen, daß man *falsch* eingeschätzt wird. Am besten gelingt das so:

- *Sie müssen sich verantwortlich fühlen für das, was Sie in Ihrer Rolle als Verwandter, Freund, Arbeitnehmer und Bürger lernen, wissen und behalten sollen.* Ob Ihr Gedächtnis auf diesem Gebiet gut oder schlecht ist, wird sich früher oder später deutlich zeigen; also ergreifen Sie die Gelegenheit, Ihren Ruf, ein gutes, verläßliches Gedächtnis zu haben, zu festigen.
- *Erklären Sie es zu Ihrer persönlichen Ehrenangelegenheit zu tun, was Sie zu tun versprochen haben.* Erledigen Sie diese Dinge sofort, zumindest aber, sobald Sie sich wieder daran erinnern; rekonstruieren Sie Unterhaltungen, in deren Verlauf Sie Verpflichtungen eingegangen sind; notieren Sie sich Versprechen, die Sie noch nicht erfüllt haben; und versprechen Sie nichts, was Sie ohnehin nicht halten können oder wollen.
- *Stellen Sie relevante Informationen aus dem Fundus Ihres Gedächtnisses zur Verfügung, wenn Sie wissen, daß Sie recht haben und die Situation es erlaubt.* Vermeiden Sie aber, besserwisserisch oder herablassend zu wirken.
- *Wenn Sie sich nicht hundertprozentig sicher sind, dann halten Sie sich lieber zurück.*
- *Werden Sie aufgefordert, Ihre Erinnerung an ein Ereignis oder eine Sache beizusteuern, weisen Sie rechtzeitig auf Ihre Unsicherheit hin, wenn Sie sich nicht wirklich sicher sind, daß Ihre Erinnerung stimmt.*

Klischeevorstellungen über das Gedächtnis

Manche Menschen mögen Ihren Gedächtnisleistungen mißtrauen, weil sie – was das Gedächtnis und seine Leistungen anbelangt – kulturell geprägte **Klischeevorstellungen** haben. Vor einigen Jahren führte ich mit meinen Studenten am *Hamilton College* in New York ein Experiment durch, das ein überraschendes Phänomen zutage förderte. Die Studenten sollten die mutmaßliche Gedächtnisleistung verschiedener Personen anhand einer Liste benoten. Die Skala reichte von 1 bis 7, wobei 1 für eine sehr geringe, 7 für eine außerordentlich gute Gedächtnisleistung stand. Nach Auswertung der Bogen kam folgendes Ergebnis zutage:

Klischeevorstellungen über Gedächtnisleistungen bestimmter Personen

Bevölkerung nach...	Allgemeinwissen	Ereignisse	Absichten	Handlungen	Durchschnittswert
Altersklasse/Familienstand					
Junger Erwachsener	4,4	4,8	4,5	4,5	4,6
Ehefrau	4,6	5,1	4,7	4,0	4,6
Ehemann	4,8	4,8	4,0	4,4	4,5
Person mittleren Alters	5,1	4,7	4,1	4,2	4,5
Älterer Mitbürger	4,6	4,2	3,4	3,5	3,9
Kind	2,5	3,4	3,5	3,5	3,2
Berufsgruppe					
Pilot	6,0	5,1	5,8	6,4	5,8
Jurist	6,6	5,4	5,1	5,1	5,6
Professor	6,9	5,2	4,8	4,5	5,4
Mechaniker	5,2	4,0	5,0	6,4	5,2
Reporter	5,4	5,8	4,9	4,7	5,2
Empfangschef/ Sprechstundenhilfe	4,9	4,9	5,3	5,0	5,0

Klischeevorstellungen über Gedächtnisleistungen bestimmter Personen

Bevölkerung nach...	Allgemeinwissen	Ereignisse	Absichten	Handlungen	Durchschnittswert
Berufsgruppe					
Politiker	5,9	5,3	4,8	4,1	5,0
Polizeibeamter	4,9	4,5	5,0	5,7	5,0
Klempner	4,7	3,8	5,0	5,8	4,8
Vorstandssprecher eines Betriebes	5,5	4,5	4,7	4,1	4,7
Verkäufer/in	5,3	4,4	4,4	4,3	4,6

Wie Sie sehen, wurden in allen vier Kategorien die Leistungen der Kinder am geringsten, die der jungen und mittelalten Erwachsenen am höchsten eingeschätzt. Auch ältere Erwachsene wurden nicht besonders gut eingestuft. Ehemann und -frau kamen gleich gut weg, lediglich in den einzelnen Kategorien ergaben sich Unterschiede. Unter den Berufsgruppen schnitten die Piloten im Gesamtdurchschnitt am besten ab, obwohl Juristen und Professoren bezüglich ihrer Allgemeinbildung höher eingestuft wurden.

Vom Beruf eines Menschen wird oft auf die Leistungen seines Gedächtnisses geschlossen.

Der Fragebogen macht deutlich, daß viele Menschen bereit sind, über die Gedächtnisleistungen anderer zu urteilen, ohne jene Personen überhaupt zu kennen. Die Studenten, die die Einschätzung vornahmen, hatten ja weder die entsprechende Vorbildung noch die Möglichkeit, eine von profunder Vorinformation getragene Auswertung vorzunehmen. Ihre Einschätzungen stützten sich einfach auf **allgemeine Klischees und Vorurteile**, wie sie in jeder Gesellschaft kursieren. Daraus folgt, daß man auch uns – Sie und mich – auf diese Weise beurteilt. Wenn also jemand sich weigert, Ihre Erinnerung an eine Begebenheit als korrekt anzusehen, dann sollten Sie die Möglichkeit ins Auge fassen, daß der andere einem Vorurteil bezüglich Ihres Alters, Ihres Berufes, Ihrer Herkunft, Ihres Geschlechtes oder ähnlichem aufsitzt.

Derart **eingefahrene Denkweisen** umfassend zu korrigieren, ist so gut wie unmöglich. Aber Sie können Schritte unternehmen, um die Meinung zu beeinflussen, die die Leute von Ihnen persönlich haben. Wenn Ihr Gedächtnis von einigen (vielleicht fälschlicherweise) als außergewöhnlich gut eingeschätzt wird, was Sie ja leicht unter Druck setzen kann, dann machen Sie es sich zur Regel, Ihre Gedächtnisleistungen im Beisein gerade dieser Menschen nicht noch besonders zur Schau zu stellen. Wird Ihr Gedächtnis dagegen von anderen ungerechtfertigterweise als schwach angesehen, dann strengen Sie sich kräftig an, um dieses negative Vorurteil zu entkräften.

Gedächtnisspielchen

Im allgemeinen meint es niemand böse, wenn er die Gedächtnisleistung eines anderen aufgrund eines Stereotyps einordnet. Viele Menschen folgen eben gedankenlos ihren Vorstellungen und Vorurteilen, ohne sie zu überprüfen. Aber es gibt auch Zeitgenossen, die die Gedächtnisleistungen ihrer Mitmenschen aus sehr *eigennützigen* Motiven als besser oder als schlechter hinstellen, als sie in Wirklichkeit sind. Wenn jemand sich positiv oder negativ über Ihr Gedächtnis ausläßt, so könnte es sein, daß der Wunsch dahintersteckt, Ihnen zu schmeicheln oder Sie zu beleidigen, möglicherweise auch der Versuch, Ihnen indirekt um den Bart zu gehen oder Sie zu ärgern. Wie auch immer – im Hintergrund lauert meist ein ganz anderes Motiv, als es zunächst den Anschein hat, und Sie sollten auf der Hut sein.

Folgende **Gedächtnisspielchen** sind besonders beliebt:

BELEIDIGUNG. Jemand weist vor versammelter Mannschaft auf ein geringfügiges Versagen Ihres Gedächtnisses hin, das sonst gar nicht bemerkt worden wäre, und stellt diesen Ausfall als typisches Beispiel für Ihr bekanntermaßen schlechtes Gedächtnis dar.

Beispiel: Angenommen, es fällt Ihnen in dem Augenblick nicht ein, daß *Christoph Kolumbus'* Flaggschiff *Santa Maria* hieß. Aber einer in der Runde zieht Sie damit auf und stellt Sie als dumm, unwissend und vergeßlich hin.

Mit größter Wahrscheinlichkeit hat sich dieser Mensch über Sie geärgert und nimmt so Rache für etwas, das mit seiner Leidenschaft für Geschichte oder Seefahrt gar nichts zu tun hat.

HINTER LOB ODER TADEL FÜR IHRE GEDÄCHTNISLEISTUNGEN KÖNNEN SICH GANZ ANDERE GEDANKEN UND ABSICHTEN VERBERGEN.

LOB. Jemand lobt Sie über den grünen Klee für irgendeine Gedächtnisleistung und stellt Sie als ein wahres „Gedächtnisgenie" hin.

Beispiel: Sie konnten auf Anhieb sagen, daß zur Flotte *Kolumbus'* die drei Schiffe *Niña, Pinta* und *Santa Maria* gehörten.

Genießen Sie das Lob, aber seien Sie vorsichtig: Der andere will vielleicht etwas von Ihnen.

ALIBI. Jemand entschuldigt Ihren Gedächtnisausfall allzu bereitwillig.

Beispiel: Sie haben vergessen, auf dem Weg von der Arbeit die Sachen aus der Reinigung zu holen. Der Partner vergibt die Fehlleistung sofort und weist darauf hin, daß Sie nach einem langen Arbeitstag das Recht hätten, müde (und vergeßlich) zu sein.

Mag sein, aber die Bemerkung könnte sich auf den Wunsch gründen, Ihnen später eine Gefälligkeit zu entlocken.

VERANTWORTUNG ABSCHIEBEN. Jemand behauptet, es wäre *Ihre* und nicht *seine* Sache gewesen, sich zu erinnern.

Beispiel: Sie kommen ohne die Sachen aus der Reinigung nach Hause, weil Sie davon überzeugt sind, es sei ausgemacht gewesen, daß der *andere* sich darum kümmert. Jetzt werden *Sie* beschuldigt, sich Ihrer Aufgabe entzogen zu haben. Ihr Partner möchte offensichtlich nicht die Verantwortung für etwas übernehmen, das schiefgelaufen ist, und lieber Ihnen den schwarzen Peter zuschieben.

VERWEIGERTE HILFELEISTUNG. Jemand hilft Ihnen nicht auf die Sprünge, obwohl er oder sie es sehr gut könnte.

Beispiel: Im Freundeskreis kommt die Frage auf, wie denn die Schiffe *Kolumbus'* hießen, und sie sagen: „*Santa Maria, Niña* und ... und ...", aber es will Ihnen einfach nicht einfallen. Ein Freund, der die Antwort kennt, grinst und läßt Sie zappeln.

Diese klare Entscheidung, *nicht* zu helfen, kann ein Hinweis darauf sein, daß der Freund möglicherweise ein so guter Freund gar nicht ist und daß ihm dieses Spielchen, bei dem Sie sich blamieren, Spaß macht.

TÄUSCHUNG. Jemand behauptet, Sie seien im Irrtum, obwohl sie beide genau wissen, daß diese Behauptung falsch ist.

Beispiel: Jemand behauptet mit Nachdruck, *Kolumbus* sei 1497 zum ersten Mal über den Ozean gen Westen gesegelt.

Dieser Mensch spielt zu seinem eigenen Vergnügen mit Ihnen wie die Katze mit der Maus. Er oder sie hofft, Sie zu verunsichern. Dieser offensichtliche Versuch einer Täuschung läßt für die Beziehung nichts Gutes hoffen.

Wenn jemand eine *negative* oder eine *unwahre* Bemerkung über Ihr Gedächtnis macht und Sie demjenigen auch noch Glauben schenken, kann Ihr Selbstwertgefühl Schaden nehmen, und als Folge mag es dann später tatsächlich zu Gedächtnisausfällen kommen. *Unrealistisch positive Bemerkungen* über Ihr Gedächtnis können andererseits dazu führen, daß Sie sich zuviel zutrauen und sich keine besondere Mühe mehr geben.

Manche Menschen spielen auch Spielchen mit ihrem *eigenen* Gedächtnis. Sicher haben Sie schon mal jemanden getroffen, der sich ständig für sein schlechtes Gedächtnis entschuldigt, obwohl er kaum je etwas vergißt.

Möglicherweise tut er das, weil er Ihnen das Gefühl geben will, Sie seien ihm überlegen. Und das soll Sie ihm gegenüber freundlicher stimmen.

Hüten Sie sich vor denen, die Spielchen mit Ihrem oder ihrem eigenen Gedächtnis spielen. Prüfen Sie die Motive, die hinter diesem Verhalten stecken könnten. Es ist wichtig, ehrliches Lob oder echten Tadel von überzogener Lobhudelei oder ungerechtfertigter Miesmacherei zu unterscheiden.

Trauen Sie Ihrer eigenen Erinnerung!

Der Punkt, auf den ich hinauswollte, ist schlicht der: Die Erinnerung scheint eine derart zerbrechliche und unsichere Sache zu sein, daß viele Menschen es vorziehen, sich auf die Erinnerungen *anderer* zu verlassen, statt ihren *eigenen* zu trauen.

In einem kürzlich durchgeführten Experiment bekamen Probanden Bilder von Autounfällen vorgelegt. Als sie später befragt wurden, waren die meisten sehr gut in der Lage, Fragen nach Details zu beantworten. Eine zweite Gruppe bekam dieselben Fotos gezeigt, dann wurden die Testpersonen aber mit Eingeweihten zusammengebracht, die den Auftrag hatten, *absichtlich* falsche Aussagen über die Bilder zu machen. Die Mitglieder dieser zweiten Testgruppe verließen sich deutlich weniger auf das, was sie selbst auf den Bildern gesehen hatten. Sie tendierten dazu, das wiederzugeben, was ihnen von den eingeschleusten „Schwindlern" eingeredet worden war.

Verlassen Sie sich nie auf das Gedächtnis eines anderen. Lernen Sie, Ihrem eigenen zu trauen.

Viele Menschen trauen buchstäblich ihren eigenen Augen nicht – selbst wenn sie ursprünglich von ihrer Erinnerung überzeugt waren – und akzeptieren eher die anderslautende Darstellung der anderen. Es fällt uns offensichtlich schwer, *allein* an einer Erinnerung festzuhalten, wenn sie von der einer ganzen Gruppe abweicht, besonders wenn sich dieser Kreis aus respektierten Freunden oder Autoritätspersonen zusammensetzt. Wenn Sie sich zusammen mit Freunden an früher erinnern, dann neigen Sie vielleicht auch dazu, Ihre Erinnerungen anzuzweifeln und sie mit denen der Freunde in Einklang zu bringen, die die Geschichte anders im Gedächtnis als haben als Sie.

Die Akkuratheit unserer Erinnerung kann sogar von Freunden beeinflußt werden, die gar nicht anwesend sind. Es scheint glaubhaft nachgewiesen, daß wir unsere **Erinnerungen „schönen"**, um das, was wir gesagt oder getan haben, in einem besseren Licht erscheinen zu lassen. Wir behalten leichter, was mit unserer religiösen Glaubensvorstellung, unserer moralischen Haltung und unseren sozialen Interessen übereinstimmt. Wenn Versuchspersonen gebeten werden, einen absolut ausgewogenen Zeitungsartikel zu lesen, der alle Pros und Kontras einer umstrittenen politischen Angelegenheit darlegt, dann ist die Wahrscheinlichkeit sehr groß, daß die Leser diejenigen Argumente behalten, die Ihrer eigenen Meinung entsprechen, sich an die Gegenargumente hingegen meist weniger gut erinnern.

WIR NEIGEN DAZU, UNSERE ERINNERUNGEN ZU „BEARBEITEN", DAMIT SIE BESSER ZU UNSEREN PERSÖNLICHEN ANSICHTEN UND VORSTELLUNGEN PASSEN.

Um zu vermeiden, daß Ihre Erinnerungen einseitig und tendenziös sind, sollten Sie den **Argumenten der Gegenseite** größere Aufmerksamkeit schenken als denen, die Ihrer eigenen Anschauung entsprechen. Das hilft Ihnen nicht nur, sich später besser zu erinnern. Diejenigen, die nicht Ihrer Meinung sind, werden Ihnen auch mit größerem Respekt begegnen, da Sie sich als aufgeschlossener Mensch erweisen, der auch solche Argumente und Positionen genau in Erinnerung hat, die er persönlich nicht teilt.

Es ist nicht leicht, das Gedächtnis vom Einfluß massiven **sozialen Drucks** zu befreien. Doch sollten Sie immer die Möglichkeit einkalkulieren, daß die anderen sich täuschen, auch wenn sie behaupten, im Recht zu sein. Hüten Sie sich davor, Ihre Erinnerungen allzu bereitwillig in Frage zu stellen, nur weil irgend jemand sie anzweifelt. Wenn andere Ihr Erinnerungsvermögen in Frage stellen, dann recherchieren Sie ein wenig, um herauszufinden, wer nun wirklich richtig liegt. Sollte sich herausstellen, daß Sie von Anfang an im Recht waren, dann wird das Ihr Vertrauen in Ihr Gedächtnis stärken; bei erneuten Disputen stehen Sie dann besser gewappnet da.

Im großen und ganzen sollten Sie keinen anderen Menschen zum Gradmesser Ihrer Erinnerungsfähigkeit machen. Akzeptieren Sie nicht automatisch und unbesehen, was andere Ihnen über Ihr Gedächtnis sagen. Sie fahren am besten, wenn Sie sich davon überzeugen können, daß Ihre *eigene* Meinung über Ihr Gedächtnis und dessen Fähigkeiten richtig ist.

Der Freund als „Notizblock"

Benutzen Sie niemals das Gedächtnis eines anderen Menschen als Ersatz für Ihr eigenes! Lassen Sie einen anderen nicht Ihre Erinnerungsarbeit erledigen! Sie haben es selbst schon tausendmal gehört, es vielleicht auch selber schon gesagt: „Liebling, erinnere mich doch daran, daß ich...".

Manchmal will man sich nicht der Mühe unterziehen, sich an etwas erinnern zu müssen, also **delegiert** man die Arbeit. Vielleicht bitten Sie einen anderen Menschen, an Ihrer Stelle eine Frage zu beantworten, die Sie mit etwas gutem Willen auch selbst hätten beantworten können, oder Sie bitten darum, an einen Termin oder eine Sache erinnert zu werden.

Doch Vorsicht: Benutzen Sie Ihre Mitmenschen nicht als Ihren Notizblock! Zum einen könnte der andere, den Sie für ein Gedächtnisgenie halten, in Wahrheit ein schlechteres Erinnerungsvermögen haben als Sie selbst. Aber selbst wenn er eine verläßliche Gedächtnisstütze ist: Erwarten Sie nicht, irgend etwas umsonst zu bekommen. Wer für Sie Gedächtnis spielt, wird dafür etwas als Gegenleistung erwarten. Sie haben einem anderen nämlich etwas aufgebürdet – und dessen ist er sich sehr wohl bewußt.

Bitten Sie niemals andere, Ihre Erinnerungsaufgaben zu übernehmen.

Schließlich ist es ziemlich unfair, andere mit Aufgaben zu belasten, mit denen man sich selbst nicht rumschlagen will. Bitten Sie also nur selten jemanden darum, an Ihrer Stelle an etwas zu denken, und lehnen Sie umgekehrt solche an Sie herangetragenen Bitten höflich ab.

Richtig mitteilen, an was man sich erinnert

Sie können sich noch so gut an etwas erinnern – es wird Ihnen nichts nützen, wenn Sie nicht in der Lage sind, andere davon zu überzeugen, daß Ihre Erinnerung stimmt. Wenn dies häufiger vorkommt, dann ist es nicht Ihr Gedächtnis, das Training braucht, sondern Ihre **Kommunikationsweise.**

Zunächst einmal müssen Berufungen auf die eigene Erinnerung *in sich stimmig sein,* um zu überzeugen. Wenn Sie erzählen, sie hätten die Silvesternacht in Hamburg durchgefeiert, und ein paar Minuten später behaupten, am 1. Januar seien Sie in Bombay gewesen, dann wird der andere so ziemlich alles in Zweifel ziehen, was Sie danach noch sagen. Geringfügige Unstimmigkeiten kommen vor und sind nicht weiter schlimm, wenn man üblicherweise eine sehr genaue Erinnerung hat, aber augenfällige **Widersprüche** lassen den Sprecher unzuverlässig und möglicherweise sogar dumm erscheinen.

Wenn Sie aus der Erinnerung von einem vergangenen Ereignis plaudern, dann versuchen Sie, nur die wirklich wichtigen Details herauszupicken. Fabulieren Sie nämlich ins Blaue hinein, ohne vorher gründlich nachzudenken, werden Sie, ohne es zu merken, Unstimmigkeiten produzieren.

Die Menschen Ihrer Umgebung sind eher geneigt, Ihren Erinnerungen zu glauben, wenn Sie sie mit irgend etwas stützen können. **Bestätigende Quellen,** wie etwa Zeitungsartikel, Bücher, Memos, verleihen der Reputation Ihres Gedächtnisses mehr Biß. Wenn eine dritte Person das Ereignis genauso in Erinnerung hat wie Sie selbst – um so besser. Je mehr Zeugen, desto überzeugender das Argument.

Wenn Sie völlig sicher sind, sich richtig zu erinnern, dann sagen Sie es mit Nachdruck und Überzeugung. *John Dean,* 1970–73 Berater von Präsident *Richard Nixon* und nur zu bekannt dafür, daß er Leute im Watergateskandal auffliegen ließ, war regelrecht verschrieen für sein ausgezeichnetes Gedächtnis, weil er seine Erinnerung an die Präsidentschaft *Nixons* so überaus überzeugend vorzutragen verstand. Spätere Nachforschungen ergaben viele kleine Unstimmigkeiten in Deans grundsätzlich richtigen Erinnerungen. Er hatte die Fähigkeit, die Leute glauben zu machen, daß alles stimme, einfach weil er sicher auftrat und mit Überzeugung in der Stimme sprach.

Wer seine Sache mit Selbstvertrauen und Geschick vorträgt, hat seine Glaubwürdigkeit schon mächtig gestärkt.

Wenn Sie anderen etwas aus Ihrer Erinnerung vortragen, dann sprechen Sie *klar, langsam* und *gleichmäßig.* Rollen Sie nicht verzweifelt mit den Augen, kratzen Sie sich nicht am Kopf, starren Sie nicht an die Decke. Diese ein mühsames Erinnern symbolisierenden *Gesten* werden von den Zuhörern nämlich auch genau so interpretiert.

Geben Sie sich also *selbstsicher,* aber achten Sie auch darauf, daß diese **Selbstsicherheit** nicht zu dick aufgetragen wirkt, sonst schlägt die Sache leicht um und Ihr Auftritt erscheint als Bluff, was der **Glaubwürdigkeit** in keiner Weise dient.

Sagen Sie Ihre Meinung!

Die meisten Menschen meinen: Entweder man erinnere sich, oder man erinnere sich nicht, ein Dazwischen gäbe es nicht. Tatsächlich aber entsinnen wir uns an Ereignisse mit sehr unterschiedlichen **Graden an Sicherheit und Vollständigkeit.** Wenn wir eine sehr vage Erinnerung haben, dann vermuten wir, daß unsere Version stimme. Fühlen wir uns ein bißchen sicherer, dann *denken, glauben* oder *meinen* wir, daß es sich so oder so verhalten habe. Sind wir uns aber einer Sache ganz sicher, dann *wissen* wir, daß es so ist, wir können *garantieren* oder sogar *schwören,* daß es stimmt.

NIEMAND HAT EIN PERFEKTES GEDÄCHTNIS. DIE MEISTEN MENSCHEN ERINNERN SICH MIT VERSCHIEDENEN GRADEN AN SICHERHEIT.

Diese verschiedenen Bezeichnungen für die Gedächtnisleistung deuten auf sehr feine **Bedeutungsunterschiede** hin. Wenn Sie eine auf einer Erinnerung basierende Aussage machen, dann erscheinen Sie um so *glaubwürdiger,* je klarer Sie den Grad Ihrer Sicherheit ausdrücken können. Schauen Sie sich diese (unvollständige) Liste des häufig benutzten **„Gedächtnisvokabulars“** an; Sie sollten stets den richtigen Ausdruck wählen, um Ihre Erinnerungen klar zu vermitteln:

REGISTRIEREN: *lernen, auswendig lernen, erlernen, sich merken, aufnehmen, sich einprägen, memorieren, zu eigen machen, beobachten, zur Kenntnis nehmen, Kenntnisse erwerben, dem Gedächtnis einprägen, im Gedächtnis behalten, dem Gedächtnis anvertrauen, das Gedächtnis belasten*

BEHALTEN: *auswendig wissen (können), im Gedächtnis (im Kopf) haben, gegenwärtig haben, parat haben, aus dem Gedächtnis (dem Kopf) sagen können, etwas ist jemandem bekannt (erinnerlich, gegenwärtig), etwas in Erinnerung haben, etwas liegt jemandem auf der Zungenspitze, etwas geht einem nicht aus dem Kopf (dem Sinn)*

Erinnern: *sich entsinnen, sich zurückerinnern, sich besinnen, sich etwas ins Gedächtnis zurückrufen, etwas dämmert einem, an etwas denken, etwas fällt einem wieder ein, etwas kommt einem wieder in den Sinn, Rückschau halten, Erinnerungen auffrischen, die Erinnerung wach halten, etwas steht einem noch klar vor Augen, von einer Erinnerung zehren, etwas gemahnt einen an, dem Gedächtnis nachhelfen, das Gedächtnis anregen, ins Gedächtnis rufen, auf die Sprünge helfen (kommen); Gedächtnisauffrischung, Rückschau, Rückblick, Reminiszenz, Denkzettel, Gedächtnisbrücke, Gedächtnisstütze, Eselsbrücke*

Vergessen: *sich nicht erinnern, keine Erinnerung an etwas haben, etwas nicht im Kopf (Gedächtnis) haben, verschwitzen, verbummeln, an etwas nicht denken, jemandem ist etwas entfallen, etwas aus dem Gedächtnis verlieren, einen Filmriß (Blackout) haben, ein schlechtes (kurzes) Gedächtnis (Erinnerungsvermögen) haben, etwas versieben, etwas verschusseln, ein Gedächtnis wie ein Sieb haben, an Gedächtnisschwäche leiden; Amnesie, Gedächtnislücke, Gedächtnisstörung, Gedächtnisschwund*

Der klassischen Einordnung nach schreibt man Menschen mit gutem, respektive schlechtem Gedächtnis im allgemeinen folgende Züge zu:

- Mensch mit normalem Gedächtnis: *verläßliche Erinnerung, gutes Gedächtnis, gutes Erinnerungsvermögen*
- Mensch mit außerordentlichem Gedächtnis: *fotographisches Gedächtnis, Erinnerungsvermögen wie ein Tonband, Gedächtnis wie ein Lexikon, wie ein Buch*
- Mensch mit bestimmten Gedächtnisfähigkeiten: *gutes Zahlengedächtnis, gutes Personengedächtnis, gutes Erinnerungsvermögen für Details, Hypermnesie*
- Vergeßlicher Mensch, der nicht aufpaßt: *geistesabwesend, gedankenlos, unvorsichtig, leichtsinnig, unaufmerksam, paßt nicht auf, nimmt nichts wahr, dusselig, löcheriges Gedächtnis, zerstreut, Schussel*
- Vergeßlicher Mensch, der geistig erschöpft ist: *überstrapaziertes, überlastetes, eingerostetes, eingeschlafenes Gedächtnis*
- Vergeßlicher Mensch mit defektem Gedächtnis: *schlechtes Gedächtnis, Gedächtnisschwäche, Gedächtnisschaden, Gedächtnisschwund, Gedächtnis*

wie ein Sieb, verkalkt, vergreist, vertrottelt, schlechtes Kurzzeitgedächtnis, schlechtes Langzeitgedächtnis, Amnesie, Hypomnesie

Wenn Sie ein Gespür für die Feinheiten der **Sprache** entwickeln und die **Terminologie**, die das Gedächtnis betrifft, gut beherrschen, dann können Sie sich bezüglich Ihrer eigenen Gedächtnisleistungen besser ausdrücken, und andere werden eher geneigt sein zu glauben, was Sie sagen. Wenn Sie zum Beispiel vergessen haben, eine Besorgung zu erledigen, um die ein Freund Sie gebeten hat, dann könnten Sie versuchen, Ihren Lapsus mit der Bemerkung zu begründen, Sie hätten „den Kopf zu voll gehabt", Ihr Gedächtnis sei „überlastet" gewesen. Sie müßten natürlich sagen, womit und weshalb, damit man Ihnen glaubt.

Erweitern Sie Ihren Wortschatz, und üben Sie die Anwendung des richtigen Wortes. Beides wird helfen, den Ruf Ihres guten Gedächtnisses zu schützen.

Gedankenlesen mit Hilfe der Körpersprache

Wenn Sie eine Straße entlanggehen und in der Ferne jemanden sehen, den Sie plötzlich als Ihren Freund erkennen, passiert etwas Merkwürdiges: Sie ziehen die Mundwinkel hoch zu einem Lächeln, die Pupillen weiten, die Augenbrauen heben sich. Sobald der andere Sie erkennt, ereignet sich bei ihm dasselbe.

Es gibt verschiedene spontane Reaktionen, die einem Beobachter zeigen, daß das Gehirn sich auf die Aufnahme einer Information einstellt. Wir demonstrieren diesen Prozeß körperlich, etwa indem wir die Augenbrauen zusammenziehen, die Stirn in Falten legen, uns am Kopf kratzen, mit den Fingern schnipsen. Oft merken wir all das gar nicht, es geschieht ganz automatisch. Aber Sie können solche Gesten auch ganz bewußt einsetzen.

Nicht nur das treffende Wort, sondern auch die richtigen Gesten verbessern Ihre Kommunikationsfähigkeiten. Wenn Sie ein Faktum, eine Zahl, einen Namen genau kennen, aber einen Moment der Konzentration brauchen, damit Ihnen das Gesuchte einfällt, dann können Sie mehrmals „Oh..." murmeln oder mit den Fingern schnipsen oder die Hand mit ausgestrecktem Zeigefinger hochhalten. Wenn Sie angestrengt nachdenken, können Sie das durch einen besonders konzentrierten Gesichtsausdruck demonstrieren oder indem Sie den Blick unbestimmt in die Ferne richten.

Ihre Körpersprache kann für andere ein Hinweis sein, wie sicher Sie sich sind, wenn es darum geht, sich an etwas zu erinnern.

Wenn Ihre Worte und Gesten richtig kombiniert sind, dann überzeugen Sie andere leichter davon, daß Ihre Erinnerungen richtig und verläßlich sind. Folgende Körpersignale in bezug auf das Gedächtnis sind praktisch weltweit verbreitet und werden überall verstanden:

- Vergessen: *leerer Blick, überraschter Blick (hochgezogene Brauen), schuldvoller Blick (leicht zusammengezogene Brauen), Stöhnen, Fluchen, verzerrtes Gesicht, Augenrollen*
- Versuch, sich zu erinnern: *Denkerpose (Kinn in die Hand legen), unbestimmt in die Ferne schweifender Blick, abwärts oder aufwärts gerichteter Blick, nachdenklicher Gesichtsausdruck (Stirn in Falten), am Kopf kratzen, sich mit der flachen Hand an die Stirn fassen oder schlagen, die eingenommene Körperhaltung verändern*
- „Mir liegt's auf der Zunge": *Fingerschnipsen, Hand in Kopfhöhe heben und Faust schütteln, wiederholtes „Oh"*

GEDÄCHTNISETIKETTE

Sowohl Freiherr Knigge als auch Frau von Pappritz erwähnten es: Es gibt einige ungeschriebene Gesetze der Gedächtnisetikette. Hier sind sie noch einmal schwarz auf weiß:

- **Lassen Sie sich nicht über die Gedächtnislücken eines anderen Menschen aus.** Wenn Sie lauthals darauf hinweisen, daß ein anderer dauernd etwas vergißt, wirft es nur ein schlechtes Licht auf Sie. Sie erscheinen ungehobelt und grob.

- **Über unwichtige Gedächtnisausfälle sollten Sie großzügig hinweggehen,** besonders bei Menschen, die Sie lieben und die Ihnen nahestehen.

- **Wenn jemand eine Geschichte erzählt, die er Ihnen schon einmal (oder mehrmals) erzählt hat, dann lächeln Sie und hören Sie zu** – besonders wenn es sich beim Erzähler um einen älteren Menschen handelt. Denken Sie daran: Auch Sie werden eines Tages anfangen, die alten Geschichten von damals zu erzählen – immer wieder.

- **Sollte es nötig sein, den Gedächtnisirrtum eines anderen zu korrigieren, dann tun Sie das so nett und höflich wie möglich.** Statt gleich aufzutrumpfen und zu beharren, geben Sie dem anderen eine Entschuldigung an die Hand: „Ich glaube, Sie haben sich versprochen, Sie meinten sicherlich..."

- **Wenn Ihre Unterhaltung aus irgendeinem Grund unterbrochen wird, bemühen Sie sich, in Gedanken festzuhalten, worüber zuletzt gesprochen wurde.** Entsinnen Sie sich nämlich nicht, wovon ein anderer gerade sprach, so erscheinen Sie desinteressiert und unaufmerksam.

- **Erinnern Sie sich an die Erfolge eines Menschen, vergessen Sie seine Versäumnisse, Nachlässigkeiten und Fehler.**

Zusammenfassung

Der Schlüssel zum Erfolg bei Gedächtnisaufgaben, die andere Menschen miteinbeziehen, heißt: rechtzeitige Vorbereitung.
Vergessen wird oft als ein Zeichen persönlicher Mißachtung gedeutet. Achten Sie deshalb auf die Gedächtnispakte und -absprachen, die Sie mit anderen getroffen haben.
Seien Sie sich des Rufes, den Ihr Gedächtnis genießt, bewußt, und denken Sie daran, daß es Klischeevorstellungen gibt, die auch auf Sie angewendet werden.
Sie dürfen Ihre Erinnerungen nicht gleich deshalb revidieren, weil irgend jemand sie in Zweifel gezogen hat.
Bitten Sie nicht andere Menschen, stellvertretend für Sie an etwas zu denken.
Wenn Sie etwas aus Ihrer Erinnerung zum besten geben, sollten Sie sich selbstbewußt, klar und sicher ausdrücken. Bemühen Sie sich um Übereinstimmung aller Fakten; benutzen Sie treffende Bezeichnungen zur Beschreibung Ihres Gedächtnisses; setzen Sie die richtigen Gesten ein.

KAPITEL 6

Gedächtnissteuerungen und Erinnerungsstrategien

Mindestens seit den Zeiten der alten Griechen (wahrscheinlich aber schon sehr viel länger) bemühen sich die Menschen, einfache Tricks und Mittel zu finden, um die Grenzen des Erinnerungsvermögens zu erweitern. Solche Techniken und Mittel nennt man **Gedächtnishilfen** oder **Gedächtnisstützen.**

Hier ein Beispiel für eine typische Gedächtnisstütze, die Sie wahrscheinlich auch schon eingesetzt haben, ohne daß Sie ein spezielles Trainingsprogramm absolviert hätten:

Sie möchten sich eine Pizza bestellen, also schauen Sie im Telefonbuch die Nummer vom Pizzaservice nach; sie lautet, sagen wir: 7 69 32 68. Statt sich die Nummer abzuschreiben, eilen Sie rasch zum Telefon und wiederholen dabei: 7 69 32 68, 7 69 32 68, 7 69 32 68... Sie wählen die Nummer; wenn am anderen Ende abgenommen wird, haben Sie sie vielleicht schon wieder vergessen. Aber die Gedächtnishilfe **Wiederholung** hat so lange genützt, wie es nötig war, die Zahlenreihe zu behalten. Ohne die Nummer in Gedanken oder halblaut murmelnd zu wiederholen, hätten Sie die sieben Ziffern vielleicht nicht mehr gewußt.

Durch den gezielten Einsatz richtiger Methoden der Gedächtnissteuerung können Sie die Leistungen Ihres Gedächtnisses um 100, ja sogar um 200 Prozent steigern. Viele an Universitäten durchgeführte Studien beweisen das. Üblicherweise werden den Kandidaten Listen mit 30 Eintragungen gegeben, von denen sie sich innerhalb eines festgelegten Zeitraums so viele wie möglich merken sollen. Probanden, die nie ein Gedächtnistraining absolviert haben, erinnern sich im Durchschitt an 10 Eintragungen. Testpersonen, die die eine oder andere übliche Gedächtnisstütze zu gebrauchen verstehen, können im gleichen Zeitraum bis zu 20 Eintragungen memorieren. Testpersonen aber, die spezifische Gedächtnissteuerungen anzuwenden wissen, sind oft in der Lage, alle 30 Eintragungen zu behalten.

WENN MAN LERNT, GEDÄCHTNISSTEUERUNGSMETHODEN RICHTIG EINZUSETZEN, DANN KANN DAS DIE GEDÄCHTNISLEISTUNG UM BIS ZU 200 PROZENT STEIGERN.

Alle Gedächtnissteuerungen funktionieren, aber *je mehr* Sie kennen und anwenden können, desto besser wird Ihr Gedächtnis.

Welche Gedächtnissteuerungen sollten Sie anwenden?

Es wäre natürlich ideal, wenn es so etwas wie eine einzige universelle, für alle Situationen anwendbare und immer funktionierende Methode der Gedächtnissteuerung gäbe. Leider ist das Gedächtnis nicht so einfach gestrickt. Die Forschung zeigt, daß man nicht alle Funktionen des Gedächtnisses durch eine einzige Übung trainieren kann.

Dieses Kapitel stellt Ihnen deshalb eine große Bandbreite von **Gedächtnissteuerungen** und **Erinnerungsstrategien** vor. Einige wurden schon vor Jahrhunderten erfolgreich angewandt, andere kamen erst in den späten 80er Jahren auf. Einige stützen sich auf **Wiederholung,** wie bei der eben erwähnten Telefonnummer, andere arbeiten mit **Ausschmückungen,** wieder andere mit sogenannten **Assoziationen,** das heißt mit Verknüpfungen von Vorstellungen, von denen die eine die andere hervorgerufen hat.

Mein Ziel ist es, Sie auf die *verschiedenartigsten* Situationen vorzubereiten, in denen Sie Ihr Gedächtnis brauchen, vor allen Dingen aber auf die *unerwarteten.* Selbst ein Mensch mit einem schier übermenschlichen Gedächtnis könnte nicht alle in diesem Buch vorgestellten Gedächtnissteuerungen perfekt erlernen. Der Trick besteht darin, sich diejenigen Methoden auszusuchen, die einem persönlich besonders liegen. Ihr eigener Stil und

Geschmack muß entscheiden, welche Hilfen Sie wählen. Es ist völlig sinnlos, Zeit mit einer Gedächtnissteuerung zu vergeuden, die Ihnen fremdartig, verrückt, albern oder zu schwierig erscheint.

Die Gedächtnissteuerungen, die Sie wählen, sollen ein Spiegelbild Ihrer Persönlichkeit und Ihrer Interessen sein.

Während Sie dieses Kapitel auf der Suche nach „Ihren" Gedächtnissteuerungen durcharbeiten, sollten Sie folgende Überlegungen anstellen:

- *Haben Sie es im Leben gern übersichtlich und einfach?* Dann sollten Sie auch **einfache Gedächtnissteuerungen** wählen.
- *Mögen Sie komplizierte, verschlungene Geschichten und vielschichtige Erklärungen?* Dann sind die **komplexen Gedächtnissteuerungen** für Sie richtig.
- *Lösen Sie gern Kreuzworträtsel, und/oder spielen Sie gern schöpferisch mit der Sprache?* Dann entscheiden Sie sich für die **wortgebundenen Gedächtnissteuerungen**, viele ähneln den Wortspielereien.
- *Stellen Sie sich gerne Szenen und Bilder aus der Vergangenheit vor, können Sie sie mühelos vor Ihrem geistigen Auge wiedererstehen lassen?* Dann sind die **visuellen Techniken**, die mit Bildern und Vorstellungen arbeiten, für Sie besonders geeignet. Wenn Sie jedoch Schwierigkeiten haben, sich Bilder vorzustellen, dann machen Sie um die visuellen Methoden einen Bogen.
- *Macht es Ihnen Spaß, sich Klänge und Rhythmen vorzustellen?* In dem Fall sollten Sie Gedächtnissteuerungen ausprobieren, die auf **akustischen Impulsen** aufbauen.

Um diejenige Gedächtnissteuerung zu finden, die Ihnen am besten hilft, Dinge zu behalten, gibt es nur *eine* Möglichkeit: Man muß sie alle ausprobieren. Vergleichen Sie **Aufwand** und **Nutzen** verschiedener Methoden. Im allgemeinen erreichen Sie mit der so ermittelten, für Sie besten Gedächtnissteuerung am ehesten Ihr gestecktes Ziel; zugleich entspricht sie *Ihrem* intellektuellen Stil. In dem breiten Angebot der folgenden Seiten werden Sie sicherlich einige Steuerungen und Strategien finden, die *Ihren* Bedürfnissen und Fähigkeiten entsprechen.

Wie funktionieren die Techniken?

Gedächtnissteuerungen verstärken Ihre Aufmerksamkeit in *dreierlei* Hinsicht: während des Lernens, der Speicher- und der Wieder-Abruf-Phase. Dies hat Einfluß auf das, was in das Langzeitgedächtnis gelangt. Im einzelnen funktioniert das auf *viererlei* Weise:

1. Stärkung

Einige der hier vorgestellten Gedächtnissteuerungen dienen zur **Stärkung der Gedächtnisspur.** Wenn Sie eine Telefonnummer wiederholt vor sich hin sagen, *verstärken* Sie damit die Information; sie bleibt länger im Kurzzeitgedächtnis haften. Das gleiche geschieht, wenn Sie sich eine Fotografie in hellem Licht anschauen. Sie werden dann mehr Details wahrnehmen und behalten, als wenn Sie das Bild bei schummerigem Licht betrachten.

So, wie alte Zeitungen und Fotografien vergilben, so verblassen auch unsere Erinnerungen. Je mehr Zeit vergangen ist, desto schwieriger wird es, eine bestimmte Erinnerungsspur wieder aufzufinden, weil sie unter soviel anderen, neueren Spuren verborgen liegt.

Deshalb muß man seine Erinnerungen von Zeit zu Zeit *auffrischen.* Hätten Sie sich beispielsweise die Nummer vom Pizzaservice für ein paar Jahre und nicht nur für ein paar Sekunden einprägen müssen, dann wäre

Wem es gelingt, sein Gedächtnis auf bestimmte Weise zu steuern, dessen intellektuelle Fähigkeiten wachsen.

eine **Wiederholung** in regelmäßigen Zeitabständen nötig gewesen. Erneuert man eine Gedächtnisspur oft und regelmäßig, dann wird sie so stark, daß sie den Weg ins Langzeitgedächtnis schafft.

2. Eigenschaften

Die meisten Gedächtnissteuerungen zielen darauf ab, die Information, die man zu behalten wünscht, zu *bereichern* oder *auszuschmücken*. Um beispielsweise den Namen einer Person, die Ihnen gerade vorgestellt wurde, besser zu speichern, analysieren Sie ihn. Fragen Sie sich, auf welche Nationalität oder Region er hindeutet. Viele deutsche Namen sind ja ausländischen Ursprungs oder klingen zumindest so (auf -ski endende Namen kommen häufig aus Osteuropa). Bei andere erkennt man deutlich die nord- oder süddeutsche Herkunft; so wird man die Namen *Hansen* oder *Petersen* wohl nicht als ursprünglich bayerisch einordnen, wohl aber einen Namen wie *Huber* oder Verbindungen mit *Huber*. Sie könnten aber auch die Zahl der Konsonanten und Vokale im Namen zählen oder darauf achten, ob er ein oder mehrere Umlaute (ä, ö, ü) aufweist. Die meisten Menschen achten wenig auf solche **Eigenschaften**, dabei würde das sehr dabei helfen, eine Information besser im Gedächtnis zu verankern.

3. Assoziationen

Eine weitere Art der Gedächtnissteuerung gründet darauf, daß man rund um die zu behaltende Information **Assoziationen** aufbaut, also nach *anderen Begriffen* sucht, an die einen der Ursprungsbegriff denken läßt. Wenn Sie sich beispielsweise den Namen *Hans Kohl* merken möchten, dann denken Sie an den Bundeskanzler *Helmut Kohl*, aber auch an das Kraut, das Kohl genannt wird; sollte *Hans Kohl* außerdem einen Beruf haben, in dem er gutes Geld verdient, könnten Sie an die „Kohle“ denken, die er macht, und sicher werden Sie hoffen, daß er Sie nicht „verkohlt“. Je *größer* die Zahl der Assoziationen, die Sie zu einem Begriff finden, desto *tiefer* gräbt sich die Gedächtnisspur ein; und um so *leichter* ist es, die Spur zu behalten oder wiederzufinden, wenn die Information gebraucht wird.

Assoziationsketten entstehen, wenn eine Sache aus mehreren Einzelteilen zusammengesetzt ist. Dann fällt es oft leicht, den ganzen Komplex zu behalten, aber das herausgelöste Einzelteil muß man erst mühsam suchen. Natürlich kennen Sie das Alphabet auswendig, doch wenn Sie auf Anhieb sagen sollen, welcher Buchstabe vor dem K steht und welcher dahinter, dann müssen Sie erst eine Sekunde nachdenken, vielleicht müssen Sie sogar bei A anfangen und das ganze Alphabeth bis zum L in Gedanken durchgehen. Oder denken Sie an ein berühmtes Gedicht, das Sie in der Schule gelernt haben, vielleicht eine der *Schiller*-Balladen wie *Der Taucher* oder *Die Bürgschaft* oder *Heinrich Heines Loreley.* Vielleicht sind Sie noch in der Lage, eines dieser Gedichte richtig aufzusagen, wenn Sie am Anfang anfangen („Ich weiß nicht, was soll es bedeuten...“). Aber könnten Sie auch bei der dritten Strophe einsetzen („Die schönste Jungfrau sitzet...“)? Oder vermögen Sie ein Lied von der Mitte an weiterzusingen?

Es ist schwierig, einen Liedtext oder ein Gedicht von einem bestimmten Wort in der Mitte an aufzusagen. Das hängt mit der Art zusammen, in der man es gelernt hat – nämlich vom Anfang her.

4. Wiederauffindung

Schließlich können Gedächtnissteuerungen auch in leicht zu handhabenden **Wiederauffindungstricks** bestehen. Viele Menschen haben die Namen einiger Nebenflüsse der Donau mit dem Reim gelernt: „Iller, Lech, Isar, Inn fließen zu der Donau hin...“ Solche **Merkverse**, lateinisch *Versus memoriales* genannt, sind vor allem bei Schülern sehr beliebt. Vielleicht erinnern Sie sich noch an den Vers: „753 – Rom kroch aus dem Ei“, womit man sich als geplagter Pennäler das Gründungsjahr Roms merkte.

Auch kann man eine Reihe von Dingen im Kopf behalten, indem man ihre **Anfangsbuchstaben** zu einem (nicht unbedingt sinnvollen) Wort zusammenzieht. Wenn Sie schnell zum Supermarkt laufen müssen, um Salat, Äpfel, Limo und eine Zeitung zu kaufen, können Sie sich SALZ merken. Nicht immer haut das so gut hin, vielleicht brauchen Sie Butter, Brot,

Marmelade, Joghurt und Kaffee. Aus diesen Anfangsbuchstaben läßt sich wahrhaftig nichts Sinnvolles basteln; doch wenn Sie vielleicht noch die zweiten Buchstaben dazunehmen, könnten Sie ein **Kunstwort** konstriueren, etwa „BuMaJoKa“ (für Butter, Marmelade, Joghurt, Kaffee) und sich vorstellen, daß das etwas Scheußliches oder sehr Kaltes ist, so daß Ihnen dazu dann auch noch „Brrr“ (für Brot) einfällt.

Wenn man irgend etwas nur kurz behalten muß (wie die Telefonnummer vom Pizzaservice) sind Gedächtnissteuerungen vom Typ Stärkung besonders hilfreich. Muß man hingegen etwas länger und gründlicher ins Gedächtnis kriegen, eignen sich die anderen drei Grundmethoden besser.

WELCHE ART DER GEDÄCHTNISSTEUERUNG MAN WÄHLT, HÄNGT DAVON AB, WIE LANGE MAN DIE INFORMATION SPEICHERN MUSS.

Die meisten der in diesem Kapitel vorgestellten Gedächtnissteuerungen steigern die Fähigkeit, Dinge zuverlässiger zu behalten, auf mehr als nur eine Weise, da die verschiedenen Techniken oft kombiniert werden. Je *mehr* Wirkungsweisen eine Steuerung hat, desto *besser* funktioniert sie nämlich.

Lernstrategien

Die folgende Geschichte enthält eine Reihe alltäglicher Gedächtnisaufgaben. Anhand von Beispielen wird anschließend gezeigt, wie Sie verschiedene Gedächtnissteuerungen anwenden können, um die wichtigsten Informationen zu behalten:

Auf einer Party haben Sie ein paar Leute kennengelernt. Da war zunächst Heinz Kolbner (eine untersetzte, rundliche Person), dann wurde Ihnen Sabine Schmidt (eine schlanke, nicht allzu große Frau) vorgestellt. Sie fanden heraus, daß Sabine genauso gern Tennis spielt, wie Sie selbst, also baten Sie sie um ihre Telefonnummer. Später lernten Sie dann noch

Georg Achterkamp (einen sehr vornehm gekleideten Herrn mit grauem Bart und blauen Augen) kennen und Marlene Lorenz (eine zierliche, ebenfalls sehr elegant gekleidete Dame). Die beiden standen zusammen, und Herr Achterkamp stellte Ihnen zunächst Frau Lorenz und dann sich selbst vor, weil der Gastgeber verhindert war.

Während des Abends unterhielten Sie sich mit allen vier Personen. Von Heinz erfuhren Sie, daß er Automechaniker ist und gern Fußball spielt. Marlene arbeitet als Ärztebesucherin für die Arzneimittelfirma Pharmakon. Georg und Sabine sind Zeitschriftenredakteure, die für dasselbe Blatt, das Internationale Forum, *aber für verschiedene Abteilungen arbeiten. Georg schreibt für das Feuilleton, Sabine für die Sportredaktion. Während Sie sich mit diesen vier Leuten unterhielten, stellte sich heraus, daß sie sich untereinander gut kennen, denn alle sind Mitglieder desselben Schwimmvereins, für den sie auch schon Preise gewonnen haben.*

In den folgenden Monaten brachten Sie Ihren Wagen gelegentlich zu Heinz in die Werkstatt und fragten Marlene um Rat, welches Medikament Sie gegen Ihre Erkältung einnehmen sollten. Sie verfolgten Georgs Buchbesprechungen und Theaterkritiken in der Zeitung und trafen sich mit Sabine zum Tennisspielen. Sie kamen mit den neuen Bekannten häufiger zusammen und sind inzwischen mit allen vieren befreundet.

Schauen wir nun im einzelnen, wie sich die vier zuvor genannten Grundstrategien **Stärkung, Eigenschaften, Assoziationen** und **Wiederauffrischung** – die später noch um zwei weitere ergänzt werden – anwenden lassen:

Stärkung als Gedächtnissteuerung

Es gibt *zwei* Arten der **Stärkungsstrategie:** Die eine fördert die *Aufmerksamkeit,* die andere setzt auf *Wiederholung:*

1. Aufmerksamkeit steigern

Diese Art der Gedächtnissteuerung lenkt Ihre Aufmerksamkeit auf **Details,** die Sie sich einprägen sollten. Das ist wichtig in Situationen, in denen es nicht genügt, etwas nur oberflächlich zu behalten.

GEISTIGER SCHNAPPSCHUSS. Wenn Sie versuchen, sich einen *visuellen Eindruck* einzuprägen, dann schauen Sie das Objekt genau an. Schließen Sie die Augen und befragen Sie sich über das Objekt und dessen Aussehen. Öffnen Sie die Augen, und kontrollieren Sie, was Ihnen entgangen ist. Wiederholen Sie diesen Vorgang, bis Sie mit sich und Ihrer Leistung zufrieden sind.

Wenn Sie sich zum Beispiel auf einer Urlaubsreise ins Gedächtnis einprägen wollen, wie ein bestimmtes Gebäude oder ein bestimmter Platz aussieht, dann machen Sie einen „geistigen Schnappschuß" davon.

UM EINE SACHE NICHT NUR IM GROBEN, SONDERN BIS INS DETAIL ZU BEHALTEN, GIBT ES DREI VERSCHIEDENE METHODEN DER GEDÄCHTNISSTEUERUNG.

SENSORISCHE GESAMTAUFNAHME. Stellen Sie sich die Sache, die Sie sich später ins Gedächtnis zurückrufen wollen, *mit allen Sinnen* vor.

Zum Beispiel wollen Sie sich an das Tennismatch mit Sabine erinnern. Denken Sie daran, wie der Platz aussah, wie das Wetter war, wie Sie sich fühlten, wie das Parfüm von Sabine roch, welche Geräusche sie hörten, während Sie spielten usw.

RÜCKSCHAU. Erinnern Sie sich an ein Ereignis, das kürzlich stattgefunden hat. Wenn Sie beispielsweise abends zu Bett gehen, lassen Sie eine Begebenheit des Tages noch einmal wie in einem Film vor Ihrem geistigen Auge ablaufen. Rollen Sie sie auf, denken Sie darüber nach, überlegen Sie, ob sie von Bedeutung ist.

2. Wiederholung der Information

Wiederholung ist vor allem dann angebracht, wenn Sie eine Sache *kurzfristig* im Gedächtnis behalten, sie aber nicht unbedingt ins Langzeitgedächtnis aufnehmen wollen.

AUSAGIEREN. Spielen Sie quasi die Information, die Sie behalten wollen, in einer *Szene* nach.

Angenommen, Sie besuchen einen Weiterbildungskursus mit Freunden, dann inszenieren Sie eine Art Rollenspiel. Geht es um Geschichte, könnten die Personen historische Persönlichkeiten darstellen. Es ist aber genauso denkbar, daß ein Mensch eine Maschine darstellt, die berichtet, aus welchen Einzelteilen sie zusammengesetzt ist, was ihr nützt oder schadet etc.

EINFACHE WIEDERHOLUNG. *Repetieren* Sie für sich die Information, die Sie behalten wollen, *wieder und immer wieder.*

Wenn Sie zum Beispiel *Marlene Lorenz* vorgestellt werden, wiederholen Sie: Marlene Lorenz... Marlene Lorenz...

ARTIKULIERTE WIEDERHOLUNG. Wiederholen Sie das Wort oder die Wortfolge, wobei Sie sehr *deutlich* sprechen und auf die *Aussprache* jeder Silbe achten. Also so: „Mar-le-ne Lo-renz; Mar-leee-ne Loooo-renz."

EIN WORT ODER EINEN SATZ LAUT UND MIT DEUTLICHER AUSSPRACHE UND BETONUNG JEDER SILBE ZU WIEDERHOLEN HILFT, EINE INFORMATION KURZFRISTIG ZU BEHALTEN.

KUMULATIVE WIEDERHOLUNG. Denken Sie zunächst an den ersten Bestandteil der Gesamtinformation. Fügen Sie diesem bei jeder Wiederholung ein neues Einzelteil hinzu.

Wenn Sie zum Beispiel die Vornamen der vier Leute memorieren wollen, die Sie auf der Party kennengelernt haben, dann sagen Sie zu sich selbst: „Heinz. Heinz und Sabine. Heinz, Sabine und Georg. Heinz, Sabine, Georg und Marlene." Danach können Sie mit einem anderen Namen wieder von vorn anfangen: „Georg. Georg und Heinz..."

RHYTHMISCHE WIEDERHOLUNG. Wiederholen Sie die einzelnen Bestandteile nach einem *rhythmischen Muster,* entweder nach Silbenzahl oder mit einem bestimmten Taktschlag, der Ihnen gefällt. Vielleicht passen die Wörter auch zu einer Melodie, die Sie besonders mögen.

Zum Beispiel könnten Sie die genannten Namen so skandieren: „Sa-bì-ne und Mar-lè-ne, Gè-org und Hèinz...".

UNTERBROCHENE WIEDERHOLUNG. Repetieren Sie das Wort in regelmäßigen, aber stetig wachsenden *Zeitintervallen.*

Zum Beispiel wollen Sie sich den Namen *Georg Achterkamp* merken. Sagen Sie ihn im stillen, und warten Sie eine Sekunde. Wiederholen Sie den Namen, aber jetzt warten Sie zwei Sekunden, dann pausieren Sie vier, dann acht Sekunden. Es hat sich in vielen Tests gezeigt, daß dieses System der *Steigerung der Intervalle* besser funktioniert als ein sehr konzentriertes Studium. Deshalb eignet es sich auch gut, um Vokabeln einer Fremdsprache zu lernen.

Attribute (Eigenschaften) als Gedächtnissteuerungen

Menschen können als *klein* oder *groß, arm* oder *reich, klug* oder *dumm* charakterisiert werden. Objekte sind *leicht* oder *schwer, rund* oder *eckig, billig* oder *teuer.* Ideen kann man als *interessant* oder *uninteressant, einfach* oder *komplex* einstufen. Ein Film kann *spannend* oder *langweilig, farbig* oder *schwarz-weiß* sein.

Alles, was das Gedächtnis aufzunehmen vermag, läßt sich auch in irgendeiner Weise *charakterisieren,* und zwar anhand der **Attribute, der Eigenschaften,** die die Sache besitzt.

Je *mehr* Eigenschaften Sie einer Information zuordnen, die Sie im Gedächtnis behalten wollen, desto *besser.* Jede zusätzliche Eigenschaft vergrößert die Gedächtnisspur, vertieft das Verständnis des Ganzen und der Details. Dies hilft, die Information leichter wiederaufzufinden.

ALLE DINGE, DIE DAS GEDÄCHTNIS SPEICHERN KANN, BESITZEN CHARAKTERISTISCHE EIGENSCHAFTEN.

Die folgenden Gedächtnissteuerungen sind dazu gedacht, Ihre Fähigkeit zu stärken, Attribute wahrzunehmen. Sie nützen vor allem dann, wenn es darum geht, Dinge zu lernen, die anfangs schwierig zu lernen sind oder uninteressant erscheinen.

Gefühle. Achten Sie auf Ihre Gefühle gegenüber den Dingen oder Informationen, die Sie lernen wollen.

Wenn Ihnen beispielsweise *Georg* und *Marlene* vorgestellt werden, geben Sie acht auf das, was Ihnen im ersten Augenblick besonders gut und was Ihnen weniger gut an den beiden gefällt. Beide sind vornehm und elegant gekleidet – gefällt Ihnen gut. *Georg* benutzt ein etwas zu aufdringliches Aftershave – gefällt Ihnen nicht so gut. *Marlene* hat einen leicht schwäbischen Akzent – finden Sie hinreißend.

Urteil. Fällen Sie ein Urteil über den Stoff, den Sie zu memorieren versuchen.

Wenn Sie zum Beispiel *Sabine Schmidt* und *Georg Achterkamp* vorgestellt bekommen, dann könnten Sie sich sagen, daß *Schmidt* ein rechter Allerweltsname ist, während Sie den Namen *Achterkamp* noch nie gehört haben, weshalb er Ihnen sehr ausgefallen vorkommt. *Georg* und *Sabine* dagegen erscheinen Ihnen beide als hübsche, aber nicht gerade seltene Namen. Sie könnten außerdem über *Sabine* urteilen, daß sie sehr viel sportlicher zu sein scheint als *Georg,* der eher einen intellektuellen und vielleicht sogar leicht blasierten Eindruck macht.

Beschreibung. Beschreiben Sie mit Worten, was Sie zu lernen wünschen, und studieren Sie anschließend intensiv diese Kennzeichnung.

Um beispielsweise sicherzugehen, daß Sie sich an ein Gesicht erinnern, beschreiben Sie (in Gedanken) die *Gesichtsform,* die *Form der Augen, der Nase, des Mundes, der Ohren.* Achten Sie auf *Besonderheiten. Heinz* hat ein Grübchen im Kinn wie *Kirk Douglas* oder *Cary Grant.*

(Semantische) Bedeutungsanalyse. Denken Sie sich die Information, die Sie behalten wollen, als eine Art *Eintrag in einem Lexikon.*

Wenn *Heinz* Ihnen zum Beispiel mitteilt, daß er (Auto-)Mechaniker ist, dann lassen Sie es nicht dabei bewenden. Analysieren Sie das Wort „Mechaniker" (Handwerker, der Maschinen und Motoren repariert). Fragen Sie *Heinz,* welche Art von Mechaniker er ist, ob er vorwiegend Personenautos repariert oder eher Motorräder oder Lkws. Denken Sie daran, daß es auch Feinmechaniker (zum Beispiel Uhrmacher) gibt, und daß die Mechanik ein Teilbereich der Physik ist, nämlich derjenige, der sich mit der Einwirkung von Kräften auf Körper befaßt.

PHONETISCHE ANALYSE. Achten Sie auf die *Laute* und *Silben,* aus denen sich der Begriff zusammensetzt, den Sie behalten wollen.

Wenn *Heinz* Ihnen sagt, er sei von Beruf Automechaniker, dann konzentrieren Sie sich auf die Silben des Wortes: *Au-to-me-cha-ni-ker.*

VORRANG BESTIMMEN. Legen Sie eine Reihenfolge der *Wichtigkeit* verschiedener Gedächtnisaufgaben fest.

Zum Beispiel könnte es wichtiger sein, die genaue Abflugzeit Ihres Fliegers auswendig zu wissen, als daran zu denken, dem Nachbarn die Salatschüssel zurückzubringen. Indem Sie den Vorrang bestimmen, widmen Sie sich den einzelnen Gedächtnisaufgaben effektiver.

FRAGEN STELLEN. Versuchen Sie, *mehr Informationen* über das zu erhalten, was Sie lernen wollen.

Wenn Sie sich zum Beispiel erinnern wollen, was *Marlene* und *Georg* Ihnen über ihre berufliche Arbeit erzählt haben, dann müssen Sie ihnen mit Fragen zusetzen. Was tun sie genau, welche Ausbildung haben sie dafür gebraucht, arbeiten sie allein oder im Team, wie verteilt sich die Arbeitszeit, welche Teilaufgaben gehören zu ihrem Job. Sämtliche Fragen nach dem Wie, Wann, Wo, Warum sind wichtig.

Der Prozeß des Fragens und der Verarbeitung der Antworten baut verläßliche, dauerhafte Erinnerungen auf. Ein positiver Nebeneffekt besteht darin, daß die meisten Menschen es sehr gern haben, wenn man sich für sie und ihre Arbeit interessiert.

VERBINDUNGEN HERSTELLEN. Finden Sie heraus, ob die zu lernende Sache eine *Beziehung* zu Ihrer Person oder einem bestimmten Ereignis hat.

Wenn *Sabine* und *Georg* Ihnen beispielsweise von ihrer Arbeit bei der Zeitschrift erzählen, dann denken Sie darüber nach, welche Verbindung Sie zu dieser Zeitschrift haben. Sind Sie ein regelmäßiger oder ein gelegentlicher Leser des Blattes, gefallen Ihnen die Aufmachung und/oder die Art der Berichterstattung? Dieses Nachdenken macht die Sache, in diesem Fall die Zeitschrift, zu „Ihrem" Objekt. Es wird Ihnen helfen, einen leichteren Zugang zu dem zu finden, was *Georg* und *Sabine* Ihnen erzählen.

WENN SIE BEZÜGE ZWISCHEN SICH UND DER ZU LERNENDEN SACHE HERSTELLEN, WIRD DIES IHNEN HELFEN, SICH BESSER ZU ERINNERN.

ZEITABSTÄNDE. Achten Sie auf die *tatsächlichen* oder die *relativen Zeitabstände* zwischen den Lernprozessen.

Zum Beispiel wurde Ihnen *Heinz* vorgestellt und zwei Minuten später, also kurz darauf, auch *Sabine*. *Georg* und *Marlene* machten sich mit Ihnen praktisch gleichzeitig bekannt, aber relativ gesehen später, nämlich erst etwa eine halbe Stunde, nachdem Sie die anderen kennengelernt hatten.

VERSTEHEN. Betrachten Sie die Information, die Sie im Gedächtnis behalten wollen, aus *verschiedenen Blickwinkeln.*

Wenn Sie beispielsweise für die Schule, für ein Uni-Seminar oder für eine Konferenz eine Präsentation ausarbeiten oder auch wenn Sie eine Rede für ein Jubiläum oder eine Hochzeitsfeier vorbereiten, dann versetzen Sie sich in die Lage verschiedener Mitglieder der Zuhörerschaft. Als Schüler sehen Sie sich einmal in der Rolle eines Mitschülers, dann in der des Lehrers. Als Student ebenso. Als Arbeitnehmer stellen Sie sich jeweils vor, der Chef zu sein, dann der Abteilungsleiter, ein Mitarbeiter auf gleicher und einer auf untergeordneter Ebene. Als Hochzeitsredner versetzen Sie sich in die Situation des Bräutigams und der Braut, der Brauteltern, der Verwandten, der Freunde usw. Sie erfassen dadurch nicht nur die Sache bzw. das Thema, das Sie vorstellen, selbst besser, sondern Sie vermeiden auch Fehler oder gar Peinlichkeiten.

VISUELLE ANALYSE. Wenn Ihnen Informationen mitgeteilt werden, versuchen Sie, diese für sich zu *visualisieren, in Bilder umzusetzen.*

Wenn *Heinz* Ihnen also erzählt, er arbeite als Mechaniker, dann stellen Sie sich das Wort „Mechaniker" in Großbuchstaben vor. Zerlegen Sie es in die einzelnen Buchstaben, die Sie sich wiederum deutlich vorstellen.

Assoziative Gedächtnissteuerungen

Sehr viele Dinge kann man sich leichter merken, wenn man sie sich in **Assoziation** mit anderen Dingen einprägt.

Gedächtnissteuerungen, die auf Assoziationen bauen, helfen Ihnen, verschiedene Gedächtnisspuren miteinander in Verbindung zu bringen.

GEMEINSAME NENNER. Wenn Sie sich zwei verschiedene Sachen merken müssen, schauen Sie, ob sich ein wie auch immer gearteter *gemeinsamer Nenner*, eine Art *Grundverbindung* finden läßt. Prägen Sie sich die Dinge und den hergestellten *Zusammenhang* ein.

Zum Beispiel wollen Sie im Supermarkt Milch, Seife, Steaks und Haarshampoo kaufen. Seife und Shampoo sind Reinigungs- oder Körperpflegeartikel. Auch Milch und Steaks haben einen gemeinsammen Nenner: Nicht nur handelt es sich bei beiden um Nahrungsmittel, es sind auch beides tierische Produkte, ja sie kommen sogar vom selben Tier, nämlich von der Kuh.

GEGENWART UND VERGANGENHEIT. Versuchen Sie eine *Ähnlichkeit* zwischen etwas, das Sie jetzt erleben, und einem vergangenen Erlebnis zu finden oder herzustellen.

Wenn Sie beispielsweise eine Geschichte lesen oder einen Film anschauen, sollten Sie überlegen, ob eine Ähnlichkeit mit einer anderen Story besteht oder ob – im Gegenteil – ein (großer) Gegensatz festzustellen ist.

BEDEUTUNGSVERBINDUNGEN. Suchen Sie nach *Synonymen* (sinn- oder sachverwandten Wörtern), *Antonymen* (gegensätzlichen Bezeichnungen) oder *anderen Bedeutungsverbindungen* zwischen Begriffen, die Sie lernen müssen.

Sie lesen zum Beispiel in der Zeitung, daß in einem Land nach einem Umsturz *Anarchie* herrsche. Denken Sie an andere Wörter mit gleichem oder ähnlichem Bedeutungsinhalt, etwa *Gesetzlosigkeit, Herrschaftslosigkeit, Chaos* – oder denken Sie an das Gegenteil.

PHONETISCHE VERBINDUNGEN. Suchen Sie nach einem *ähnlich klingenden* Wort, das inhaltlich überhaupt nichts mit dem zu lernenden Begriff zu tun haben muß.

Anarchie zum Beispiel klingt so ähnlich wie *Anna (fährt) Ski* (Sie könnten sich zusätzlich vorstellen, daß es dabei auf der Piste ziemlich chaotisch zugeht).

WENN SIE SICH ZWEI ODER MEHR DINGE MERKEN MÜSSEN, DANN SUCHEN SIE NACH EINER VERBINDUNG ZWISCHEN IHNEN. ES KANN EIN SACHLICHER, EIN LAUTLICHER ODER EIN VISUELLER ZUSAMMENHANG SEIN.

VISUELLE VERBINDUNGEN. Schauen Sie, ob zwei Begriffe, die Sie lernen wollen, sich visuell *ähneln* oder ganz und gar *unterschiedlich* sind.

Tahiti und *Haiti* sind sich vom Schriftbild her sehr ähnlich, haben aber geographisch überhaupt nichts miteinander zu tun; dagegen haben *Tahiti* und *Bora-Bora* vom Schriftbild her nichts miteinander gemein, gehören aber beide zu den Gesellschaftsinseln.

Bei Begriffen, die keine innere Verbindung haben, können Sie auch Ausschau halten nach ähnlichen Schriftbildern. *Tahiti* erinnert an den Namen des französischen Komikers Tati, das Schriftbild von *Haiti* erinnert an *Haifisch* (wobei es diese vor der Küste der Insel auch geben mag) oder die Hafenstadt *Haifa*.

Strukturierende Gedächtnissteuerungen

Tests haben gezeigt, daß der Mensch Informationen, die *geordnet* und *strukturiert* präsentiert werden, *viermal schneller* lernt als völlig ungeordnetes Lernmaterial.

Gedächtnissteuerungen, die eine **Strukturierung** zum Ziel haben, nützen vor allem dann, wenn viele Einzelbestandteile zu memorieren sind. Voraussetzung ist natürlich, daß die Information irgendeine Art der **Zuordnung** oder **Aufteilung** erlaubt. Es ist beispielsweise einfacher, das ganze Periodensystem der chemischen Elemente von 1 (H, Wasserstoff) bis 103 (Lr, Lawrencium) auswendig zu lernen als die Abkürzungen und Ordungszahlen einer wahllos zusammengestellten Anzahl von Elementen.

GRUPPIERUNG (NACH BEDEUTUNG ODER EIGENSCHAFT). Wenn Sie eine Liste von Begriffen auswendig lernen müssen, versuchen Sie, sie nach ihrer *Bedeutung* oder ihren *Eigenschaften* zu gruppieren.

Ein Beispiel: Sie müssen sich die Namen von *Sabine, Heinz, Georg* und *Marlene* merken. Bilden Sie zwei Gruppen: weiblich und männlich.
GRUPPIERUNG (PHONETISCH). Stellen Sie Gruppen *ähnlich klingender* Begriffe zusammen, finden Sie andere *phonetische Eigenheiten* heraus.

Zum Beispiel enthalten die Namen *Sabine, Heinz* und *Marlene* alle ein *n,* der Name *Georg* dagegen nicht. *Georg* und *Marlene* enthalten ein *r,* die anderen beiden Namen dafür ein *i. Sa-bi-ne* und *Mar-le-ne* sind dreisilbige Wörter, *Ge-org* ist zweisilbig, *Heinz* einsilbig.
DIAGRAMM. Machen Sie eine Schemazeichnung, die die *Beziehungen* zwischen den Begriffen, die Sie lernen wollen, aufzeigt.

Zeichnen Sie sich zum Beispiel auf, daß es sich bei *Sabine* und *Georg* um Kollegen handelt. *Georg* und *Marlene* dagegen sind eng miteinander befreundet und etwa gleichaltrig. *Heinz* und *Sabine* sind auch etwa gleichaltrig, aber deutlich jünger als die beiden anderen.

TESTS ERGABEN, DASS GEORDNETE INFORMATIONEN VIERMAL SCHNELLER GELERNT WERDEN ALS VÖLLIG UNSTRUKTURIERTE.

REIHENFOLGE. Ordnen Sie die zu lernenden Dinge in eine *zeitliche* oder eine andere Art der Reihenfolge, die Ihnen angemessen erscheint.

Sie erinnern sich beispielsweise, daß Ihnen zuerst *Heinz* vorgestellt wurde, dann *Sabine,* später *Georg* und *Marlene.* Oder strukturieren Sie danach, daß *Georg* der älteste der neuen Bekannten ist, dann kommt *Marlene,* darauf *Sabine,* während *Heinz* der jüngste ist. Oder ordnen Sie sie in Gedanken nach der Körpergröße.
RÄUMLICHE AUFTEILUNG. Erinnern Sie sich daran, wie die Dinge, die Sie behalten wollen, *im Raum verteilt* waren oder sind.

Zum Beispiel stand *Heinz,* als Sie ihm vorgestellt wurden, vor dem Bücherregal im Wohnzimmer. *Sabine* befand sich links von ihm bei der Kommode, auf der der Blumenstrauß stand. *Georg* und *Marlene* begegneten Sie später draußen auf der Terrasse.

Gedächtnissteuerungen mittels Veränderung der Information

Um sich wichtige Informationen relativ zuverlässig einzuprägen, sind Veränderungen sehr hilfreich. Es gibt dabei *vier Möglichkeiten:*

1. Erweiterung,
2. Reduzierung,
3. Umwandlung und
4. technische Veränderung.

Am leichtesten sind Erweiterung und Reduzierung zu lernen und zu handhaben. Umwandlungen sind schon schwieriger, und den meisten Aufwand erfordern die technischen Veränderungen.

1. Erweiterung

Dies ist eine Form der Gedächtnissteuerung, die durch Ergänzung oder Ausschmückung, also durch irgendeine Art der Hinzufügung, das Lernen erleichtert.

Um sich beispielsweise die Namen der Planeten des Sonnensystems in der Reihenfolge vom sonnennähesten zum sonnenfernsten zu merken, könnte man folgenden Satz lernen: „Mein Vater erzählte mal, Jupiter sei unser nächster Planet.“ Der Inhalt dieser Aussage ist zwar falsch, aber die Anfangsbuchstaben der Wörter des Satzes stimmen mit den Anfangsbuchstaben der Planeten in richtiger Reihenfolge überein: M(e) = Merkur; V = Venus; E = Erde; M(a) = Mars; Jupiter; S = Saturn; U = Uranus; N = Neptun; P = Pluto.

Besonders Schüler kennen eine Reihe von Merksätzen dieser Art für die verschiedensten Fachgebiete.

AKROSTICHON. Darunter versteht man die *Anfangsbuchstaben oder -silben* von Verszeilen eines Gedichtes, die – zusammengezogen – ein Wort oder einen Satz ergeben. Bilden Sie einen Satz, in dem die ersten Buchstaben jedes Wortes zusammen das Wort ergeben, das Sie lernen wollen.

Zum Beispiel könnten Sie sich *Heinz* als *herzlichen, ehrlichen, intelligenten, naturliebenden Zivilisten* denken, aber natürlich auch als *humorlosen, einfältigen, idiotischen, naiven Zausel.*

GEDICHT ODER LIMERICK. Bringen Sie die Information, die Sie lernen müssen, in *gereimten Versen* unter, oder dichten Sie einen *Limerick.* Zum Beispiel in der folgenden Art:

Ein Schwimmclub im alten Cyrene
umfaßt' Georg, Heinz und Marlene,
dazu kam noch Sabine,
doch blieb sie stets in der Kabine,
denn sie hatte so häßliche Bene.

Kinderreime nach dem Vorbild: „A,B,C – die Katze lief im Schnee", sind Merkreime, mit deren Hilfe Kinder sich Sachverhalte einprägen. Reime und *Knittelverse* dienen, besonders wenn sie lustig sind, aber auch dem Erwachsenen zu diesem Zweck.

BEGRIFFE ODER WÖRTER, DIE MAN LERNEN MUSS, IN LIMERICKS ODER KLEINE GEDICHTCHEN ZU VERPACKEN KANN HELFEN, SIE BESSER ZU BEHALTEN.

VORSTELLUNG (FARBLICH). Stellen Sie sich das zu Lernende in einer *Farbe* vor, die mit einem andersfarbigen Hintergrund kontrastiert.

Um sich beispielsweise den Namen des Medikaments zu merken, das *Marlene* Ihnen empfohlen hat, stellen Sie sich ihn in hellem Lila vor einem dunkelvioletten Hintergrund vor (sofern sie harmonische Farbkombinationen mögen) oder in Lila vor knallgrünem Hintergrund, wenn Sie es lieber kontrastreich haben.

Mit derselben Methode können Sie sich auch Gesichter einprägen. Wählen Sie Farben, die Sie mögen, für Gesichter, die Ihnen sympathisch sind; die Gesichter weniger sympathischer Menschen denken Sie sich in Farben, die Ihnen nicht so gut gefallen. Oder weisen Sie ihnen Symbolfarben zu, je nachdem, wie Sie die Menschen einordnen. Ein positiv denkender Mensch bekommt Grün, die Farbe der Hoffnung, zugeordnet, ein eifersüchtig oder geizig wirkender Gelb usw.

VORSTELLUNG (GRAPHISCH). Stellen Sie sich im Geist das *Bild der Buchstaben* eines Wortes vor, das Sie behalten wollen.

Wenn Sie sich also am Dienstag mit *Sabine* zum Tennis verabreden, dann imaginieren Sie das Wort *Dienstag* in großen Lettern auf ein Plakat geschrieben.

WENN SIE AN EINEM BESTIMMTEN WOCHENTAG EINE VERABREDUNG HABEN, STELLEN SIE SICH DEN NAMEN DIESES TAGES WIE AUF EINEM PLAKAT GEDRUCKT VOR.

VORSTELLUNG (BEDEUTUNGSWECHSEL). Modeln Sie ein Wort, das für sich selbst genommen bei Ihnen keine rechte Vorstellung hervorruft, so um, daß Sie ein *greifbares visuelles Bild* erhalten.

Ein Beispiel: Sie wollen sich den Namen der Zeitschrift merken, bei der *Sabine* und *Georg* arbeiten *(Internationales Forum)*. Das Wort „international" stellt kein Problem dar, aber „Forum" erscheint Ihnen blaß. Stellen Sie sich dazu ein Glas mit einem steifen Grog vor, und sagen Sie sich, daß Vor-Rum heißes Wasser ins Glas kommt – auch wenn man es üblicherweise umgekehrt macht!

VERBINDUNGSBRÜCKE. Wenn Sie sich zwei Dinge merken müssen, denken Sie an etwas *Drittes,* das mit beiden eine *Gemeinsamkeit* aufweist und so eine Art Verbindung schafft.

Sie wollen behalten, daß *Heinz* Automechaniker ist und daß er gern Fußball spielt. Sie könnten das Wort „rasen" als Verbindung wählen, denn viele Autofahrer rasen wie die Verrückten – und *Heinz* muß dann die kaputten Wagen reparieren –, Fußball dagegen spielt man gemeinhin auf dem grünen Rasen.

ZAHLENAUSSCHMÜCKUNG. Wenn Sie eine längere Zahl im Gedächtnis speichern müssen, denken Sie sie sich als eine Summe von Mark und Pfennig.

Angenommen, *Sabines* Telefonnummer lautet 3 07 19 57, so könnten Sie sie als einen Betrag von 30.719 Mark und 57 Pfennig memorieren, oder

Sie teilen sie in zwei Beträge auf: 3 Mark und 07 Pfennig, dazu 19 Mark und 57 Pfennige. Es wäre auch möglich, die Zahl in ein Datum umzuwandeln: 30. 7. 1957.

EINE ZAHLENREIHE LÄSST SICH BESSER BEHALTEN, WENN MAN SIE IN ETWAS BEDEUTUNGSVOLLES – ETWA EIN DATUM ODER EINEN GELDBETRAG – UMWANDELT.

PRINZIPIEN (FESTLEGUNG). Benennen Sie die *Bedeutung,* die *Wichtigkeit,* das *Thema* des Stoffes, den Sie lernen wollen.

Wenn Sie zum Beispiel ein Theaterstück gesehen haben, dann rekapitulieren Sie, ob es eine Komödie oder eine Tragödie war. Beschreiben Sie das Thema: Handelte das Stück von einer tragischen Liebe, einem Familiendrama, einem politischen Ereignis? Enthielt es eine moralische Botschaft, oder war es ein Lustspiel zur reinen Erheiterung? Wenn man im nachhinein das Thema einer Sache, die man gelernt hat, noch einmal umreißt, erinnert man sich besser.

SPOTT. Ziehen Sie die Information, die Sie lernen müssen, ins *Lächerliche,* machen Sie ein *lustiges Wortspiel* daraus, oder knüpfen Sie eine andere Ihnen lustig erscheinende Verbindung. Sie können zum Beispiel bei dem Namen *Heinz* an die Kölner Heinzelmännchen oder an die Mainzelmännchen denken und bei dem Namen *Achterkamp* an eine Achterbahn. Bilden Sie auf *Lorenz* den lächerlichen Reim *Floh-Renz* (Florenz).

SÄTZE AUSDENKEN. Basteln Sie aus dem eben Gelernten einen *Satz.*

Zum Beispiel könnten Sie sich sagen: „Soeben traf ich *Sabine Schmidt,* die im *Internationalen Forum* über Sport schreibt."

Der Satz, den Sie bilden, muß nicht unbedingt den Tatsachen entsprechen. Ein wahrer Satz hat aber den Vorteil, daß er den Lernstoff besser vertieft. Wenn Sie einen Unsinnssatz bilden, dann sollte er wirklich grob unsinnig sein: „Soeben traf ich *Georg Achterkamp,* er lebt auf dem Merkur."

GESCHICHTEN AUSDENKEN. Erzählen Sie sich selbst eine kleine Geschichte, die alle gelernten Informationen enthält.

DENKEN SIE SICH GESCHICHTEN AUS, DIE ALLE GELERNTEN INFORMATIONEN ENTHALTEN.

Sie könnten sich auf der Heimfahrt von der Party zum Beispiel eine Geschichte erzählen, die so anfängt: „Es war einmal ein etwas untersetzter junger Mann, der hieß *Heinz Kolbner.* Er wohnte in... und war Automechaniker. Sonntags ging er zum Fußballspielen, dort traf er eine Frau namens *Sabine Schmidt...*"

2. Reduzierung

Während die *Erweiterungen* den Informationen etwas hinzufügen, nehmen die **Reduzierungen** etwas weg. Das mag dazu verführen, sie den Erweiterungen vorzuziehen, denn sie sind eine Art *Kurzschrift der Erinnerung.*

VERKÜRZUNG. Aus einem langen Wort macht man, unter Verwendung eines Teils der Buchstaben, ein *kürzeres.* Wir kennen das aus der Umgangssprache: Man geht nicht in den *Zoologischen Garten,* sondern in den *Zoo.* Man fährt selten mit dem *Omnibus,* meist sagt man nur *Bus.* Man macht ein *Foto* und fährt mit dem *Auto* usw. Auch Unsinniges ist möglich: Aus „Schwiegervater" wird „Schwater".

AUS EINEM LANGEN WORT KANN MAN, UNTER VERWENDUNG EINES TEILS DER BUCHSTABEN, EIN KÜRZERES MACHEN.

BLEICHEN. Stellen Sie sich das zu Lernende in *Schwarzweiß* vor.

Denken Sie sich beispielsweise *Marlenes* Gesicht als Schwarzweißfotografie.

AKRONYM. Akronyme sind *Kurzwörter* aus den ersten Buchstaben eines aus mehreren Wörtern zusammengesetzten Begriffes. Wir verwenden Sie tagtäglich, oft sind wir uns aber der Tatsache, daß es sich bei dem Wort um ein Akronym handelt, gar nicht mehr bewußt. Das Wort „Laser" zum Beispiel ist das Akronym von L*ight* A*mplification by* S*timulated* E*mission of* R*adio;* die Firma BASF ist eigentlich die B*adische* A*nilin-&-*S*oda-*F*abrik. Nato, Uno, Unicef* sind ebenso Akronyme wie *Radar* und *Aids.*

Immer wenn man eine Liste von zusammengehörigen Wörtern oder Begriffen behalten will, bietet sich die Bildung von Akronymen an. Sie möchten sich die Namen von *Sabine, Marlene, Georg* und *Heinz* merken? Prägen Sie sich *SMuGH* oder (in Anlehnung an die GmbH) *S-GMH* ein. Wenn es sich leichter behalten läßt, kann man das reine Gerippe ein bißchen aufpolstern und das Akronym aus den jeweils beiden ersten Buchstaben bilden: *SaMaGeHe.*

ZUSAMMENFASSUNG. Suchen Sie in einem längeren Text alle *Schlüsselbegriffe,* die das Thema verdeutlichen, unterstreichen Sie sie, und fassen Sie den Text danach zusammen.

3. Umwandlung

Diese Gedächtnissteuerungen verändern die **Form** der zu lernenden Information, doch auf der **Bedeutungsebene** bleibt eine Beziehung erhalten.

ANTONYME UND SYNONYME SIND NÜTZLICH, WENN MAN SICH EINZELNE WÖRTER ODER BEGRIFFE EINPRÄGEN MÖCHTE.

SYNONYM. Denken Sie an das *engste* Synonym zu dem Wort, das Sie lernen möchten.

Wenn Sie beispielsweise behalten wollen, daß *Heinz Automechaniker* ist, vergegenwärtigen Sie sich, daß man ihn auch als „Autoschlosser" oder „Autospengler" bezeichnen könnte oder als „Kraftfahrzeugmechaniker", „Kraftfahrzeugmeister".

Antonym. Ein Antonym ist ein Wort mit *entgegengesetzter Bedeutung.* Wo immer es möglich ist, denken Sie an ein Wort, das den Gegensatz von dem ausdrückt, was Sie behalten wollen.

Das Gegenteil von einem *Automechaniker* gibt es natürlich nicht, aber man könnte daran denken, was der Mechaniker tut, nämlich Autos reparieren. Hier wäre der Gegensatz: *kaputtmachen, Autos zu Schrott fahren.*

Gruppenmitglieder. Suchen Sie nach anderen Begriffen und Wörtern, die *zur selben Wortgruppe* gehören.

Sabine und *Georg* arbeiten als Redakteure bei einer Zeitschrift. Sie sind, im Gegensatz zu *Heinz,* der Handwerker ist, „Kopfarbeiter", die zur größeren Kategorie der *Schreibenden* zählen. Sie stehen also neben *Schriftstellern* (Autoren, Publizisten), *Journalisten, Verlagslektoren.* Sie sind bei einer Zeitschrift tätig; denken Sie dabei an das Wort *Medien,* zu denen auch das Fernsehen und der Rundfunk gehören.

Klangähnlichkeit. Suchen Sie ein oder mehrere Wörter, die vom Klang her dem Begriff *ähneln,* den Sie lernen wollen.

Georg ist Redakteur im *Feuilleton;* das klingt entfernt so wie das Wortpaar „Feuer/Ton".

4. Technische Mittel

Die im folgenden vorgestellten Gedächtnissteuerungen werden als *technisch* bezeichnet, da sie auf ganz eigenen Systemen beruhen, die man sich zunächst aneignen muß. Der aus dem Altgriechischen entlehnte Fachbegriff dafür heißt **Mnemotechnik** oder **Mnemonik,** und er bezeichnet eine *systematische Gedächtnisschulung.* Das weist schon auf den kleinen Haken an der Sache hin. Diese Techniken lassen sich nur dann gewinnbringend anwenden, wenn man sie wirklich sozusagen wie im Schlaf beherrscht. Man muß also schon eine gehörige Portion Kraft und Zeit investieren. Wer aber vor dieser Anstrengung nicht zurückschreckt, wird letztlich großen Nutzen aus diesen Techniken ziehen.

Verbindung. Wenn Sie eine Reihe von Begriffen lernen müssen, dann schaffen Sie sich ein *geistiges Bild,* in dem das erste Glied mit dem zweiten verbunden ist. Dann verbinden Sie im Rahmen desselben Bildes das zweite Glied mit dem dritten und so weiter.

Zum Beispiel wollen Sie die Namen Ihrer neuen Partybekanntschaften memorieren. Die Freunde sind Mitgleider eines Schwimmvereins, stellen Sie sich also ein Schwimmbad vor, in dem *Heinz* als Bademeister fungiert und mit einer Trillerpfeife den Start für *Sabine* signalisiert, die ins Wasser springt, ihre Bahn schwimmt, dann ein Staffelholz an *Marlene* weitergibt. *Georg* geht am Beckenrand mit und stoppt die Zeit.

UM EINE LANGE LISTE VON DINGEN ZU LERNEN, PLAZIERT MAN JEDES DING IN GEDANKEN IN EINEM ZIMMER DER EIGENEN WOHNUNG. DANN GEHT MAN DURCH DIE RÄUME UND ERINNERT SICH, WAS MAN DORT „ABGESTELLT" HAT.

LOCI. Mit diesem aus dem Lateinischen entlehnten Begriff (*locus* = der Ort) verbindet sich eine andere Technik. Man denkt sich alle zu memorierenden Begriffe auf die *Räume* eines bekannten Gebäudes, auf Plätze einer Stadt oder auf andere Orte verteilt.

Um beim Beispiel der Freunde zu bleiben: Man denkt sich *Georg* an der Kasse oder in der Eingangshalle des Schwimmbads, *Sabine* im Duschraum, *Marlene* im Schwimmbecken und *Heinz* auf der Liegewiese hinter dem Schwimmbad. Oder – sofern man selbst mit dem Schwimmbad nicht vertraut ist – man verteilt die Personen auf die Räume der eigenen Wohnung.

Es ist hilfreich und nützlich, verschiedene Lokationen im Kopf zu haben: zum Beispiel das Bürogebäude, in dem man arbeitet, das eigene Haus (die eigene Wohnung), den Golfplatz, eine Kirche, ein Theater usw.

ZAHLEN-BUCHSTABEN-TAUSCH. Übersetzen Sie Zahlen nach folgendem *Code* in Buchstaben:

1 = d, t,	5 = l	9 = b, p
2 = n	6 = j, y, h, ch	0 = s, z
3 = m	7 = c, g, k, q	Vokalen ist keine
4 = r	8 = f, ph, v	Zahl zugeschrieben.

Wenn Sie zum Beispiel die Jahreszahl der Entdeckung Amerikas lernen wollen – 1492 –, dann könnte das die Buchstabenfolge TRBN ergeben (oder auch DRBN oder TRPN). Da sich die Folge allein schlecht merken läßt, sucht man nach passenden Vokalen, die die Konsonanten zu sinnvollen Wörtern ergänzen. Der erste Vorschlag läßt sich zu TURBAN ausbauen; der zweite zu DRÜBEN; der dritte zu TROPEN. Vielleicht sollte man sich die Jahreszahl der Entdeckung Amerikas durch Christoph Kolumbus mit dem Wort TROPEN merken, war es doch die tropische Insel *Guanahani,* auf der er 1492 zuerst landete. Aber auch TURBAN bietet sich an, sehen doch die Kopftücher vieler Frauen auf den Westindischen Inseln oft wie Turbane aus. Braucht man nun die gesuchte Zahl, dann wandelt man die Konsonaten wieder in Zahlen um: Aus TRBN wird wieder 1–4–9–2.

Wenn Sie nicht wollen, dass andere Ihnen in die Karten gucken, entwickeln Sie einen eigenen Code.

Natürlich läßt sich der Code auch *umgekehrt* verwenden. Der Name SaBiNe entspräche dann zum Beispiel der Zahl 092, MaRLeNe wäre 3452 (weil ja den Vokalen keine Zahlen zugeordnet werden).
Aufhänger (alphabetisch). Verknüpfen Sie in Gedanken die Buchstaben des Alphabets mit Begriffen, zum Beispiel A = As, B = Biene, C = Cello; D = Dach usw. Hängen Sie nun im Geiste die Wörter oder Begriffe, die Sie lernen wollen, an diese Aufhänger.

Zum Beipiel denken Sie sich *Heinz* mit dem (Herz-)As in der Hand, *Sabine* wird von einer Biene verfolgt, *Georg* spielt das Cello, und *Marlene* wohnt unterm Dach. Dabei die alphabetische Reihenfolge wahren.
Aufhänger (Bild). Lernen Sie folgenden Reim (oder erfinden Sie einen eigenen): *Eins ist Mainz; zwei ein Hai; drei ist Brei, vier ein Klavier.* Wenn Sie nun eine Liste von Dingen zu lernen oder auszuführen haben, denken Sie sich jeden einzelnen Begriff aufgehängt an dem mit der Reihenzahl verbundenen Wort.

Zum Beispiel haben Sie heute vier Dinge zu erledigen: Sie müssen zur Bibliothek, zum Gemüsehändler, zur Tankstelle, und am Abend haben Sie eine Verabredung mit *Georg*. Nun denken Sie sich die Bibliothek als in *Mainz* gelegen, den Gemüsehändler sehen Sie als von einem Hai verfolgt, das Benzin kommt als Brei aus dem Schlauch, und Georg spielt Klavier.

Eine weitere Möglichkeit, solche Aufhänger für Dinge zu benutzen, die in einer Reihenfolge zu lernen oder zu erledigen sind, besteht darin, sich Aufhänger auszudenken, deren erste Buchstaben den ausgeschriebenen Zahlen ähneln. 1 etwa sieht aus wie ein I, J oder L. 2 ähnelt dem Z oder dem handgeschriebenen kleinen d; 3 dem B oder S; 4 dem A usw. Nun könnte man sich folgendes vorstellen: 1 = Insel; 2 = Zoo; 3 = Bier; 4 = Ast. Man geht mit diesen Aufhängern genauso um, wie schon beschrieben. Der Aufwand, sich zu merken, was an welchem Aufhänger hängt, ist nicht so riesengroß, wenn man für alle Gedächtnisaufgaben der beschriebenen Art immer *dieselben* benutzt, sich also ein für alle Mal seine Aufhänger für Dinge in Folge einprägt. Manche Menschen wählen dazu gern unanständige oder ekelhafte, abstoßende oder beleidigende Bilder. Etwa 1 = Jauchegrube; 2 = Dreck ; 3 = Spinne; 4 = Arsch.

Wie Sie sehen, können Sie sich Ihr eigenes Aufhängersystem rund um jedes beliebige Thema, das Sie interessiert, aufbauen: Kunst, Essen, Film, Sport, Rockmusik – wo immer Ihre Interessen liegen, suchen Sie sich feste Begriffe, die als zukünftige Aufhänger dienen.

AUFHÄNGER (EIGENSCHAFTEN). Das Repertoire an Aufhängern ist noch nicht ausgeschöpft. Sie können den Zahlen auch Eigenschaften zuordnen: 1 = klug; 2 = gerissen; 3 = aufregend; 4 = köstlich.

Um sich dann die Dinge zu merken, die man an einem Tag zu erledigen hat, könnte man sich sagen: „Die Bibliothek ist für die, die klug sind"; „Der Gemüsehändler ist ein gerissener Bursche"; „Als die Tankstelle in die Luft flog, das war aufregend"; „Bei Georg wird es heute abend etwas Köstliches zu essen geben."

Vergessen und Behalten

Wirst du dich morgen an mich erinnern?
Aber ja!
Wirst du dich nächsten Monat an mich erinnern?
Natürlich!
Wirst du dich nächstes Jahr an mich erinnern?
Ganz sicher!
Wirst du dich immer an mich erinnern?
Ohne Zweifel!
Klopf, klopf.
Wer ist da?
Siehst du, du hast mich schon vergessen!

In gewisser Weise sind Erinnerungen wie alte Zeitungen. Man kann sie aufheben und sogar systematisch sammeln, doch im Laufe der Monate und Jahre vergilben sie. Jeden Tag kommt eine neue Zeitung auf den alten Stapel, vielleicht geraten sie durch irgend etwas durcheinander, und obwohl das Datum draufsteht, kann es doch schwierig werden, eine bestimmte Zeitung wiederzufinden. Auch was in den Zeitungen drinsteht, wird immer unwichtiger, neue Dinge geschehen, die mehr Aktualität und mehr Dringlichkeit besitzen. Manchmal schmeißt man eine Zeitung, die man aufheben wollte, versehentlich weg, und sie ist für immer verloren...

Warum wir vergessen

Manchmal verliert sich eine Erinnerungsspur aus **physiologischen Gründen.** Alkohol, wir sagten es schon, zerstört Gehirnzellen – und damit die Erinnerungen, die in ihnen gespeichert sind. Sehr hohes Fieber, das mit manchen Krankheiten einhergeht, hat die gleiche Auswirkung.

In anderen Fällen verschwinden die Gedächtnisspuren nicht, sie werden nur **verwischt** oder **geändert.** Auch davon war schon die Rede. Wir revidieren eine Erinnerung, um einen persönlichen Triumph noch größer erscheinen zu lassen, um eine Niederlage in einen Sieg zu verwandeln oder um uns vor dem Schmerz eines traumatischen Erlebnisses zu schützen.

Das Gedächtnis „überarbeitet" alte Erinnerungen, um den Menschen vor unangenehmen Gedanken zu schützen.

Genauso wie man von einem Tonband oder einer Kassette Tonspuren löschen und mit neuen überspielen kann, so scheint auch das Gehirn alte Erinnerungsspuren mit neuen zu überlagern. Allerdings glaubt man inzwischen, daß das Gehirn die alten Erinnerungen *nicht unwiederbringlich* löscht, wie es beim Tonband der Fall ist; vielmehr geht die Wissenschaft heute davon aus, daß wir einmal Gelerntes lediglich „verlernen".

Das **Unterdrücken von Erinnerungen** ist ein Beispiel dafür, daß sogar eine an sich völlig intakte und grundsätzlich vorhandene Erinnerungsspur manchmal nicht aufgefunden werden kann. In einer uns mit Informationen überschüttenden Welt ist dieser Mechanismus vollkommen normal und sogar nötig, um unser Überleben zu sichern. Wenn Sie sich beispielsweise einer neuen Aufgabe widmen, ist es normal und gesund, daß Sie die vorhergehende aus dem Gedächtnis streichen. Auch ein gewisses Maß an **Verdrängung** ist völlig in Ordnung. Erst wenn sie die Überhand gewinnt, kann dies ein Zeichen für Anpassungsschwierigkeiten sein.

Schließlich gibt es Situationen, in denen lediglich **ein Teil** einer Erinnerungsspur verlorengeht. Es ist Ihnen vielleicht auch schon passiert, daß Sie jemanden sehen, von dem Sie genau wissen, daß Sie ihn kennen – diese Erinnerung ist also erhalten –, aber Sie können sich nicht auf den Namen besinnen. Oder Sie verwechseln zwei Personen miteinander.

Um die Dinge noch ein bißchen verworrener zu machen, haben verschiedene Gedächtnisaufgaben verschieden hohe **Vergessensraten.** Während man Bewegungsabläufe (beispielsweise Schwimmen oder Radfahren) meist nicht wieder verlernt – auch wenn man sie lange nicht ausgeführt hat –, vergißt man andere Dinge, die man lange nicht abruft, durchaus. Wer würde behaupten, daß er alles, was er an Faktenwissen in der Schule gelernt hat, noch weiß? Auch Erlebnisse und Absichten werden bei weitem nicht so gut und zuverlässig behalten wie Bewegungsabläufe.

Scheinbares Vergessen
Oft sieht es so aus, als hätte jemand etwas vergessen, dabei hat derjenige die Information von vornherein *gar nicht aufgenommen.* Angenommen, es handelt sich um Sie selbst. Vielleicht waren Sie *nicht aufmerksam,* als Ihnen etwas mitgeteilt wurde, weil Ihnen gar nicht in den Sinn kam, daß Sie gemeint sein könnten. Oder Sie haben die Information *akustisch nicht verstanden* oder *inhaltlich nicht begriffen.* Es kommt auch häufig vor, daß jemand etwas vergißt, weil er es seiner *schlechten Augen* wegen nicht oder nur unzureichend gesehen hat. All dies sind Umstände, die eine vollständige Registrierung verhindern.

Wir vergessen also, weil die Gedächtnisspuren verblassen, weil sie geändert, unterdrückt, verdrängt oder gelöscht werden oder weil sie von Anfang an gar nicht oder unzureichend gelegt wurden. All diese Faktoren können in verschiedenen Kombinationen zum Tragen kommen.

Hilfen zum Erhalt des Gelernten

Es gibt wenige Erinnerungsmanipulationen, die sich speziell mit dem dauerhaften Erhalt des einmal Gelernten befassen. Die wenigen, die existieren, stehen mit den jeweiligen Gründen des Vergessens in engem Zusammenhang. Um diese Techniken anzuwenden, bedarf es einer gewissen Disziplin. Doch wenn die zu bewältigende Gedächtnisaufgabe für Sie von großer Wichtigkeit ist und Sie Ihrem Gedächtnis nicht so ganz trauen, dann wird die Befolgung des einen oder anderen nun folgenden Rats der Mühe wert sein.

Regelmässige Überprüfung. Verwenden Sie diese Hilfe, wenn Sie fürchten, die Information werde nicht haften bleiben, weil Sie sie *uninteressant* finden oder sie Ihnen *sehr fremd* erscheint. Jedesmal, wenn Sie dieselbe Information wieder durcharbeiten, verstärkt sich die Erinnerung daran. Wenn Sie beispielsweise etwas auswendig lernen wollen, gehen Sie es so lange immer wieder durch, bis es so gut „sitzt", wie Sie es wünschen. Von da an wird ein gelegentlicher Blick auf das Gelernte genügen, den Erinnerungsverlust sofort wieder auszugleichen.

Setzen Sie beim Auffrischen des Gelernten dieselben Gedächtnissteuerungen ein, die Sie verwendeten, als Sie sich den Stoff zuerst einprägten.

VERMEIDUNG ÄHNLICHER INFORMATION. Wenn man eine Sache lernt, kommt es manchmal zu *Konfusionen* mit Gelerntem, das man bereits beherrscht oder – häufiger noch – mit anderem Stoff, den man gleichzeitig einzupauken versucht. Wenn irgend möglich, sollten Sie es vermeiden, sich gleichzeitig zwei ähnlich gelagerten Lernprozessen auszusetzen. Menschen, die gleichzeitig zwei Fremdsprachen studieren, machen oft die frustrierende Erfahrung, daß Sie die Vokabeln und die Regeln der beiden Sprachen durcheinanderbringen.

VERMEIDEN SIE ES, ZWEI ALLZU ÄHNLICHE FÄCHER ZUGLEICH ZU STUDIEREN. SEHEN SIE ZU, DASS SIE GENÜGEND PAUSEN WÄHREND DES LERNPROZESSES EINLEGEN KÖNNEN UND AUSREICHEND SCHLAF ERHALTEN. VON AUSSEN KOMMENDE STÖRUNGEN BEHINDERN DEN LERNPROZESS.

RUHE UND SCHLAF. Verwirrung und Durcheinander während des Lernens lassen sich auch vermeiden oder zumindest verringern, wenn Sie während der Lernperiode so oft wie möglich *ausruhen* oder sogar *schlafen*. Während des Schlafs nimmt das Gehirn keine neuen Informationen auf, die das gerade eben Aufgenommene durcheinanderbringen oder unterdrücken könnten. Natürlich ist dieser Rat nur für kurze, intensive Lernperioden gedacht und nicht für solche, die sich über mehrere Jahre erstrecken.

RECHTZEITIGE EINSTIMMUNG AUF ERINNERUNGSSITUATIONEN. Vergegenwärtigen Sie sich immer wieder *Situationen,* in denen Ihr einmal erworbenes Wissen gefragt sein könnte. Stellen Sie sich selbst Fragen, und beantworten Sie sie. Es wird Ihnen helfen, die Stichworte zu beleben und wiederzuerkennen, die auch beim Lernprozeß eine Rolle spielten. Dies stimuliert das Gedächtnis, die Erinnerungen auftauchen zu lassen, wenn sie benötigt werden. Diese Übung ist vor allem dann hilfreich, wenn Sie fürchten, im nötigen Augenblick die Information, die Sie brauchen, nicht parat zu haben.

GEBEN SIE WENIGER ANGENEHMEN ERINNERUNGEN EINEN SINN. Vielleicht vergessen Sie dies und das, weil Sie das Thema *unangenehm berührt* oder Ihnen eine Sache *lästig* erscheint. Wenn Sie jemandem, den Sie im Grunde nicht ausstehen können, einen freundlichen Dankesbrief zu schreiben haben, müssen Sie Extraschritte unternehmen, um diese Verpflichtung nicht zu vergessen. Überlegen Sie sich *Gründe,* warum es wichtig ist, dieser Verpflichtung nachzukommen. Bedenken Sie die *Konsequenzen,* die ein Vergessen haben könnte. Denken Sie vor allem daran, wie *gut* Sie sich fühlen werden, wenn Sie die Sache erledigt haben.

Was wußte er, und seit wann wußte er es?

Es gibt Situationen, da wäre einem ein **Gedächtnisausfall** gar nicht so unlieb. Spione, organisierte Verbrecher und nicht wenige Politiker wünschen sich oft, sie würden sich an bestimmte Vorgänge nicht erinnern oder könnten gewisse Informationen einfach aus Ihrem Gedächtnis entfernen. Wir alle haben die eine oder andere Erinnerung, an die wir nicht gern denken und die wir am liebsten vergessen würden.

Mentale Manipulationen, die zum **absichtlichen Vergessen** führen, haben bislang kaum das wissenschaftliche Interesse erweckt – möglicherweise, weil es sie nicht gibt. Man kann sich ablenken, man kann bewußt versuchen, an etwas anderes zu denken, doch eine Erinnerung bewußt, das heißt aufgrund einer absichtlichen Willensanstrengung tilgen, das kann der Mensch offensichtlich nicht. Aber in diesem Buch soll es ja im Gegenteil darum gehen, Erinnerungen sicher zu speichern, sie zu erhalten und aufzufrischen, nicht, sie zu schwächen.

Wiederauffindungsstrategien

Gedächtnissteuerungen sind nicht nur dazu da, den Lernprozeß zu unterstützen und den Erhalt von Gelerntem zu gewährleisten, sondern sie dienen auch dazu, **verschüttete Spuren** wiederzufinden. Ähnlich wie in der Archäologie oder beim Goldschürfen besteht natürlich keine Garantie, daß man in der Tiefe tatsächlich findet, was man der Oberfläche nach vermutet.

Immerhin wird die Anstrengung sich lohnen, denn allemal kommt mehr zutage, als wenn man gar nicht erst sucht. Je mehr Manipulationen man ausprobiert, desto größer die Erfolgschancen.

Eine Sache mit Erfolg dem Langzeitgedächtnis anzuvertrauen ist das eine; die Fähigkeit, das dort Gespeicherte bei Bedarf wieder aufzufinden, muss ebenfalls gelernt und geübt werden.

Wiederauffindungsstrategien dienen dazu, Gedächtnisspuren aus dem Langzeitgedächtnis in das aktuelle Bewußtsein „emporzuheben". Man erreicht das durch **Stimulierung** anderer, nahegelegener Spuren oder eines Teils der gesuchten Spur selbst.

Oft gelingt es einem, das Ganze an die Oberfläche zu holen, wenn zumindest ein Bruchteil der Erinnerung präsent ist. Ständig sind wir folgender Situation ausgesetzt: Sie entsinnen sich eines Ereignisses, aber Sie wissen nicht mehr genau, wann oder wo es stattgefunden hat. Sie erkennen eine Person, aber Sie können sich nicht an den Namen erinnern. Sie haben sich einen Namen und eine Telefonnummer notiert, aber Sie wissen nicht mehr, wer dieser Mensch ist und was er von Ihnen wollte. Wenn Sie nun Ihre Erinnerung ganz auf den Teil konzentrieren, der Ihnen noch präsent ist, vermögen Sie oft auch den Rest der Spur aufzudecken, und mit ein bißchen Glück ist plötzlich alles wieder da.

Und selbst wenn man nicht soviel Glück hat und nicht plötzlich alles wieder auftaucht, kann man doch häufig soviel rekonstruieren, daß man in der Lage ist zu kombinieren. Zum Beispiel könnte es sein, daß Sie sich erinnern, diesen Menschen, dessen Name Ihnen nicht einfallen will, 1990 getroffen zu haben. Und zwar ...ja, so war das..., auf der IAA in Frankfurt, da habe ich mich mit ihm unterhalten..., er war von der Firma ABC..., ja, jetzt fällt's mir ein: *Bruno Schneider* heißt er.

Folgende Strategien können helfen, *zielgerichtet* zu raten und zu kombinieren, um zur richtigen Erinnerungsspur vorzudringen:

Alphabetische Suche. Fragen Sie sich, mit welchem *Buchstaben* der Name oder der Begriff oder was immer Sie suchen anfing? Mit A? Adam, Albert, Alfred, Artur? Nee! B? Baldur, Bernd, Bodo. Bodo? Bodo? Bruno!! *Bruno Schneider* hieß er.

Freie Assoziation. Lassen Sie allen *willkürlich auftauchenden* Gedanken, die in Zusammenhang mit der gesuchten Information stehen, freien Lauf. Versuchen Sie herauszufinden, welche der Assoziationen unmittelbar mit der gesuchten Spur zu tun haben, und haken Sie dort ein.

Zum Beispiel wollen Sie den Weg zu einem Haus rekonstruieren, das Sie (vielleicht im Urlaub vor Jahren) schon einmal besucht haben. Lassen Sie Ihren Erinnerungen freien Lauf, und schauen Sie, ob etwas auftaucht, an das Sie sich halten können, ein Straßenname beispielsweise oder ein anderes markantes Gebäude, von dem Sie die Lage kennen.

Gezielte Fragen. Fragen Sie sich selbst gewissenhaft über die Information aus, die Sie wiederbeleben wollen. Wer? Was? Wann? Wo? Wie? Warum? Wofür? Wieviel? Wie oft? Wie lange?

Wenn zumindest ein Teil einer Erinnerung präsent ist, kann man meist den ganzen Komplex wieder ausgraben. Es gibt verschiedene Methoden, verschütteten Erinnerungen auf die Spur zu kommen.

Diese Methode bietet sich vor allem dann an, wenn Sie einer *verworrenen Sachlage* oder einem *ganzen Ereignis* wieder auf die Spur kommen wollen. Je *mehr* Fragen man sich stellt, desto mehr Details tauchen meistens auf.

Rückbesinnung auf die Gemütslage. Versuchen Sie, sich an die *Stimmung* zu erinnern, die Sie zum Zeitpunkt der Aufnahme der Erinnerung hatten.

Waren Sie fröhlich und ausgelassen oder eher niedergeschlagen? In diese Gemütslage sollten Sie sich zurückversetzen.

Auf der Zungenspitze. Wenn Sie ein bestimmtes Wort suchen, dann versuchen Sie herauszufinden, ob es eher *lang* oder *kurz* ist, wie viele *Silben* es hat, ob es selten vorkommende *Buchstaben* wie x oder y enthält, Doppelbuchstaben oder andere Merkmale aufweist.

Ist eine Erinnerungsspur sehr blaß oder ganz verborgen, so kann man versuchen, sie mit Hilfe der folgenden Assoziationstechniken gemeinsam mit anderen Informationen ans Licht zu holen:

Ursache. Erinnern Sie sich an die *(Lebens-)Umstände,* die die Erinnerung, die Sie suchen, hervorgerufen haben könnten.

Umgebung. Stellen Sie sich die *Umgebung* vor, in der Sie sich befanden, als die Erinnerung gespeichert wurde. Fragen Sie sich, was Sie zu jener Zeit taten, sagten oder dachten.

Einkreisung. Versuchen Sie sich zu entsinnen, was unmittelbar *vor* und direkt *nach* dem Ereignis geschah, an das Sie sich erinnern wollen.

Rückkehr zum Ort des Geschehens. Versetzen Sie sich in Gedanken an den Ort, wo Sie die gesuchte Sache zuerst erfahren haben. Machen Sie Fixpunkte im Raum aus, die mit der Erinnerung in Beziehung stehen, und lokalisieren Sie sie genau.

Erinnerungen an Gedächtnissteuerungen. Erinnern Sie sich, ob Sie damals irgendeine *Strategie* oder *Gedächtnissteuerung* anwandten, um sich den Stoff oder das Geschehen anzueignen.

Wer rastet, der rostet

Einige der in diesem Kapitel vorgestellten Gedächtnissteuerungen und Erinnerungsstrategien scheinen lediglich Altbekanntes zu wiederholen. Während das nicht ganz abzuleugnen ist, zeigt sich andererseits, daß die meisten Menschen, wenn es darauf ankommt, keine Strategie zur Hand haben. Mein Vorschlag lautet deshalb: Schreiben Sie sich diejenigen Strategien und Gedächtnissteuerungen, die Ihnen besonders nützlich erscheinen und die Ihren Bedürfnissen und Ihrer Mentalität entsprechen, auf eine **Karteikarte.** Stecken Sie diese Karte in Ihre Börse oder Brieftasche. Wenn Sie das nächste Mal mit einer Situation konfrontiert werden, die Sie ratlos macht, dann zücken Sie Ihre Karteikarte und suchen sich die passende Technik.

Die in diesem Kapitel vorgestellten Strategien verbessern die Gedächtnisleistungen in vielen Situationen. Allerdings gibt es auch hier – wie überall – nichts umsonst: Sie müssen **Zeit investieren** und sich anstrengen.

Damit eine Gedächtnissteuerung funktioniert, muss man sie geduldig üben.

Wenn Sie sich die Zeit nehmen, die Gedächtnissteuerungen und Erinnerungsstrategien für Bereiche anzuwenden, die dieser Anstrengung wert sind, dann können Sie sehr bald eine Menge Stolpersteine, die ihr Gedächtnis bisher behinderten, aus dem Weg räumen.

Zusammenfassung

Es gibt viele verschiedene Gedächtnissteuerungen und Techniken, um dem Erinnerungsvermögen nachzuhelfen. Aber nicht alle Strategien sind für alle Menschen gleich gut geeignet, und nicht alle Hilfen eignen sich für alle Gedächtnisaufgaben. Die meisten Manipulationen stärken die Erinnerungsspur, stellen Verbindungen her zu anderen Erinnerungen, bringen Ordnung in das Durcheinander und geben relativ Sinnlosem mehr Sinn.

Das Vergessen wird durch Verblassen der Erinnerungsspur ausgelöst, aber auch durch Verdrehen, Überarbeiten, Verlernen, durch Unaufmerksamkeit, Unterdrückung, Verdrängung und Ablenkung. Verschiedene Wiederauffindungsstrategien helfen, Erinnerungen wieder ans Licht zu holen, und zwar indem Sie die Erinnerungen aus verschiedensten Blickwinkeln neu sichten, unangenehme schon vorab mit Sinn erfüllen und die Einmischung neuer Erinnerungen unter-

binden. Strategien zur Wiederauffindung beleben die verschütteten Spuren durch Stimulation der sie umgebenden Erinnerungsspuren oder der eigentlichen Spur selbst.
Alle Gedächtnissteuerungen und Erinnerungsstrategien müssen mit Geduld und Disziplin geübt werden, wenn sie wirklich effektiv nützen sollen. Sehen Sie die ganze Palette des Angebots durch, und wählen Sie die Hilfen und Strategien, die Ihnen persönlich am besten gefallen.

Kapitel 7

Externe Gedächtnisstützen

Nachdem Ihnen im letzten Kapitel Dutzende von Gedächtnissteuerungen und Erinnerungsstrategien vorgestellt worden sind, könnten Sie sich natürlich fragen: Was soll ich mit all dem Zeugs? Am besten ist es doch, ich schreibe mir alles auf, dann vergesse ich nie wieder etwas.

Stimmt. Die Sache hat nur einen Haken. Vor lauter Notizenschreiben kämen Sie nicht mehr zum Leben. Und das menschliche Erinnerungsvermögen ist eigentlich eine derart phantastische Maschine, daß Sie sie nicht durch Papier und Bleistift ersetzen können.

In unserem elektronischen Zeitalter ist das Leben hektisch und vollgepackt mit Informationen. Aber durch die Anwendung **externer Hilfen** kann man das Gedächtnis sinnvoll unterstützen. Wenn Sie die *Zeitschaltuhr* einstellen, die Sie daran erinnert, die Wäsche aus dem Trockner zu nehmen, dann benutzen Sie eine solche Gedächtnisstütze; und wenn Sie eine *Einkaufsliste* schreiben, ehe Sie zum Supermarkt fahren, ebenfalls. Sogar wenn Sie Briefe, die Sie zum Kasten mitnehmen wollen, nicht auf dem Schreibtisch liegen lassen, sondern auf die Kommode neben der Wohnungstür legen, so daß Sie sie sehen *müssen*, wenn Sie später aus dem Haus gehen, bedienen Sie sich einer **äußeren Gedächtnisstütze**.

Die moderne Technologie versorgt uns mit allen möglichen Instrumentarien, die unserer Erinnerung auf die Sprünge helfen – nutzen Sie sie!

Es gibt Hunderte von **technischen Hilfsmitteln**, die uns die tagtägliche Erinnerungsarbeit erleichtern. Die Redewendung „etwas auf dem Kerbholz haben" läßt uns an eine frühe Gedächtnisstütze denken, das Kerbholz nämlich, ein der Länge nach gespaltener Stab, der im Mittelalter das Kontobuch ersetzte. Händler und Kunde bekamen je eine Hälfte des Stabes. Beim Einkauf wurden die Hölzer paßgenau aufeinandergelegt und in Gegenwart beider Parteien eine Kerbe hineingeschlagen. So besaßen beide einen „Merkzettel", auf dem die Schuld eingetragen war.

Viele Menschen schwören auf Gedächtnisstützen. Umfragen ergaben, daß jung und alt sie gleich gern und häufig benutzen und oft den Gedächtnissteuerungen vorziehen, wenn es darum geht, sich an Dinge zu erinnern, die zu erledigen sind. Sogar Experten geben zu, daß sie mehr dazu neigen, Gedächtnisstützen zu benutzen als geistige Strategien.

Sind Gedächtnisstützen eine Krücke?

Einige Fachleute sind strikt *gegen* die Anwendung äußerer Gedächtnishilfen. In ihren Augen vermindern solche Hilfsmittel das Vertrauen in das eigene Gedächtnis, was wiederum dessen Gesamtleistung schwächen soll.

In gewissem Sinne ist das richtig. Seit in den 70er Jahren *elektronische Taschenrechner* auf den Markt kamen, die für jedermann erschwinglich sind, braucht kaum noch jemand im Kopf zu rechnen. In der Folge hat die Fähigkeit zum schnellen und richtigen Kopfrechnen in der Tat im breiten Durchschnitt der Bevölkerung deutlich nachgelassen. Hätte ein „Erinnerungsrechner" womöglich dieselbe verheerende Wirkung? Würde er das Erinnerungsvermögen bleibend schädigen?

Es stimmt sicherlich, daß die regelmäßige Benutzung einer ganz bestimmten Gedankenstütze dazu führen *kann,* daß die Erinnerungsfähigkeit auf diesem Sektor nachläßt. Wer zum Beispiel sein Telefon mit einem *Nummernspeicher* ausstattet, der alle häufig gewählten Nummern auf eine einzige Zahl reduziert, die man dann statt der vollen Nummer drücken kann, der schädigt vermutlich seine Fähigkeit, Telefonnummern zu behalten. Es ist aber *nicht* damit zu rechen, daß *andere* Fähigkeiten, etwa die, Namen oder vergangene Ereignisse zu behalten, davon mitbetroffen wären. Gedächtnisstützen mögen also ein Nachlassen *spezieller* Fähigkeiten bewirken, aber dieser Nachteil wird dadurch wettgemacht, daß sie **Entlastungsfunktion** haben, man sich also in der Zeit wichtigeren Dingen zuwenden kann. Wer einen *Terminkalender* führt, statt alles im Kopf zu haben, wird erstens kaum eine Verabredung versäumen und hat zweitens **mehr Speicherkapazität** in seinem Gedächtnis frei für Daten und Fakten, die mit dem Inhalt des Termins zu tun haben.

Die Verwendung äusserer Gedächtnisstützen kann helfen, den Kopf für wichtigere Dinge freizuhalten.

Der griechische Philosoph *Platon* (427 bis 347 v. Chr.) war der Ansicht, die breite Masse des Volkes solle nicht Lesen und Schreiben lernen. Denn, so argumentierte er, wenn die Menschen erst einmal das gesamte Wissen der Welt in Büchern nachlesen könnten, würde sich niemand mehr darum bemühen, sich dieses Wissen auch anzueignen. Nun, es hat den Anschein, daß *Platon* widerlegt ist. Nicht nur wurde und wird viel gelesen, es scheint auch so, daß diejenigen, die durch Lesen viel gelernt haben, um so mehr lesen, da ihr Wissensdurst *größer, nicht kleiner* wird.

Ähnlich geht es mit der Erinnerung. Je mehr Dinge man mit oder ohne äußere Hilfen im Gedächtnis speichert, desto *besser* möchte man sich erinnern können. Ich meine, wir sollten dabei jede Hilfe in Anspruch nehmen, derer wir habhaft werden können.

Wie wählt und benutzt man Gedächtnisstützen?

Welche Stütze man wählt, hängt von der Gedächtnisaufgabe ab, die sie erleichtern soll. Oft erweist sich eine angeblich unfehlbare Stütze als völliger Humbug. Der Knoten im Taschentuch beispielsweise ist fast überall auf der Welt als Hilfe anerkannt. Tatsächlich aber hat er so gut wie keinen Wert, solange er uns nicht sagen kann, an was er erinnern sollte – ein dankbares Motiv für Cartoonisten.

Ein anderes Beispiel für eine Gedächtnisstütze, die sich als rechter Flop erwies, ist die piepsende Schlüsselkette, gedacht für Leute, die regelmäßig ihre Schlüssel verlegen. Wenn man pfeift oder in die Hände klatscht, dann fängt sie an zu piepsen. Tatsächlich aber piepst der Schlüsselanhänger als Antwort auf so ziemlich jeden Laut, der in seiner Nähe ertönt. Nach einiger Zeit ist einem das Ding eher lästig. (Aber möglicherweise ist das der heimliche pädagogische Zweck: Lieber daran denken, wo der Schlüssel liegt, als sich ständig das lästige Gepiepse anhören zu müssen.) Doch vielleicht wird diese Gedächtnisstütze eines Tages dahingehend verbessert, daß sie Menschen mit diesem weitverbreiteten Problem wirklich eine echte Hilfe ist.

Manch einer schreibt sich die Dinge, die er nicht vergessen will, auf die Hand. Das funktioniert sicherlich, aber wer läuft schon gern mit tintenverschmierten Händen rum? Andere wiederum finden Armbanduhren mit Summton ganz toll, viele dagegen halten dies für eine Spielerei, die wenig helfe, aber häufig genug andere störe und noch dazu schwierig und lästig zu bedienen sei. Ihre eigene Wahl sollte von der *realistischen Einschätzung der Nützlichkeit* für Ihren individuellen Bedarf abhängen.

Zur Auswahl: verschiedene externe Gedächtnisstützen

Neue Lernhilfen

Nicht nur Schüler und Studenten kennen den Wert von **Aufzeichnungen und Notizen**. Schon das Notizenschreiben selbst hilft der Erinnerung. Man wird dabei nämlich gezwungen, die Informationen in eine **logische Ordnung** zu bringen, was automatisch die Aufmerksamkeit auf die wichtigsten Punkte lenkt.

Neben dem Notizenmachen existieren noch ein paar andere Gedächtnishilfen, die das Lernen erleichtern:

WER SICH NOTIZEN MACHT, VERBESSERT DIE SPEICHERUNG VON INFORMATIONEN. SCHRIFTLICHE NOTIZEN GEHÖREN ZU DEN ÄLTESTEN UND BEWÄHRTESTEN GEDANKENSTÜTZEN.

Lernmaschinen

Elektronische Geräte, die den Lernprozeß unterstützen, gibt es schon seit Jahrzehnten, doch erst die Technolgie der 90er Jahre bietet eine reiche Auswahl. Neben dem letzten Sylvester-Stallone-Streifen können Sie in den **Videotheken** heute auch Lehrmittel zu fast jedem Thema erwerben. Die Computerläden sind voll mit **Software,** die das Lernen nicht nur unterstützt, sondern es auch interessant macht. Man kann spielerisch lernen, was – wie man inzwischen weiß – den Lernprozeß ganz erheblich beschleunigt.

HIGH-TECH-LEHRMITTEL WIE VIDEOS UND COMPUTERSOFTWARE GESTALTEN DEN LERNPROZESS INTERESSANTER UND EFFEKTIVER.

High-Tech-Lehrmittel haben im Vergleich zu einem Lehrer ganz entscheidende *Vorteile:* Sie sind billiger, zu jeder Stunde – Tag und Nacht – verfügbar, können sich auf jede Lerngeschwindigkeit einstellen, und sie kennen keine Ungeduld und keinen Ärger.

Kunst im Dienste der Erinnerung

Heute benutzen nur noch wenige Menschen die schönen Künste als Erinnerungsstütze. In früheren Jahrhunderten war das anders. Besonders die Künstler der Renaissance malten gern Grundrisse von Palästen, Kathedralen und Theatern, die hervorragend dafür geeignet waren, um in den einzelnen Räumen Informationen zu plazieren. Diese schon auf Seite 137 erwähnte **Methode des Ortes (Loci)** war nämlich zu jener Zeit besonders beliebt.

Mit Hilfe einer Landkarte können Sie sich eine Reihe von Dingen merken.

Auch heute läßt sie sich noch anwenden. Wenn Sie sich für Geographie interessieren, können Sie eine Karte von Europa oder von den Vereinigten Staaten an die Wand hängen. Sind es nun eine Reihe von Dingen, an die Sie sich erinnern müssen, dann plazieren Sie die Einzelteile in den verschiedenen Staaten Europas oder der USA. Wiederholen Sie die Zuordnungen mehrmals, und fragen Sie sie von Zeit zu Zeit ab. Man ruft sich später die Liste wieder ins Gedächtnis, indem man im Geist eine Reise durch Europa oder Nordamerika unternimmt und dabei die Einzelinformationen unterwegs aufsammelt.

Erinnerung durch Aberglauben

Sicherlich ist Ihnen schon einmal jemand begegnet, der auf Reisen seinen „Glückshut“ trägt oder zur Prüfung seinen „Glücksstift“ benutzt. Viele Menschen haben irgendeinen Gegenstand, von dem sie glauben, er bringe ihnen Glück, bewahre sie vor Schaden oder helfe ihnen, sich an etwas besser zu erinnern. Dieser **Aberglaube** scheint besonders unter amerikanischen Collegeabsolventen weit verbreitet, doch man trifft auch auf Geschäftsleute, die einen bestimmten Anzug oder eine spezielle Krawatte im Schrank haben für Situationen, in denen es besonders wichtig ist, sich zu erinnern.

Wenn Ihre Erinnerung auf dem Prüfstand steht, kann ein Glücksbringer Ihnen Mut machen.

Das mag etwas albern sein, aber wenn man gerade in diesem **Kleidungsstück** einmal besonders erfolgreich war und es einem deshalb auch später Selbstsicherheit vermittelt, dann sollte man es ruhig weiterhin zu diesem Zweck einsetzen. Denn schaden tut dieser **Glücksbringer** nicht, doch kann er sehr wohl dazu dienen, Sie in eine geistige Verfassung zu versetzen, die das Erinnern tatsächlich erleichtert.

Informationen zur Hand haben

Ein Großteil des Gesamtwissens der Menschheit kann man sich in Reichweite ins Bücherregal stellen. Damit Sie Ihr Gedächtnis hier und da unterstützen können, bietet es sich an, Wissensquellen wie **Nachschlagewerke, Kataloge, Handbücher, Atlanten** etc. griffbereit zu haben, und in jedem Büro sollten ein **Deutsches Wörterbuch**, ein **Rechtschreib-Duden**, ein **Fremdwörterbuch** und ein **Synonymlexikon** stehen. Nachschlagewerke wie der **Brockhaus** oder **Meyers Lexikon** sind ebenfalls sehr nützlich. Inzwischen gibt es natürlich auch schon Nachschlagewerke, Wörterbücher und Rechtschreibprogramme als Software oder teils auf CD-ROM.

Stellen Sie sich Ihre eigene Bibliothek zusammen, die Ihnen klüger zu werden hilft.

All diese Quellen halten Faktenwissen für Sie parat. Sie müssen sich also nicht damit abmühen, es im Kopf zu behalten. Außerdem erfahren Sie aus solchen Nachschlagewerken natürlich jede Menge Dinge, die Sie noch gar nicht wußten. Das menschliche Gehirn ist schon oft mit einer Datenbank verglichen worden. Das stimmt in gewisser Weise. Doch ist es in jedem Fall gut und nützlich, darüber hinaus noch eine weitere unabhängige und gut bestückte Datenbank zur Verfügung zu haben.

Technische Helfer

Was bei geschäftlichen Besprechungen und Sitzungen oder auch in Vorlesungen und Schulstunden gesagt wird, ist meist besonders schnell vergessen. Es hilft sehr, wenn man sich sorgfältig und gezielt **Notizen** macht. Wenn es Ihnen allerdings Schwierigkeiten bereitet, mit einem Schnellsprecher Schritt zu halten, oder wenn der Vortragende – auch das kommt ja vor – sein Material in chaotischer Form präsentiert, dann mag eine **Aufzeichnung auf Band** besser sein. (Bitten Sie vorher um Erlaubnis!) Es gibt heute Rekorder für Minikassetten, die kaum größer sind als eine Zigarettenschachtel. Der Nachteil besteht darin, daß Sie das Gesagte zweimal anhören müssen – doch dies kann auch ein Vorteil sein: Es hilft der Erinnerung.

Wenn Sie in einem Buch oder einer Zeitschrift auf eine Passage stoßen, die für Sie später von Interesse sein mag, dann können Sie sich ein neues kleines Wunder der Technik zunutze machen: den **tragbaren Fotokopierer.** Er paßt in eine Hand und liefert sehr anständige Kopien von der Größe eines Kassenbons.

Der gedächtnisfreundliche Schreibtisch

Wenn Sie arbeiten, wollen Sie keine Zeit damit verplempern, durchs Büro zu tigern, um einen Ordner, einen Vertrag oder andere Geschäftsunterlagen zu suchen. Nicht nur, weil es die Konzentration auf die Sache unterbricht, sondern auch, weil es ganz einfach lästig ist, ständig etwas suchen zu müssen. Das können Sie sich ersparen, indem Sie Ihren Schreibtisch *gedächtnisfreundlich* herrichten. Legen Sie Dinge, die Sie *täglich* brauchen – Stifte, Brieföffner, Büroklammern, Schere, Klebeband usw. –, *griffbereit* hin, am besten in einen speziell dafür vorgesehenen, unterteilten **Schreibtischköcher.** Dinge, die Sie nur *gelegentlich* benötigen, sollten Sie in einer leicht erreichbaren Schublade plazieren; auch sie sollte möglichst Fächer haben, damit nicht alles durcheinanderkullert. Wenn Sie etwas nur *selten* brauchen, bewahren Sie es in einem **Schrank** oder **Regal** auf.

Ihr Schreibtisch muß nicht aussehen wie geleckt, und es ist auch nicht nötig, daß Sie zum Ordnungsfanatiker werden, aber die Dinge auf Ihrem Schreibtisch sollten nach einem **System** geordnet sein. In Geschäften, die

> **Ein gut aufgeräumter, übersichtlicher Arbeitsplatz hält auch den Kopf frei von Durcheinander.**

Bürobedarf verkaufen, gibt es die unterschiedlichsten Ordnungshelfer mit kleineren und größeren Fächern und Abteilungen für alle Büroutensilien von der Lupe bis zum Stempelkissen. Je mehr Sie Nutzen aus solchen Hilfsmitteln ziehen, desto weniger vertun Sie Ihre kostbare Zeit mit sinnloser Sucherei.

Wichtige Verpflichtungen und Verabredungen

Egal ob Sie im Getümmel einer Großstadt oder irgendwo auf einem Einödhof wohnen, Sie müssen Zeitpläne aufstellen und einhalten, sich an Termine und Verabredungen erinnern. Die beste Methode, mit dieser Gedächtnislast zurande zu kommen, besteht darin, irgendeine Form von **systematischer Hilfe** in Anspruch zu nehmen.

Für viele Menschen ist die beste Hilfe ein einfacher **Wand- oder Taschenkalender**, in den sie ihre Termine eintragen, andere legen sich ausgesprochene **Terminkalender** zu. Wieder andere haben eine **Pinnwand** in der Wohnung oder im Büro, an die sie Listen mit zu erledigenden Dingen heften, oder sie bedienen sich des **Computers**. Welches Hilfsmittel Sie auch benutzen, das oberste Gebot lautet, die Verabredung, den Termin, die Verpflichtung *sofort* zu notieren, wenn man davon Kenntnis erhält. Sobald Sie den Telefonhörer auflegen, besser, noch während Sie sprechen, tragen Sie den Termin ein, den Sie soeben verabredet haben. Je länger Sie warten, desto größer die Chance, daß Sie die Verabredung oder ein bestimmtes Detail (wann, wo) vergessen. Auch eine **Liste** mit den Dingen, die im Laufe des Tages zu erledigen sind, leistet gute Dienste, denn Sie haben Ihre Verpflichtungen direkt vor Augen.

Natürlich ist der schönste Terminkalender wertlos, wenn man ihn nicht griffbereit hat. Wählen Sie also einen, der so klein ist, daß Sie ihn immer bei sich haben können, der aber dennoch genügend Platz für zusätzliche

> **TERMINKALENDER UND ERLEDIGUNGSLISTEN SIND UNENTBEHRLICH.**

Notizen bietet – etwa, was Sie zu einer Besprechung mitnehmen müssen oder welche Punkte Sie bei der Sitzung ansprechen wollen.

Es ist auch durchaus keine schlechte Idee, an verschiedenen strategischen Punkten **Notizblöcke und** (funktionierende!) **Stifte** zu deponieren, zum Beispiel neben dem Telefon, in der Küche und im Auto. Manche Menschen haben einen Notizblock im Nachttisch neben dem Bett. Sollte ihnen mitten in der Nacht ein zündender Gedanke kommen, können sie ihn sofort notieren. Es gibt sogar Kugelschreiber mit eingebauter kleiner Taschenlampe, mit denen man im Dunkeln schreiben kann, ohne Licht machen und andere stören zu müssen.

Menschen, die sich für besonders vergeßlich halten, haben Erinnerungslisten in verschiedenen Räumen des Hauses hängen. Das hat einen Vorteil: Man wird immer wieder an unterschiedlichen Orten an seine Verpflichtungen erinnert. Es kann aber auch sein, daß man zu viele Impulse bekommt und das Gedächtnis deshalb abschaltet. Wenn man nun eine bestimmte Verpflichtung nicht auf allen Zetteln vermerkt hat, verbummelt man sie unter Umständen.

Trotzdem ist zu empfehlen, daß man in einem, besser noch in mehreren Räumen des Hauses und im Büro einen Kalender aufhängt. Manche Menschen aber haben ihn lieber außer Sichtweite. In dem Fall eignen sich **Taschenkalender.** Andere wieder brauchen sehr große, gut sichtbare **Tages- oder Wochenkalender,** die viel Platz für alle möglichen Eintragungen bieten. Natürlich kann man auch eine **Uhr mit automatischem Kalender** tragen, und es gibt auch kleine **Kalenderstecker,** die sich am Uhrenarmband befestigen lassen.

Timing ist alles

Die Eintragung, die Sie sich wegen der wichtigen Sitzung am kommenden Donnerstag gemacht haben, wird Ihnen nicht entgegenspringen, Sie beim

Schlafittchen packen und zum Konferenzraum zerren. Aber es gibt Gedächtnisstützen, die dies fast leisten. Der übliche Rappelwecker oder die etwas sanftere Form des Radioweckers zum Beispiel sind so weit verbreitet, daß man sie gar nicht mehr als Gedankenstützen wahrnimmt. Viele **Wecker** besitzen eine Wiederholungstaste, sie wecken in regelmäßigen Abständen immer wieder, damit auch Murmeltiere endlich aufwachen und aus den Federn kommen. Es gibt auch Geräte, die man auf zwei *unterschiedliche* Zeiten programmieren kann, damit zwei Leute, die zu verschiedenen Zeiten aufstehen wollen, denselben Wecker benutzen können, ohne ihn wieder neu stellen zu müssen.

EIN KLUGER MENSCH WEISS, WIE WICHTIG ES IST, PÜNKTLICH ZU SEIN – IMMER.

Sobald Sie erst einmal auf sind, können Sie die Zeit mit Hilfe der **Uhr** im Auge behalten. Von der piepsenden Armbanduhr, die einem hilft, Termine einzuhalten, war schon die Rede. Inzwischen gibt es außerdem Chronometer mit Minimonitor für kleine Notizen. Manche Uhren können mit dem PC verbunden werden; so vermag man Telefonnummern, Flugzeug- oder Zugfahrpläne und andere Kurzinformationen hin- und herzuübertragen.

Im Büro kann man **Computerprogramme** einsetzen, die zu vorprogrammierten Zeiten Alarm geben oder Daten auf dem Bildschirm erscheinen lassen, unabhängig davon, mit welchem Programm Sie gerade arbeiten oder welche Datei Sie gerade geladen haben.

Natürlich ist es nicht nötig, daß Sie gutes Geld für eine elektronische Maschine ausgeben, die nichts anderes zu tun vermag als summen, brummen, piepsen oder leuchten. Eine **mechanische Küchenschaltuhr**, die man für ein paar Mark kaufen kann, tut es auch, wenn Sie sich daran erinnern lassen wollen, daß gleich Ihre Lieblingsshow im Fernsehen anfängt, der Kuchen aus dem Ofen muß oder ein wichtige Anruf zu tätigen ist.

Symbolische Erinnerungsstützen

Wenn Sie es eilig haben und Ihnen die Zeit fehlt, sich eine Notiz zu machen oder den Wecker zu stellen, können Sie sich eine Gedächtnisstütze improvisieren, einfach, indem Sie eine ins Auge fallende **Veränderung der Umgebung** vornehmen. Sie sind beispielsweise auf dem Sprung, das Haus zu verlassen, weil Sie Ihre Tochter vom Balettunterricht abholen müssen. Da klingelt das Telefon. Es ist eine Bekannte, die Sie zum Kindergeburtstag am nächsten Dienstag einlädt. Sie haben keine Zeit, sich eine Notiz zu machen. Also nehmen Sie rasch Ihren Hausschuh und stellen ihn neben das Telefon. Wenn Sie nach Hause kommen und die Hausschuhe anziehen wollen, wird Sie der Schuh neben dem Telefon sofort daran erinnern, daß Sie ja für Dienstag eine Verabredung getroffen haben.

SYMBOLISCHE ERINNERUNGEN SIND BRAUCHBARE NOTHELFER.

Dieses System der **symbolischen Erinnerung** funktioniert um so besser, je *ungewöhnlicher* die Veränderung ist. Ein Objekt an völlig ungewöhnlichem Platz zu finden erhöht die Wahrscheinlichkeit, daß man sich entsinnt, was man hatte tun wollen oder was man im Gedächtnis behalten wollte, als man den Gegenstand dort plazierte. Der Nachteil besteht natürlich darin, daß Sie sich eventuell nur noch daran erinnern, daß Sie etwas erledigen wollten, aber nicht mehr wissen, was. Dennoch gehören symbolische Erinnerungen zu den beliebtesten Gedächtnisstützen.

Wenn die *symbolischen* Erinnerungen bei Ihnen ihren Zweck verfehlen, müssen Sie *direktere* Mahner benutzen. Kleben Sie eine **Kurznotiz** an eine Stelle, wo Sie sie sehen müssen, beispielsweise an die Haustür, an einen oft benutzten Spiegel, an den PC-Bildschirm, an den Fernseher, an das Steuerrad des Autos, auf den Klodeckel. Haftnotizzettel, die hinten einen schmalen Klebestreifen aufweisen, eignen sich besonders gut. Eine andere Möglichkeit besteht darin, eine Art **schwarzes Brett** an einer bestimmten Stelle der Wohnung oder des Hauses aufzuhängen.

SYMBOLISCHE ERINNERUNGSSTÜTZEN ZUM AUSPROBIEREN

- Nehmen Sie irgendeinen **kleinen Gegenstand,** und tragen Sie ihn bei sich, bis Sie die Sache erledigt haben.
- Stecken Sie sich eine **Büroklammer** irgendwo an die Kleidung.
- Binden Sie eine dünne **Kordel** oder einen **Faden** an Ihr Handgelenk und das andere Ende an Ihren Gürtel (natürlich so, daß Sie noch genügend Bewegungsfreiheit haben).
- Machen Sie sich einen **Knoten ins Taschentuch.**
- Stellen Sie ein leicht verrückbares **Möbelstück** um.
- Binden Sie sich ein **Schleifchen ums Handgelenk,** oder ziehen Sie ein **Gummiband** darüber.
- Kleben Sie sich ein Stück **Tesafilm um den Finger.**
- Stecken Sie Ihre **Brieftasche** in eine andere Tasche als gewöhnlich. (Achtung! Es könnte sein, Sie geraten in Panik, weil Sie denken, Sie hätten sie verloren.)
- Tragen Sie die **Uhr** beispielsweise rechts anstatt wie üblich links (oder umgekehrt).
- Stecken Sie den **Ehering** an die andere Hand (aber informieren Sie vorher Ihren Ehepartner!).
- Drehen Sie die **Uhr** mit dem Zifferblatt nach unten.
- Schnallen Sie den **Gürtel** enger.
- Tragen Sie **„Erinnerungsschmuck“,** etwa ein Armband, eine Halskette, einen Ring, den Sie nur dann anlegen, wenn er Sie an etwas erinnern soll.

Symbolische Erinnerungsstützen zum Ausprobieren

Wählen Sie auffälligen Schmuck, der nicht leicht zu übersehen ist, billiger Flitter, Theater- oder Faschingsschmuck ist besonders geeignet.

- Tragen Sie Ihre **Kleidung** auf ungewöhnliche Weise, oder ziehen Sie ein „Erinnerungsstück" an. Nehmen Sie die Krawatte ab, und deponieren Sie sie in der Tasche, binden Sie sich einen Schal um, stecken Sie sich ein Tuch in die Brusttasche des Hemdes oder der Bluse. Wie der Schmuck sollte auch die Erinnerungskleidung auffällig und ungewöhnlich und für den Zweck, Sie zu erinnern, reserviert sein. Wenn Sie mutig sind, legen Sie eine scheußlich gemusterte Krawatte an, binden sich einen Schal in schreienden Farben um, stecken sich eine Feder ins Haar oder setzen einen Hut auf, den Sie sonst nie tragen. Jedesmal, wenn jemand Sie auf dieses ungewöhnliche Stück anspricht, ist es eine Erinnerung daran, daß Sie noch etwas zu erledigen haben.

Die „Mitnahmekiste"

Wir alle haben das schon erlebt: Wir sind unterwegs zu einer Verabredung, und plötzlich fällt uns siedendheiß ein, daß wir etwas vergessen haben, was wir hätten mitnehmen sollen. Um das zu vermeiden, reservieren Sie am besten einen Platz im Haus, in der Wohnung oder im Büro, an dem Sie routinemäßig Dinge deponieren, die Sie zu einem bestimmten Zeitpunkt mitnehmen müssen. Als **fester Platz** eignet sich beispielsweise eine **Kiste**, eine **Schublade** oder was auch immer. Wenn Sie sich dann fertig machen, um zu gehen, schauen Sie an dem Ort nach. Sie können dann relativ sicher sein, daß das, was Sie nicht vergessen dürfen, dort bereit liegt.
Um ihren Zweck voll zu erfüllen, sollte die „Mitnahmekiste" in der Nähe der Eingangstür stehen. Ein **Tisch** oder eine **Truhe** neben der Wohnungs- oder Haustür ist ideal. Sie müssen sich nur angewöhnen, jedesmal bevor

Bestimmen Sie einen Platz im Haus oder im Büro, an dem Sie die Dinge plazieren, die Sie mitnehmen müssen.

Sie das Haus verlassen nachzuschauen. Gehören mehrere Personen zum Haushalt, bietet es sich an, daß jeder sein eigenes **Fach** hat, damit nicht der eine etwas mitnimmt, was der andere braucht.

Auch eine bestimmte **Manteltasche** oder ein **Fach der Brieftasche** kann für kleinere Dinge wie Theaterkarten, Flugtickets, Scheckformulare und andere Gegenstände, die man leicht verlegt, reserviert werden.

Elektronische Helfer

Wenn Sie eine bestimmte Telefonnummer sehr häufig anwählen, dann können Sie sie eines Tages wahrscheinlich auswendig, auch wenn Sie keine gezielte Anstrengung unternommen haben, sie zu lernen. Die weniger häufig benutzten Nummern werden Sie sich wahrscheinlich irgendwo notieren, entweder auf den dafür vorgesehenen Seiten Ihres **Taschenkalenders** oder in einem speziellen **Telefonverzeichnis.** Das kann ein Buch mit festen Seiten, ein kleines Karteikästchen mit leicht auswechselbaren Kärtchen oder ein Rolodex sein, in dem die Kärtchen in eine Art Laufrad gesteckt werden.

Der *Nachteil* all dieser mit Papier arbeitenden Systeme liegt auf der Hand. Leute ziehen um und bekommen neue Telefonnummern, bei manchen ändert sich sogar der Name, neue Nummern kommen hinzu, die – besonders bei den starren Buchsystemen – nicht in der richtigen alphabetischen Reihenfolge eingeordnet werden können. Irgendwann ist das Telefonverzeichnis ein einziges Chaos aus durchgestrichenen Nummern, Adressen und Namen. Spätestens jetzt ist der Moment des Microchips gekommen. Das **elektronische „Notebook“** speichert Informationen, die man problemlos wieder entfernen und korrigieren kann. Viele Telefone der jüngsten Generation haben **Nummernspeicher**, die zwischen 10 und 100 Nummern aufnehmen; also brauchen Sie sie nicht in Ihrem Gedächtnis zu speichern.

Ja, es gibt sogar schon tragbare **elektronische Selbstwähler**, die oft benutzte Nummern speichern. Wenn man das Gerät an die Tastatur des Telefons hält, sendet es Impulse aus, die die entsprechenden Nummern aktivieren. Auch Ihr PC kann Nummern für Sie anwählen, wenn er durch ein Modem mit dem Telefon verbunden ist. Und sollten Sie bei Verlassen des Hauses oder des Büros vergessen haben, den **Anrufbeantworter** einzuschalten, so gibt es heute Modelle, die sich durch Anruf von außen aktivieren lassen.

Wenn es Ihnen schwerfällt, alles zu behalten, was während eines wichtigen Telefonats gesprochen wurde, ziehen Sie vielleicht eine Bandaufnahme in Betracht. Kein Problem: Manche Anrufbeantworter kann man so schalten, daß sie direkt geführte Gespräche mitschneiden, oder es läßt sich durch spezielle Zusatzgeräte auch ein **Kassettenrekorder** mit dem Telefon verbinden. Aber beachten Sie folgendes: Nicht nur der Anstand, auch das Gesetz verlangen allerdings, daß Sie den Gesprächspartner vorher über den Mitschnitt informieren.

Halten Sie das Reisetrauma so klein wie möglich

Weite Reisen können das Gedächtnis ganz schön strapazieren. Man begibt sich ja nicht nur in eine völlig unbekannte Umgebung, sondern muß auch Dinge tun, die sonst nicht auf dem täglichen Routineprogramm stehen: Da heißt es auf sein Reisegepäck achten, vielleicht in einer Fremdsprache radebrechen, mit fremder Währung umgehen und was der Probleme mehr sind. Da sind Gedächtnisausfälle fast nicht zu vermeiden. Doch wer sich gut vorbereitet, hält die Schäden in Grenzen.

WER VIEL REIST, SOLLTE VORSORGLICH EINE LISTE MIT DEN STETS BENÖTIGTEN DINGEN GRIFFBEREIT IM LEEREN KOFFER DEPONIEREN.

Es hebt die Stimmung keineswegs, wenn man müde und abgeschlafft endlich am Ziel ankommt und dann feststellt, daß man etwas Wichtiges vergessen hat – beispielsweise den Kofferschlüssel. Eine Möglichkeit, solche Pannen zu vermeiden, besteht darin, im leeren Koffer vorsorglich eine **Liste** mit all den Dingen zu deponieren, die man unbedingt braucht. Wenn es Zeit zum Packen ist, nimmt man diese Aufstellung und sucht alle Gegenstände zusammen. Sollten Sie doch etwas vergessen haben, wird man Ihnen im Hotel nur zu gerne (gegen entsprechende Gebühr) Zahnbürste, Haarshampoo, Rasierer und anderes zur Verfügung stellen. Viele Häuser rechnen sogar mit einer entsprechenden Vergeßlichkeit der Gäste und statten jedes Badezimmer serienmäßig mit Fön, Einmalrasierer und den üblichen Körperpflegemitteln aus.

Zeit, Geld, Sprache

Was Reisende am ehesten durcheinanderbringt, ist die andere Währung, die eventuelle Zeitverschiebung bei Fernreisen und natürlich die fremde Sprache. Wenn Sie sehr oft reisen, wäre zu einer **speziellen Uhr** zu raten, die alle Zeiten der 24 Weltzeitzonen anzeigt. Bei der **Geldumrechnung** hilft ein kleines Kärtchen, das man sich vor Reiseantritt bei einer Bank besorgt. Es weist eine Gegenüberstellung verschiedener Beträge in Fremd- und Heimatwährung auf, so daß man einen ungefähren Überblick hat. Wer es genauer wünscht, sollte sich einen **elektronischen Umrechner** kaufen, der auf den jeweiligen Tageskurs programmiert werden kann und sofort jeden Betrag auf Heller und Pfennig umrechnet.

Wechselkursrechner, Reiseuhren und elektronische Wörterbücher können Ihnen auf Reisen eine Menge Denkarbeit abnehmen.

Viele Reisende verzichten auf allzuviel Bargeld, sie benutzen Schecks oder – heute noch beliebter – **Kreditkarten.** Natürlich besteht immer die Gefahr, daß man eine Kreditkarte an der Ladenkasse liegenläßt. Um dem vorzubeugen, gibt es spezielle „Etuis“ für Kreditkarten, die einen Ton von sich geben, wenn man sie schließt, ohne daß die Karte drinsteckt – eine wirklich sinnvolle Hilfe, die man unbedingt mitnehmen sollte.

Seit längerem sind auch kleine **elektronische Taschenwörterbücher** erhältlich, die einem den Umgang mit der Fremdsprache erleichtern. Man tippt nur das gesuchte Wort in der eigenen Sprache ein, und schon erscheint es auf dem Minibildschirm in der Zielsprache. Wenn Sie eine etwas billigere (und meistens bessere) Lösung suchen, dann greifen Sie zum guten alten **Sprachführer**, der nicht nur Einzelvokabeln, sondern auch nach Situationen geordnete Satzbeispiele enthält. Freilich, wer überhaupt keine Sprachkenntnisse besitzt, der ist mit beiden Hilfen nicht sonderlich gut bedient. Eine zufriedenstellende Verständigung oder gar ein Gespräch kommt mit diesen Hilfsmitteln nicht zustande.

Wenn es sich um eine Dienst- oder Geschäftsreise handelt, müssen Sie in der Regel Unterlagen mitnehmen. Außerdem brauchen Sie übliches Arbeitsgerät wie Stifte, Notizbücher, Formulare usw. Um sich die Peinlichkeit zu erparen, nach dem Offensichtlichsten fragen zu müssen, etwa einem Kugelschreiber, richten sich viele Dienstreisende eine Art tragbares Büro in einer Aktentasche ein. Sie enthält alles, was man erfahrungsgemäß braucht, und steht immer fertig gepackt bereit.

Gepäck

Das **Gepäck** ist ein weiteres Problem, mit dem man sich als Ferien- oder Geschäftsreisender herumschlagen muß. Wir wollen nicht gleich den Teufel an die Wand malen und annehmen, daß ein Koffer oder ein anderes Gepäckstück verlorengeht; eine Verwechslung kann schon ärgerlich genug sein. Vor letzterem vermag man sich zu schützen, indem man seine Koffer und Taschen mit **Aufklebern** oder **Anhängern** versieht, so daß sich das eigene Gepäck deutlich von dem anderer unterscheidet. Das gilt ebenso für die Sachen, die man nicht aufgibt – also nicht für längere Zeit aus den Augen verliert. Auch die Kameratasche, der kleine Handkoffer, die Umhängetasche sollten durch einen Anhänger oder Aufkleber leicht identifizierbar sein. Den **Paß** oder den **Ausweis** müssen Sie schnell zur Hand haben und doch sicher verwahren. Viele Reisende deponieren ihn in einem **Brustbeutel**, den man unter der Kleidung trägt, oder in einem am Gürtel befestigten **Täschchen** – um ihn einerseits nicht zu vergessen, und andererseits, damit er nicht verlorengeht oder gestohlen wird.

Eine Reise ist im allgemeinen ein erinnerungswürdiges Ereignis. Aber Sie werden unausweichlich im Laufe der Zeit Einzelheiten vergessen. Wer seine Reise dokumentiert – durch **Fotos, Videofilme**, ein **Reisetagebuch** – behält das Ereignis genauer in Erinnerung. Außer den Bildern können Sie später auch andere Erinnerungsstücke wie Eintrittskarten, Fahrkarten, Landkarten in das Album kleben. Beschriften Sie Ihre Fotos und Videokassetten sehr sorgfältig, geben Sie den Filmkassetten kurze Beschreibungen bei, denn manchmal möchte man sich sehr viel später an Einzelheiten erinnern, etwa daran, wie dieses Restaurant hieß, wo man so gut gegessen hat, oder die Leute, mit denen man eine Woche lang Wagen an Wagen auf dem Campingplatz stand. Anhand dieses dauerhaften **Reiseprotokolls** können Sie Ihre Erinnerungen immer wieder auffrischen, und es wird Ihnen vorkommen, als hätten Sie die Reise erst gestern gemacht.

Halten Sie Ihre persönlichen Erinnerungen abrufbereit

Was die Erinnerung an Erlebnisse anbelangt, sollten Sie sich nicht auf die Ferien beschränken. Wer auch im Alltag ein **Tagebuch** führt, unterstützt das Gedächtnis auf dreierlei Weise. Erstens entlastet solch ein Buch das Gedächtnis, das nun nicht jede Kleinigkeit parat halten muß, zweitens dient der Prozeß des Rekapitulierens im Zuge des Niederschreibens der Festigung der Erinnerung, drittens hilft Ihnen die schriftliche Notiz sehr viel später wieder auf die Sprünge.

Mementos aller Art dienen nicht nur sentimentalen Zwecken.

Sie erinnern auch an wichtige Augenblicke im Leben. Allerdings gibt es Menschen, die **Andenken** und Souvenirs lediglich für lästigen Ballast halten, während sie für andere einen Schlüssel zur Erinnerung darstellen. Jener schön geschliffene Stein beispielsweise, den Sie aus dem Flüßchen beim Campingplatz in Tirol gefischt haben, ist vielleicht der Auslöser für eine Flut schöner Erinnerungen an eine herrliche Zeit.

Nicht immer besitzt man Fotos oder andere Andenken aus einer Zeit, an die man sich gerne erinnern möchte. Versuchen Sie es dann mit einer der **sensorischen Methoden**, die weiter vorn beschrieben wurden. Hören

Sie Musik, die mit dieser Zeit verknüpft ist. Gerade Musik ist eine starke Gedächtnishilfe.

Aber auch der Geruchssinn hilft einem leicht wieder auf die Sprünge. Der Duft von Tannennadeln läßt viele Menschen sofort an Weihnachten denken, bestimmte Blütendüfte können Urlaubserinnerungen wecken, und der würzige Geruch brennender Holzscheite versetzt uns ans Lagerfeuer aus Kindheitstagen. Ein bestimmtes Parfüm oder der Geruch spezieller Speisen können ebenfalls ein Schlüssel zu alten Erinnerungen sein. Es gibt sogar duftende Produkte, die zu keinem anderen Zweck hergestellt werden als dem, Erinnerungen zu wecken.

Auch **Kunstgegenstände** können an vergangene Zeiten oder ein bestimmtes Ereignis erinnern. Ob es sich dabei um ein Gemälde handelt, das man einmal im Original in einem Museum gesehen hat, oder um ein altes Filmplakat oder ein Poster, ist ziemlich egal. Jeder **visuelle Eindruck** kann auch Erinnerungen wiederbeleben.

Finesse bei den Finanzen

Wie der Gang zum Zahnarzt ist auch das Begleichen von **Rechnungen** eine schmerzliche Sache, die wir nur zu gern vergessen. Wenn Sie diszipliniert sind, sammeln Sie jeweils die Rechnungen eines Monats und reservieren einen bestimmten Tag, an dem Sie das lästige Überweisungenschreiben erledigen. Es ist vielleicht hilfreich, einen **einprägsamen Termin** wie den 1., den 15. oder den letzten des Monats dafür auszuwählen. Schreiben Sie jeweils an dem ensprechenden Tag „Rechnungen" in Ihren Terminkalender.

Damit Sie noch nicht bezahlte Rechnungen nicht verlegen, bewahren Sie sie in einem besonders auffälligen **Ordner** auf, oder stecken Sie sie sofort bei Eingang in eine bestimmte, nur für unbezahlte Forderungen vorgesehene **Schublade**. Sobald die Überweisung ausgestellt oder die Rechnung auf andere Art beglichen ist, vermerken Sie dies auf dem Schreiben. Am besten eignet sich ein **Stempel** mit dem Aufdruck „Bezahlt am...". Dies ist bei eventuellen Rückfragen hilfreich.

Viele Menschen haben heute für regelmäßig anfallende Kosten, wie Miete, Wohnnebenkosten, Zeitungsabos, Telefonrechnung, Rundfunkgebühren und was es da alles gibt, **Bankaufträge** eingerichtet, so daß entweder ein fixer Betrag automatisch überwiesen oder wechselnde Beträge eingezogen werden. Auf den Kontoauszügen ist dann meist genau definiert, welche Summe für welchen Zweck wohin gegangen ist. Es empfiehlt sich zwar, trotzdem alle Rechnungen – zumal solche mit wechselnden Beträgen wie Strom-, Wasser- und Telefonkosten – genau zu überprüfen und auch die Kontoauszüge sorgfältig zu checken, aber grundsätzlich braucht man sich wegen dieser Rechnungen keine Gedanken mehr zu machen.

Problematischer also als das Begleichen der Rechnungen ist es oft, einen Überblick über den aktuellen **Kontostand** zu behalten. Je mehr Kreditkarten man besitzt, desto leichter verliert man die Übersicht. Denn es ist unwahrscheinlich, daß man sämtliche Transaktionen und die dabei jeweils abgebuchten Beträge im Kopf hat.

NUTZEN SIE DIE ANGEBOTE DER BANKEN; SIE NEHMEN EINEM VIEL KLEINKRAM IM ZUSAMMENHANG MIT DEN HÄUSLICHEN FINANZEN AB.

Natürlich gibt es **programmierbare Taschenrechner**, die einem helfen, immer auf dem letzten Stand zu sein. Oder man geht regelmäßig zur Bank und holt sich seine **Kontoauszüge** ab. Die meisten Institute verfügen heute über Systeme, bei denen man sich den Kontoauszug selber ausdrucken lassen kann, man muß nur seine Konto- oder eine Scheckkarte in den Automaten einführen. Für einen Aufpreis werden die Kontoauszüge auch regelmäßig zugeschickt.

Nutzen Sie die von den Banken angebotenen **Dienstleistungen**, die Ihnen helfen, Ihre Finanzen übersichtlich und in Ordnung zu halten.

Gedächtnisstützen, die beim Gesundbleiben helfen

Als Sie noch Kind waren, haben Ihre Eltern an alles gedacht, was für Sie und Ihre Gesundheit gut war. Als Erwachsener müssen Sie für sich selber sorgen. Sie müssen daran denken, daß und wie Sie sich richtig ernähren,

Sie dürfen nicht vergessen, ein wenig Sport zu treiben, wenn nötig zum Arzt zu gehen und - falls Sie sie brauchen - regelmäßig Ihre Medikamente zu nehmen. Außerdem müssen Sie vielleicht zusätzlich Elternpflichten nachkommen und an das Wohl Ihrer Kinder denken. Nun, auch für all diese Bereiche gibt es viele verschiedene Gedächtnisstützen, die Ihnen helfen, auf sich aufzupassen.

Kochen

Die **Mikrowellengeräte** beispielsweise tragen hervorragend zur Gedächtnisentlastung bei, vor allem, weil sie Tiefkühlware so rasch auftauen, daß es nichts ausmacht, wenn Sie vergessen haben, Ihr Essen rechtzeitig aus der Gefriertruhe zu nehmen. Mit anderen Worten: Auch der Vergeßliche kann sich in Null Komma nichts ein gesundes, nahrhaftes Mahl zubereiten und braucht nicht auf Currywurst oder Pommes mit Majo von der Bude zurückzugreifen.

Es gibt **Kaffeeautomaten** und **Eierkocher**, die sich automatisch zur einprogrammierten Zeit ein- und wieder ausschalten - sie machen sozusagen das Frühstück, während Sie noch in den Federn liegen.

Doch schon bei dem guten alten **Pfeifkessel**, dem **Klapperstein** für den Milchtopf, der sandgefüllten **Eieruhr** und dem **Rezeptbuch** handelte es sich um als Gedächtnisstütze dienende Küchenutensilien. Und auch heute noch tun sie treue Dienste.

All diese und viele andere Hilfsmittel unterstützen Sie bei der Kocherei, die manchmal eine delikate Aufgabe sein kann, dem Dirigieren eines Orchesters nicht unähnlich. Wenn Sie einen komplizierten, viele **Zutaten** erfordernden Nachtisch zubereiten, mag es hilfreich sein, zunächst alle Ingredienzen in der Reihenfolge, in der sie gebraucht werden, auf die Arbeitsplatte zu stellen.

Es ist auch eine gute Idee, **Reste** und **Tiefkühlwaren** mit einem Datum zu versehen. So kann man sicherstellen, daß die älteren Lebensmittel zuerst verbraucht werden. Außerdem gibt es abwaschbare **Karteikarten** für Tiefkühltruhen, die man immer wieder neu beschriften und außen am Gerät anbringen kann. So behält man einen Überblick über den Inhalt des Gefrierschranks, ohne daß man ihn öffnen muß.

Diät halten

Wenn Sie, um ein paar Pfunde loszuwerden, eine Diät machen, müssen Sie sich genau erinnern, *was* und *wieviel* Sie *wann* zu sich genommen haben. Für die meisten „Diätler" sind das Dinge, mit denen sie ihr Gedächtnis sonst kaum belasten.

Es gibt kaum eine Gedankenstütze, die einen wirkungsvoll davon abhalten könnte, zuviel zu essen, nicht einmal ein mit einer Zeitschaltuhr verbundenes Schloß an der Kühlschranktür. Man kann schließlich auch Dinge naschen, die nicht aus dem Kühlschrank stammen. Aber es gibt ein paar Hilfsmittel, die es einem erleichtern, die Diätvorschriften im Auge zu behalten. Die simpelste ist, mit **Papier** und **Bleistift** festzuhalten, welche Mengen man wovon gegessen hat. Wer freilich etwas über die entsprechenden Inhaltsstoffe wissen möchte, braucht **Tabellen,** die Auskunft darüber geben, wieviel Fett, Eiweiß, Kohlenhydrate, Vitamine, Spurenelemente und nicht zuletzt Kalorien die einzelnen Lebensmittel enthalten. Sie bekommen solche Tabellen im Buchhandel, aber auch als PC-Software. Es gibt sogar **Waagen** mit entsprechenden Programmen, die über den Nährwert eines auf ihnen gewogenen Produktes Auskunft geben.

Und selbstverständlich führt der Handel inzwischen auch intelligente **Personenwaagen,** die nicht nur mahnend darauf hinweisen, daß Sie trotz Diät wieder zugenommen haben, sondern Ihnen zugleich genau anzeigen, wieviel Sie zugelegt oder möglicherweise auch abgenommen haben. Ja, es gibt sogar Waagen, die Ihnen Auskunft über die Tagesschwankungen der letzten sechs Monate geben. Es wird also immer schwieriger zu vergessen, wie gut oder wie schlecht es mit der Diät vorangeht.

Bewegung

Heute haben die meisten Menschen einen recht hektischen Lebenswandel. Neben Arbeit, Haushalt und Kinderbetreuung muß noch dies und das erledigt werden, außerdem hat man zahlreiche soziale und andere Verpflichtungen. Da bleibt die **Bewegung** an der frischen Luft oft auf der Strecke. Am besten ist es, auch das tägliche Fitneßtraining zum Bestandteil des Tagesplanes zu machen, als wäre es eine Verpflichtung wie die Teilnahme an der Geschäftssitzung oder der Schulbesuch. Tragen Sie die für die sportliche Betätigung reservierte halbe Stunde in Ihren **Terminkalender** ein, behandeln Sie sie nicht als etwas, das Sie tun können, wenn noch Zeit übrig ist (erfahrungsgemäß ist nämlich keine übrig). Sehen Sie ein wenig Bewegung als eine ernstzunehmende **Verpflichtung** an. Wenn Sie es so einrichten können, daß Sie zusammen mit jemand anders Sport treiben, haben Sie eine zusätzliche Gedächtnisstütze und darüber hinaus einen Anreiz, den Termin einzuhalten.

Medikamente einnehmen

Es gibt *zwei Arten* von Gedächtnisstützen für Menschen, die regelmäßig Medikamente einnehmen müssen: *passive* und *aktive.*

Am weitesten verbreitet sind die **passiven Hilfsmittel**, die Ihnen Auskunft geben, wenn Sie hinschauen. Ein bekanntes Beispiel ist die Anti-Baby-Pille: Die einzelnen Dragees sind so in die Druckfolie eingeschweißt, daß man an einem Aufdruck erkennt, ob man die für den entsprechenden Wochentag vorgesehene Pille schon genommen hat oder nicht. Solche bereits vom Hersteller beschrifteten Packungen gibt es auch für andere Medikamente, die in genauem Zeitabstand genommen werden müssen. Fragen Sie Ihren Arzt.

HABE ICH MEINE ARZNEI GENOMMEN ODER NICHT? DIE SUMMENDE PILLENDOSE GARANTIERT, DASS SIE SICH DIESE FRAGE NIE WIEDER STELLEN MÜSSEN.

Aber erstens ist nur ein Bruchteil der erhältlichen Arzneien derart aufwendig verpackt, und zweitens müssen viele Menschen mehr als ein Medikament einnehmen. Für sie ist eine **Pillenschachteln mit kleinen Fächern** praktisch, in die man die Tagesration je nach Menge und Stunde verteilt. Auf einen Blick kann man dann sehen, ob man seine Medikamente schon genommen hat oder nicht – vorausgesetzt, man denkt überhaupt daran, in seine Pillenschachtel zu schauen.

Wenn Sie generell dazu neigen, Ihre Arzneieinnahme zu verbummeln, tut eine **aktive Hilfe** Not. In Apotheken und Läden, die medizinischen Bedarf verkaufen, gibt es Pillendosen mit Fächern, die zu bestimmten, einprogrammierten Zeiten ein **Licht- oder Tonsignal** aussenden. Auch eine Armbanduhr mit Summer kann eine gute Erinnerungshilfe sein, besonders, wenn Sie keine Tabletten oder Pillen nehmen müssen, sondern Tropfen, die man schlecht vorher abfüllen kann, oder wenn Sie sich regelmäßig Spritzen geben müssen.

Wie Sie Ihre Siebensachen im Auge behalten

Eines der bekanntesten – und wahrscheinlich auch ärgerlichsten – Gedächtnisprobleme ist das **Verlieren und Verlegen von Sachen.** Wenn wir für jedes Mal, wo wir herumgerannt sind und wie verrückt unseren Schlüssel, die Geldbörse, die Lesebrille oder sonstwas gesucht haben, einen Groschen bekämen, dann wäre wohl so manch einer schon ziemlich reich. Einen Gegenstand einfach irgendwo hinzulegen ist ein derart banaler Akt, daß sich die meisten Menschen dieser Handlung oft gar nicht bewußt werden. Das heißt, sie erinnern sich nicht einmal daran, *daß* sie den Schlüssel hingelegt haben, geschweige denn könnten sie rekonstruieren, *wo.*

Die einfachste Methode, diesem Problem zu Leibe zu rücken, heißt **Ordnung.** Damit meine ich nicht, daß Sie zum pedantischen Ordungsfanatiker werden sollen. Aber es gilt, ein Grundprinzip zu beachten, nämlich, daß man sich angewöhnt, seine Sachen **immer an derselben Stelle** zu

> WER STÄNDIG VERGISST, WO ER WAS HINGELEGT HAT, GEHT ANDEREN AUF DIE NERVEN UND LEIDET SELBST. DABEI WÄRE DAS PROBLEM EINFACH ZU LÖSEN.

plazieren. Reservieren Sie bestimmte **Schrankfächer** für bestimmte Gegenstände, versehen Sie große **Schubladen mit Unterteilungen.** Einfache **Werkzeugkästen** oder **Nähkästen** mit eingebauten Fächern kann man nicht nur für die genannten Objekte, sondern oft auch zweckentfremdet für andere Arten von Gegenständen benutzen, die sonst leicht durcheinandergeraten und die man dann mühsam suchen muß. Und selbst wenn in einer bestimmten Schachtel eine Reihe von Dingen durcheinanderpurzeln – Handschuhe, Geldbörsen, Schals, Kleingeld, Schlüssel – ,ist es immer noch besser, nur *dort* nachschauen zu müssen, als das *ganze Haus* auf den Kopf zu stellen, weil schon wieder die Schlüssel weg sind.

Beschriften

Nun nützt es wenig, wenn Sie all die häufig verlegten Kleinigkeiten in Kästchen und Schächtelchen packen, dann aber nicht mehr wissen, *was* in *welchem* drin ist. Hier schaffen beschriftete **Etiketten** Abhilfe; auf einen Blick können Sie sehen, was die jeweilige Schachtel enthält.

Wenn Sie dazu neigen, Dinge zu verlegen, sollten Sie Ihre persönlichen Sachen mit **Namenszug** kennzeichnen. Sie selbst finden sie dann zwar nicht schneller wieder, aber andere wissen, wo sie sie abliefern können. Auf hochwertigere Stifte wie Füllfederhalter und bessere Kugelschreiber kann man sich im Fachgeschäft seinen Namen eingravieren lassen. Es gibt aber auch billige selbstklebende Haftetiketten, die man einfach mit Spezialstiften oder maschinell beschriftet. Darüber hinaus sind viele andere Formen der Namenskennzeichnung für die verschiedensten Dinge möglich. So kann man an Koffern und Taschen aller Art **Anhänger** anbringen und in Kleidungsstücke Namenszüge einnähen, die maschinell auf einen Stoffstreifen gestickt sind. Diese Streifen erhält man in Textilwarengeschäften. Sie eignen sich besonders für Menschen, die viel reisen und häufig Kleidungsstücke bei Freunden oder im Hotel liegenlassen.

Vor einigen Jahren besuchte ich in *Styal*, England, ein Museum, in dem ich ein Buch ausgestellt sah mit dem Titel *Where Is It?* (Wo ist es?) Irgendeine Familie hatte es in der Mitte des 19. Jahrhunderts als Gedächtnisstütze benutzt. Das Buch enthielt eine Auflistung hunderter wertvoller Besitzstücke samt deren Platz im Haus. Auch Sie können sich ein einfaches neutrales **Notizbuch** in dieser Art einrichten. Darin werden alle wertvollen Gegenstände, die sich in Ihrem Eigentum befinden, aufgelistet. Schreiben Sie dazu – sofern Sie sich erinnern –, *wann* und *wo* die Dinge *gekauft* wurden und was sie gekostet haben. Dann verstauen Sie das Buch an einem sicheren Ort, beispielsweise im Büro oder bei den Nachbarn, damit Diebe es nicht finden können.

Ein Eintragungsbuch dieser Art ist besonders dann von Nutzen, wenn es durch einen **Einbruch** oder ähnliches zu einem Schadensfall kommt, bei dem man die Versicherung beanspruchen muß. Denn nur die wenigsten Menschen vermögen aufzuzählen, was sie besitzen, und oft werden gerade die wichtigsten und wertvollsten Gegenstände vergessen. Wie steht's da mit Ihnen? Eine Versicherung aber kommt nur für die Dinge auf, von denen Sie *wissen,* daß sie Ihr Eigentum sind (bzw. richtiger: waren).

Eine ganz andere Methode, sich vor dem Verlust von Gegenständen zu schützen ist: Man muß es den Dingen erschweren, abhanden zu kommen. Wenn ein Nachbar sich regelmäßig Werkzeuge bei Ihnen ausleiht, die er dann zurückzugeben vergißt, dann **kennzeichnen** Sie Ihre Utensilien deutlich, beispielsweise indem Sie eine auffällig gefärbte Kordel darumwickeln oder sie bunt anstreichen. Dies wird den Nachbarn daran erinnern, daß es nicht seine Werkzeuge sind, und Sie erkennen sie auf den ersten Blick, wenn Sie sie bei ihm herumliegen sehen. Genau aus diesem Grund haben die Zimmerschlüssel in den Hotels oft überdimensional große Anhänger; so kann man sie nicht einfach in Gedanken in die Tasche stecken und dann damit losmarschieren. Man wird also immer daran erinnert, den Schlüssel an der Rezeption abzugeben, ehe man das Haus verläßt. Bedienen Sie sich ähnlicher Tricks, um Ihre eigenen Schlüssel und andere kleine Gegenstände nicht ständig zu verlegen oder zu verlieren.

Liefern Sie Ihre Sachen nicht der Möglichkeit der Verwechslung aus.

Wenn Sie dazu neigen, Ihre **Schlüssel** zu verlegen, richten Sie einen bestimmten, für Schlüssel reservierten Platz ein – einen speziellen Haken neben der Wohnungstür, eine Schale auf der Flurkommode oder ähnliches. Wenn es Ihnen sicherer erscheint, die Schlüssel immer bei sich zu tragen, dann befestigen Sie sie an Ihrem Gürtel, an einem Armband, oder tragen Sie sie an einer Kette um den Hals.

Für den Fall der Fälle sollten Sie einen Zweitschlüssel entweder im eigenen Haus, oder - noch besser - außerhalb bei guten Freunden oder Verwandten deponieren. Es gibt auch kleine Metallkästen zur Aufbewahrung eines Zweitautoschlüssels zu kaufen, die unsichtbar unter der Karosserie angebracht werden können. Die Gefahr, daß Sie sich auf einem einsamen Parkplatz fernab jeglicher Hilfe aus dem eigenen Auto ausschließen, ist damit gebannt.

Haushaltsgeräte mit Köpfchen

Daran zu denken, daß man elektrische Geräte nach Gebrauch ausschaltet, spart nicht nur Strom, sondern es verhindert auch mögliche Unfälle. Heutzutage gibt es Hilfsmittel und Geräte, die einem ein gutes Stück Denkarbeit abzunehmen vermögen. Wir alle sind vertraut mit Videorekordern, die mittels einer **Zeitschaltuhr** während unserer Abwesenheit selbsttätig Fernsehsendungen aufnehmen. Solche Zeitschaltuhren kann man in jeder Steckdose anbringen, so daß sich Lampen und technisches

KAUFEN SIE HAUSHALTSGERÄTE MIT AUTOMATISCHEN FUNKTIONEN.

Gerät zu einer vorher einprogrammierten Zeit selbsttätig ein- und ausschalten. Es gibt **Bügeleisen**, die automatisch ausgehen, wenn sie eine bestimmte Zeit lang unbewegt auf der Bügelfläche stehen, **Rasensprenger** mit einem Feuchtigkeitsmesser im Boden, die automatisch zu sprengen anfangen, wenn die Erde zu trocken ist, und **Staubsauger**, die durch ein Lichtsignal anzeigen, wenn der Staubbeutel voll ist.

Diese Liste ist bei weitem nicht vollständig. Doch wenn Sie das nächste Haushalts- oder Hobbygerät kaufen, sollten Sie sich nach speziell eingebauten Gedächtnisstützen erkundigen. Oft sind diese Vorrichtungen zusätzlich Geldsparer.

Einkaufshelfer

Die übliche, schnell auf einen Zettel geschriebene **Einkaufsliste** reicht den meisten Menschen als Erinnerungsstütze völlig. Sie wissen an Hand der Notizen genau, was sie brauchen, können direkt zum entsprechenden Regal gehen und die Dinge zusammensuchen – vorausgesetzt, die Liste weist eine gewisse **Ordnung** auf. Denn wer Gegenstände aus den verschiedensten Abteilungen des Supermarktes in buntem Durcheinander auf seinem Zettel stehen hat, der muß entweder kreuz und quer durch den Laden rennen, oder es besteht die Gefahr, daß er zum Schluß doch – trotz Übersicht – etwas vergessen hat.

Eine Alternative ist die **vorgedruckte Liste.** Sie erinnert auch an Dinge, die man sonst möglicherweise vergessen hätte, ist geordnet und schneller fertig, denn man muß das Benötigte nur ankreuzen, statt jeden einzelnen Gegenstand aufzuschreiben. Man kann fertig gedruckte Einkaufslisten kaufen, besser und billiger ist es jedoch, sich selbst eine individuelle Liste zusammenzustellen, die man entweder fotokopiert, oder, sofern man sie mit dem PC erstellt hat, einfach ausdruckt.

VERMEIDEN SIE DEN KÜCHENNOTSTAND – FÜHREN SIE EINE NARRENSICHERE EINKAUFSLISTE.

Eine andere Möglichkeit: Hängen Sie an einer gut sichtbaren Stelle in der Küche eine **Einkaufsliste** auf. Dazu eignen sich neben den zuvor erwähnten Checklisten **Endlospapierrollen** in einer Halterung, an der auch gleich ein Stift befestigt ist. Wenn Sie sehen, daß irgendein Lebensmittel oder ein anderer im Haushalt benötigter Gegenstand zur Neige geht, dann schreiben Sie ihn sofort auf. Wenn Sie später zum Laden gehen, haben Sie so eine vollständige Liste bei sich.

Auch der **Vorratskauf** ist ein gutes Mittel, dem Notstand vorzubeugen. Natürlich kann man nur solche Sachen in größeren Mengen kaufen, die nicht verderben. Milch und andere Frischprodukte sind deshalb nicht geeignet, wohl aber Toilettenpapier, Zahnpasta, Konserven und andere Lebensmittel, die relativ lange haltbar sind, wie Zucker, Nudeln, Reis etc. Vorratshaltung macht nicht nur den Wocheneinkauf angenehmer, sondern spart auch Geld.

Mit einem vollen Einkaufswagen bei der Kasse anzukommen und dann nicht genügend Geld bei sich zu haben, kann ziemlich peinlich sein. Wer unterwegs die Einzelposten in einen kleinen **Taschenrechner** eintippt und jeweils addiert, behält den Überblick und sieht rechtzeitig, wann die Grenze erreicht ist.

Automatische Strichlisten, das heißt, kleine Apparate, die auf Knopfdruck mitzählen, sind überall da als Gedächtnishilfe angebracht, wo eine große Anzahl Posten zu zählen ist, sei es, wenn die Inventur ansteht, Geld gezählt werden muß oder die Zahl der Leute, die innerhalb eines bestimmten Zeitraums durch ein Drehkreuz – etwa am Eingang des Supermarktes – gehen. Wenn man große Mengen im Kopf zählt, kann die kleinste Unterbrechung die Konzentration so stören, daß man nicht mehr weiß, wo man stehengeblieben war. Dann ist entweder die ganze Arbeit umsonst, oder man ist gezwungen, mühsam von vorne anzufangen. Überall, wo für statistische oder andere Zwecke Zählungen durchgeführt werden müssen, sind solche automatischen Strichlisten im Einsatz.

Partyvorbereitungen

Wer eine Party geben will, hat vorab ein paar Gedächtnisleistungen zu erbringen. Man muß sich klarwerden, wen man einladen will, und diejenigen dann schriftlich oder telefonisch benachrichtigen. Man muß im Kopf haben, wer zu- und wer abgesagt hat, für wen man eventuell Ersatz einladen sollte. Man ist gezwungen, eine besondere **Einkaufsliste** für das Essen und die Getränke anzulegen, vielleicht auch für kleine Geschenke, Dekorationsartikel etc. Wer es sich leisten kann, beauftragt einen **Partyservice**, der sich von A bis Z um alles kümmert.

Um den Überblick über das zu behalten, was Ihre Gäste trinken, empfiehlt sich ein Trick, den professionelle **Barkeeper** anwenden: Sie servieren jeden Drink oder Cocktail in einem speziell geformten Glas. Wenn *Frank* um einen Cognac bittet, bekommt er ihn in einem Schwenker serviert,

Klaus, der einen Longdrink mit Fruchtsaft vorzieht, erhält diesen in einem schlanken, hohen Glas, und *Marlene,* die einen trockenen Weißwein mag, bekommt natürlich ein Weinglas. Wenn ein Gast Sie nun bittet, ihm nachzuschenken, dann müssen Sie nicht erst lange fragen: Sie sehen sofort am Glas, was er trinkt.

Unterhaltung

Sogar wer seinen Spaß haben will und ein wenig Zerstreuung sucht, muß sein Gedächtnis anstrengen. Wenn Sie ein Spiel spielen wollen, müssen Sie die **Regeln** kennen. Entweder Sie lesen sie in der **Spielanleitung** nach und behalten dann im Kopf, wie es geht, oder Sie müssen sich erinnern, wie Sie es das letzte Mal gespielt haben. Bei manchen Spielen, wie *Mensch ärgere dich nicht,* ist das einfach; andere hingegen, wie *Skat* oder *Schach,* weisen kompliziertere Regeln auf. Zum Glück gibt es Bücher, die entweder viele Spiele beschreiben oder sich auf einzelne konzentrieren. In einem Haushalt, in dem oft gespielt wird, ist ein solches **Regelbuch** sehr nützlich.

Warum über Spielregeln streiten? Halten Sie ein anerkanntes Regelbuch griffbereit.

Wer *Kreuzworträtsel* lösen möchte oder gern *Scrabble* spielt, muß über einen entsprechenden Wortschatz und das nötige Wissen verfügen – oder ein gutes **Wörterbuch** und ein **Lexikon** besitzen. Der Spezialhandel bietet auch hier allerlei Gedächtnisstützen an: Vom speziellen Kreuzworträtselbuch bis hin zu Tabellen, die einen auf dem laufenden Stand der Fußballergebnisse halten, gibt es so ziemlich alles zu kaufen, was man braucht, um seine Freizeit mit Spiel, Sport und Hobby sinnvoll gestalten zu können, ohne sich dauernd auswendig an alles erinnern zu müssen.

Neue Tricks, um an besondere Festtage zu denken

In einer Zeit, in der man vor lauter Hektik oft nicht mehr weiß, wo einem der Kopf steht, haben gewisse Dienstleistungsgewerbe Hochkonjunktur. Längst schon fanden clevere Unternehmer heraus, daß es ein lukratives Geschäft ist, anderen Leuten die Erinnerungsarbeit – etwa das Denken an bestimmte Verpflichtungen wie Geburtstage, Jubiläen etc. – abzunehmen.

Während man Weihnachten oder Neujahr kaum vergessen wird, geschieht es sehr leicht, daß man an Tante Rosas Geburtstag oder Onkel Georgs Namenstag nicht denkt. Wenn wir ihnen keine Glückwunschkarte schicken oder sie nicht anrufen, sind sie verletzt, vielleicht sogar beleidigt. Um das zu vermeiden, gibt es verschiedene Möglichkeiten. Die teuerste ist sicherlich, den oben erwähnten „Erinnerungsservice" zu beauftragen.

Billiger kommt es, sich zu Beginn des Jahres einen neuen **Kalender** zu kaufen und aus dem alten alle **Geburtstage, Namenstage, Jubiläen** zu übertragen. Im Laufe des Jahres wird er dann entsprechend ergänzt, etwa, wenn sich in der Familie oder im Freundeskreis Nachwuchs einstellt oder man einen Menschen kennengelernt hat, dessen Geburtstag einem von nun an wichtig ist. Wenn Sie *regelmäßig* in Ihren Kalender schauen, brauchen Sie sich wegen verbummelter persönlicher Festtage keine Sorgen mehr zu machen.

Manche Leute kaufen am Jahresanfang einen ganzen Schwung **Geburtstagskarten**, schreiben die jeweiligen Adressen auf die Umschläge und schicken die Karten dann zum gegebenen Zeitpunkt ab.

Eine kleine Investition in einen Taschencomputer schützt Sie vor der Peinlichkeit, schon wieder den Hochzeitstag vergessen zu haben.

Längst auch hat die Elektronikindustrie die Schwäche des menschlichen Gedächtnisses für sich entdeckt. So kann man seinen **Computer** darauf programmieren, einen rechtzeitig auf bevorstehende Geburtstage und ähnliches aufmerksam zu machen. Glückwunschkarten und Geschenke vermag er zwar noch nicht zu kaufen, aber auch das wird nicht lange auf sich warten lassen. Bestimmt sind wir bald soweit, daß zum vorprogrammierten Zeitpunkt ein Impuls an einen automatischen Glückwunschschreiber geht, der dann die Karte schreibt, adressiert und verschickt. Ob Tante Rosa von dieser vollkommen entpersonalisierten Form des Gedenkens besonders angetan sein wird, sei dahingestellt.

Bezugsquellen für Gedächtnisstützen

Wenn Sie sich in **Spezialgeschäften** gezielt auf die Suche machen, werden Sie überrascht sein, wie viele Gedächtnishilfen im Handel angeboten werden. Fragen Sie, wenn Sie einen neuen Gegenstand kaufen müssen, nach Varianten mit eingebauten Gedächtnishilfen wie automatischen Schaltungen, Lichtsignalen, Tonzeichen usw. Auch **Versandhauskataloge** bieten manchmal ganz erstaunliche Hilfsmittel an, besonders solche aus dem High-Tech-Bereich.

Zusammenfassung

Externe Gedankenstützen sind sehr hilfreich, wenn es darum geht, den Kopf von belastenden Gedächtnisaufgaben freizuhalten, damit wir uns mehr auf die wichtigen Dinge des Lebens konzentrieren können.
Lernen und Behalten werden vereinfacht, wenn man Terminkalender, Notizbücher, Schmierzettel, Checklisten und Karteikarten benutzt. Wissensquellen wie Bücher, Kassetten, Videos und Computersoftware sind beinahe unverzichtbar fürs effektive Lernen. Doch auch einfache mechanische Hilfsmittel wie Wecker, Zeitschaltuhren, symbolische Erinnerungen, Ordnungssysteme, beschriftete Etiketten, Taschenrechner usw. können sehr gute und wirkungsvolle Hilfsmittel sein. Die beste Gedächtnisstütze aber ist wahrscheinlich ein verläßlicher Ordnungssinn.

KAPITEL 8

Wie man sich an die 100 Dinge erinnert, die man am leichtesten vergißt

In den vorausgegangenen Kapiteln wurden Steuerungen, Strategien und externe Stützen vorgestellt, mit deren Hilfe man lernt, sich zu erinnern und verschüttete Informationen wieder an die Oberfläche zu holen. All diese Techniken können in einer ganzen Reihe von Situationen eingesetzt werden. Es ist nicht nur möglich, sich die Telefonnummer des Pizzaservice leise vorzusagen, um sie nicht gleich wieder zu vergessen: Auch ein Name, eine kurze Wegbeschreibung oder eine mathematische Formel läßt sich auf diese Weise merken. Das halblaute Wiederholen ist eine allgemein bekannte und viel benutzte Gedächtnissteuerung.

Aber wenn man *jeder* Situation gewachsen sein will, dann ist es besser, sich *verschiedene* Techniken anzueignen, damit man die jeweils am besten geeignete einsetzen kann. Bereit sein ist alles, auch wenn es um das Erinnern und das Gedächtnis geht.

Wie Sie den Ball aus Ihrem „Gedächtnisbunker" schlagen

Angenommen, Sie spielen Amerikanisches Golf. Dann wird es von Zeit zu Zeit passieren, daß Sie den Ball in einen Bunker, eine Sandkuhle, schlagen. Sie können abwarten, bis es soweit ist, und sich dann überlegen, wie Sie ihn wieder rauskriegen. Aber Sie können auch schon *vorher* einen Golfprofi fragen, welche Techniken er denn so drauf hat, um aus einem Bunker herauszukommen. Diese speziellen Techniken üben Sie dann ganz gezielt, damit Sie gegebenenfalls besser wieder aus der Sandfalle herauskommen.

Auch das Gedächtnis hat seine „Bunker"; um es dort wieder herauszuholen, braucht man auf die jeweiligen Aufgaben zugeschnittene Steuerungstechniken. Sie konzentrieren sich auf *wenige, ganz bestimmte* Gedächtnisaufgaben, weshalb man sie nicht so flexibel und vielseitig anwenden kann wie allgemeine Gedächtnisstrategien; dafür sind sie *im jeweiligen Einzelfall* meist *wirkungsvoller.* Sie bereiten Sie auf spezielle, aber auch auf häufig wiederkehrende Anforderungen vor, die an das Gedächtnis gestellt werden können.

IN MANCHEN SITUATIONEN GIBT ES FÜR DAS GEDÄCHTNIS NUR EINEN EINZIGEN WEG, UM ALS SIEGER HERVORZUGEHEN.

Denken Sie an das alltägliche Problem: „Blumengießen nicht vergessen!“ Sie könnten sich einen Zettel schreiben und ihn an eine Stelle kleben, wo Sie ihn immer wieder sehen – mitten auf die Kühlschranktür oder an ein extra für solche Zettel eingerichtetes Pinnbrett. Oder Sie bringen einen „Pflanzenalarm“ an, einen kleinen Sensor, der einen Ton produziert, wenn die Erde zu trocken wird. Die Notiz an der Pinnwand ist eine allgemeine Erinnerung, die man ständig vor Augen hat. Der Alarmgeber hingegen tritt nur in Aktion, wenn es die Situation erfordert. Die Wahrscheinlichkeit ist groß, daß der Alarm besser funktioniert als der Zettel.

Barkeeper haben von Berufs wegen ein gutes Gedächtnis für Cocktailrezepte. Kellnerinnen und Kellner verfügen oft über ein bemerkenswert gutes Erinnerungsvermögen, wenn es darum geht, welcher Gast an welchem Tisch welches Gericht bestellt hat. Professoren besitzen – im allgemeinen – ein recht gutes Gedächtnis, wenn es um Bücher und Fachartikel in Zeitschriften geht. All dies sind durch Übung erworbene spezifische Gedächtnisleistungen. Der Barkeeper, der so ein As im Memorieren von Cocktailrezepten ist, hat möglicherweise ein miserables Gedächtnis, wenn es um Zahlen, Namen oder Verabredungen geht. Selbst die größten Gedächtnisgenies verfügen immer nur über ganz spezielle Talente. Man kennt bis heute kein einziges, das auf allen Gebieten ein herausragendes Gedächtnis gehabt hätte.

Weil ein Barkeeper hundert verschiedene Drinks aus dem Gedächtnis mixen kann, ist er noch lange kein Genie. Er hat nur gelernt, eine aufgabenspezifische Gedächtnisstrategie anzuwenden.

Dieses Kapitel können Sie auf zweierlei Weise nutzen: Entweder Sie arbeiten es systematisch durch, oder Sie schlagen mit Hilfe des gleichnamigen Registers zum Schluß des Buches die jeweilige Gedächtnisaufgabe nach, die Sie erfüllen müssen, und informieren sich, welche Strategien in Frage kommen, um diese besondere Situation zu meistern. Zur Erläuterung sei hier ein Beispiel für eine spezifische Aufgabe und eine darauf abgestimmte Lösung gegeben.

Zahlenschloßkombination

EINPRÄGUNG: Stellen Sie sich mit geschlossenen Augen die Ziffern der Kombination in richtiger Reihenfolge vor. Üben Sie im Geist das Öffnen des Schlosses. Sie können auch die Ziffernreihe mit wichtigen Lebensdaten assoziieren (mit Ihrem oder einem anderen Geburtstag, einem historischen Datum etc.). Achten Sie auf mathematische Proportionen der Zahl (durch was ist sie teilbar, wie verhalten sich die Ziffern mathematisch zueinander, ist die eine Ziffer die Hälfte, das Doppelte, das Dreifache der nächsten?). Notieren Sie die Kombination, und heben Sie den Zettel auf. Oder die Zahlenkombination wird an eine unauffällige Stelle nahe beim Schloß geschrieben.

ERINNERUNG: Stellen Sie sich die Ziffern der Kombination in ihrer Reihenfolge bildlich vor. Rufen Sie sich die mathematischen Assoziationen ins Gedächtnis. Erinnern Sie sich, wie es sich anfühlte, als Sie die Nummern einstellten. Schauen Sie in Ihre Notizen.

Die Aufgabe besteht darin, sich an die Zahl zu erinnern, die das Schloß öffnet. Dafür stehen, wie sich zeigte, verschiedene Methoden zur Verfügung. Wählen Sie daraus die Technik, die Ihnen persönlich am besten liegt.

Dann sollten Sie sie, wann immer, wo immer Sie können, verwenden. Und üben Sie sie im Kopf, selbst wenn im Augenblick kein Kombinationsschloß zu bedienen ist.

Legen Sie für zwei bis vier Wochen ein **Tagebuch** an. Vermerken Sie darin, wie oft Sie die Kombination brauchten, ob Sie zur Erinnerung an die Zahl eine Technik verwendeten, wenn ja, welche, und wie gut sie funktionierte. Stellen Sie nun anhand Ihrer Aufzeichnungen fest, ob die gewählte Technik für *Sie* geeignet ist. Wenn nicht, müssen Sie herausfinden, warum. Liegt es daran, daß Sie sich nicht intensiv genug damit beschäftigt haben, oder liegt diese spezielle Technik tatsächlich nicht auf Ihrer Wellenlänge? Wenn letzteres der Fall ist, dann wählen Sie eine andere Methode, die Ihnen angenehmer erscheint. Bei allen im folgenden aufgeführten Gedächtnisaufgaben sollten Sie nach diesem Muster vorgehen.

DIE METHODE DER BILDLICHEN VORSTELLUNG VERHINDERT, DASS SIE DIE ZAHLENKOMBINATION EINES SCHLOSSES VERGESSEN.

Nun folgt eine Auflistung von **Gedächtnissteuerungen**, die man in etwa 100 verschiedenen, tagtäglich auftretenden Situationen erfolgreich einsetzen kann. Ich habe diese Situationen ausgewählt, weil sie sowohl von meinen Studenten am *Hamilton College* in *Clinton,* New York, als auch von den Teilnehmern an meinem Forschungsprojekt am *Center for Aging and Cognitive Research* an der Universität *Manchester,* England, als „wichtig" eingestuft wurden. Die verschiedenen Gedächtnisaufgaben sind in die *vier* Ihnen schon bekannten großen Gruppen unterteilt:

1. Allgemeinwissen
2. Ereignisse
3. Absichten
4. Handlungen

Es finden sich sowohl Vorschläge dazu, wie man sich die Information *einprägen,* als auch, wie man sich später wieder daran *erinnern* kann. Teilweise erhalten Sie außerdem Tips, wie Sie sich auf eine bestimmte Situation *vorbereiten* können.

Allgemeinwissen

Antworten, die man früher wußte

Vorbereitung: Sie sollten schon vorab Ihren Wissensschatz zu jenen Themen durchgehen, die wahrscheinlich angesprochen werden, wenn Sie mit bestimmten Leuten zusammenkommen. Wappnen Sie sich mit Wissen, von dem andere erwarten, daß Sie es parat haben.
Erinnerung: Man geht nach dem Motto „Mir liegt's auf der Zungenspitze" vor: Versuchen Sie sich an die Zahl der Buchstaben des Begriffes, an merkwürdige Buchstabenkombinationen, an die Zahl der Silben im Wort zu erinnern. Machen Sie sich Notizen (eventuell nur im Kopf) zu verwandten Themen, vielleicht löst das die richtige Antwort aus. Oder man denkt an Schlüsselbegriffe oder bittet den Fragenden, seine Frage mit anderen Worten zu wiederholen. Das bringt einen oft auf die Antwort; ja, die neue Formulierung enthält sie mitunter. Manchmal hilft es auch, einfach an etwas anderes zu denken; die Antwort kommt oft ganz von selbst, wenn man ihr Zeit läßt.

Bereiten Sie sich schon im voraus auf mögliche Gesprächsthemen vor.

Namen von Buchautoren

Einprägung: Bringen Sie Ihre Reaktionen auf das Buch während der Lektüre mit dem Namen des Autors in Verbindung. Sie können sich auch vergegenwärtigen, daß der Autor (die Autorin) möglicherweise noch andere

Bücher verfaßt hat. Oder Sie untersuchen den Namen auf ungewöhnliche Charakteristika (wie seltene Buchstabenkombinationen oder ethnisch-geographische Herkunft). Hilfreich ist auch, ein Notizbuch über die Bücher zu führen, die Sie gelesen haben und die Ihnen besonders gefielen oder Ihr Interesse weckten. Oder man spricht mit interessierten Freunden und Bekannten über Literatur.

ERINNERUNG: Versuchen Sie, sich zu erinnern, wann und wo Sie das Buch gelesen haben. Rufen Sie sich ins Gedächtnis, ob Sie mit jemandem darüber diskutiert haben. (Siehe auch „Namen alter Bekannter", Seite 218).

WER DIE RICHTIGE METHODE KENNT, SICH ETWAS EINZUPRÄGEN, HAT DEN SCHLÜSSEL ZUR ERINNERUNG IN DER HAND.

Faktenwissen zu einem unbekannten Thema

VORBEREITUNG: Machen Sie sich möglichst noch vor einem Treffen kundig, welche Themen wahrscheinlich zur Sprache kommen werden. Generell sollten Sie sich über Ereignisse auf dem laufenden halten. Lesen Sie Zeitungen und Zeitschriften, schauen Sie in Nachschlagewerke. Oder Sie bitten einen Freund, Sie in ein Thema, mit dem Sie nicht oder nur wenig vertraut sind, einzuführen.

ERINNERUNG: In einer solchen Situation kann man leicht naiv oder dumm erscheinen. Stürzen Sie sich nicht kopfüber in die Konversation, lassen Sie die Dinge auf sich zukommen, und tragen Sie nur das bei, was Sie wirklich wissen. Sie können auch einfach zugeben, daß Sie zu diesem Thema nichts oder nur wenig zu sagen vermögen. Wenn Sie wirklich nichts wissen oder sich an nichts erinnern können, dann hören Sie nur zu, ohne etwas zu sagen.

Tagesereignisse

EINPRÄGUNG: Wenn Sie die Nachrichten sehen, hören oder lesen, sollten Sie sich etwa ein halbes Dutzend der wirklich wichtigen Ereignisse merken. Testen Sie dann Ihr Erinnerungsvermögen anhand dieser Nachrichten. Regelmäßig Zeitungen oder Magazine zu lesen, macht sich außerdem immer bezahlt. Diskutieren Sie das Tagesgeschehen mit Freunden oder dem Partner, stellen Sie Verbindungen her zwischen aktuellen und früheren Ereignissen.

ERINNERUNG: Erinnern Sie sich an die wichtigsten Geschehnisse. Blättern Sie ein Nachrichtenmagazin durch. Oder fragen Sie andere nach ihren Eindrücken und Meinungen zu bestimmten Tagesereignissen. Deren Antworten könnten bei Ihnen Gedanken und Erinnerungen auslösen.

Daten zurückliegender oder historischer Ereignisse

EINPRÄGUNG: Schreiben Sie sich Daten, an die Sie sich erinnern wollen, in ein Notizbuch. In dieses schauen Sie von Zeit zu Zeit hinein, um die Eintragungen in Ihrem Gedächtnis frisch zu halten. Dies sollten Sie vor allem vor einem Ereignis tun, bei dem die Erinnerung an solche Daten nützlich sein könnte.

ERINNERUNG: Versuchen Sie sich zu entsinnen, wie und wo Sie die Daten lernten. Denken Sie an die eventuellen Assoziationen, die Sie damals hatten.

AUCH UM SICH AN DATEN, ORTE UND HISTORISCHE EREIGNISSE ZU ERINNERN, GIBT ES TRICKS.

Geographische Gebiete

EINPRÄGUNG: Stellen Sie sich im Geist den Umriß des geographischen Gebietes vor. Vergleichen Sie die Form mit einem vertrauten Gegenstand (Italien zum Beispiel sieht aus wie ein Stiefel). Hilfreich ist auch, sich die Form mit

Worten zu beschreiben. Etwa so: „Italien sieht aus wie ein Stiefel mit einem hohen Absatz. Etwas oberhalb des Absatzes steht ein kleiner Sporn hervor, oben hat der Stiefel eine nach rechts und links ausladende Stulpe. Vor der Stiefelspitze befindet sich ein fast dreieckiger Gegenstand, nach dem der Stiefel zu treten scheint, und etwa vor der Mitte des Stiefelschafts liegt ein rechteckiger Gegenstand." Machen Sie eine Skizze von dem Gebiet, und schauen Sie dann nach, wie gut Sie die Form getroffen haben. Darüber hinaus sollten Sie Ihre Erinnerung durch einen gelegentlichen Blick in den Atlas auffrischen. Es kann außerordentlich kurzweilig sein, das entsprechende Gebiet mit dem Finger auf der Landkarte zu „bereisen".

ERINNERUNG: Rufen Sie sich ins Gedächtnis, wie Sie sich die geographische Lage und Form eingeprägt haben. Blättern Sie in einem Atlas, wenn es die Situation erlaubt.

Grammatische (stilistische) Regeln

EINPRÄGUNG: Versuchen Sie nicht, Grammatikregeln einfach auswendig zu lernen; viel besser ist es, die Logik, die sich dahinter verbirgt, zu erkennen und sich diese dann einzuprägen. Testen Sie Ihre grammatikalischen Kenntnisse: Es gibt Bücher, die nicht nur die Regeln erklären, sondern auch Tests (mit Lösungen) enthalten, anhand derer man seinen Kenntnisstand überprüfen kann. Wenn Sie feststellen, daß Sie das Gelernte wieder vergessen haben, sollten Sie sich erneut testen und sich die Regel und ihren Sinn in Erinnerung rufen.

ERINNERUNG: Entsinnen Sie sich des Lernprozesses, als Sie diesem grammatikalischen Problem zum ersten Mal begegneten. Oft hilft es auch, über die Logik der Regel nachzudenken. Ziehen Sie eine gute Grammatik zu Rate, oder fragen Sie jemanden, der etwas von Grammatik und/oder Stil versteht (zum Beispiel einen Deutschlehrer).

EINE KORREKTE GRAMMATIK UND EIN GUTER SPRACHSTIL SIND KEINE FRAGE DES GEDÄCHTNISSES, SONDERN DER LOGIK.

Historische Fakten

EINPRÄGUNG: Legen Sie das Faktum dar, benennen Sie es, drücken Sie es dann mit anderen Worten aus, und denken Sie über das Ereignis nach: Wie kam es dazu, was ergab sich daraus? Es hilft auch, sich das Geschehen bildlich vorzustellen. Oder Sie schaffen gedankliche Verbindungen zwischen diesem und anderen historischen oder aktuellen Ereignissen. Tragen Sie wichtige historische Geschehnisse in Ihr Notizbuch ein, und überfliegen Sie das Notierte von Zeit zu Zeit. Darüber hinaus sollten Sie Bücher über den historischen Zeitabschnitt, der Sie interessiert, lesen; unterstreichen Sie sich bestimmte Passagen oder Schlüsselbegriffe, oder schreiben Sie sie heraus. Vielleicht suchen Sie sich auch jemanden mit ähnlichen historischen Interessen und diskutieren mit ihm (oder ihr). Eine weitere Methode: Karteikarten anlegen.

ERINNERUNG: Rekonstruieren Sie in Ihrer Vorstellung den historischen Zeitabschnitt. Hilfreich ist auch der Versuch, verwandte Bilder aufsteigen zu lassen. Schauen Sie in Ihr Notizbuch. Und auch das nützt oft: Führen Sie Unterhaltungen über historische Themen.

Informationen, die Sie gelesen haben

EINPRÄGUNG: Analysieren Sie den Zweck, den der Autor verfolgt: Stellt er eine Tatsache dar, oder gibt er eine Meinung oder Stellungnahme dazu ab, analysiert er ein bestehendes Problem, oder trägt er eine neue Idee vor? Notieren Sie sich die wichtigsten Punkte in Form eines kurzen Abrisses. Es hilft auch, in Gedanken jeden Absatz oder Abschnitt kurz mit eigenen Worten zusammenzufassen. Generell sollte man sich Notizen machen. Die Notizen schauen Sie dann gelegentlich durch. Lesen Sie stets an einem ruhigen Ort, wo Sie ungestört sind. Wenn Sie den Text erneut lesen, dann versuchen Sie vorauszusagen, was der Autor im nächsten Abschnitt sagen wird.

ERINNERUNG: Erinnern Sie sich an den Ort, an dem Sie die Information gelesen haben. Rekonstruieren Sie den Inhalt im Kopf. Sie können aber auch in Ihren Notizen nachschauen. Über die überraschenden oder ungewöhnlichen Fakten nachzudenken, die Sie bei der Lektüre gelernt haben, bringt manchmal auch weiter.

ANALYSIEREN SIE DIE AUTOREN GENAUSO GRÜNDLICH WIE IHRE BÜCHER, DANN VERGESSEN SIE NICHT SO LEICHT, WER WAS GESCHRIEBEN HAT.

Witze und Anekdoten

EINPRÄGUNG: Greifen Sie die Schlüsselwörter heraus, und verbinden Sie sie in der richtigen Reihenfolge. Man kann sich auch die Figuren und die Situation bildlich vorstellen. Oder tragen Sie Ihre Lieblingswitze in ein Notizbuch ein. Ein weiterer Tip: Kaufen Sie einige Witzbücher. Später dann schauen Sie Ihre Notizen und/oder die Bücher durch, ehe Sie sich in eine Situation begeben, in der wahrscheinlich Witze erzählt werden.
ERINNERUNG: Fangen Sie niemals an, einen Witz zu erzählen, dessen Pointe Sie sich nicht mehr ganz sicher sind. Zunächst sollten Sie den Witz in Gedanken bis zum Schluß durchgehen, ehe Sie mit dem Erzählen beginnen. Wenn Sie eine Erinnerungsauffrischung brauchen, schlagen Sie heimlich in Ihren Notizen nach.

Fremdsprachen

EINPRÄGUNG: Bleiben Sie in Übung: Wiederholen Sie Vokabeln; schauen Sie sich die grammatischen Regeln an. Es hilft auch, nach Verbindungen zwischen deutschen und fremdsprachlichen Wörtern (beispielsweise gleiche Wurzel) zu suchen. Sprechen Sie mit sich selbst (laut oder leise) in der Fremdsprache. Natürlich sollten Sie das, was sie gelernt haben, so oft wie möglich anwenden. Besonders nützlich ist es, sich Bänder oder Kassetten mit gesprochenen und/oder gesungenen Texten anzuhören, sich fremdsprachige Fernsehprogramme oder Filme (ohne auf die deutschen Untertitel zu schauen!) anzusehen und Bücher oder Zeitschriften in der Fremdsprache zu lesen. Suchen Sie außerdem den Kontakt zu Menschen, die die Sprache fließend sprechen, damit Sie dort Ihre Kenntnisse anwenden können. Das Land, in dem die Sprache gesprochen wird, zu besuchen, ist natürlich die angenehmste Lernmethode.

Erinnerung: Denken Sie an deutsche Wörter und Begriffe, die dieselbe sprachliche Wurzel haben wie der Begriff in der Fremdsprache oder die ähnlich klingen, ohne sprachlich verwandt zu sein. Manchmal hilft es auch, sich an die Unterrichtssituation, an den Lehrer (die Lehrerin), das Lehrbuch, die Kassette zu erinnern. Zur Not schlagen Sie in einem zweisprachigen Wörterbuch und/oder in der Grammatik nach.

Ausserhalb des Klassenzimmers lernt man eine Fremdsprache wirkungsvoller.

Fremdsprachliche Sätze für Touristen

Einprägung: Legen Sie ein paar kleine Karteikarten an mit dem Satz in der Muttersprache auf der einen, in der Fremdsprache auf der anderen Seite (wenn nötig, machen Sie Akzentzeichen für die Aussprache; oder Sie schreiben gleich in Lautschrift). Dabei sollten Sie sich an einzelne, sehr wichtige Wörter oder einfache, kurze Redewendungen halten wie „Vielen Dank", „Bitte sehr", „Guten Tag", „Auf Wiedersehen", „Wo ist...?". Versuchen Sie nicht, sich mehr als sechs Phrasen oder Wörter auf einmal einzuprägen (wenn Sie sich zuviel vornehmen, behalten Sie gar nichts und stecken resigniert auf). Sehr sinnvoll ist es auch, einen Native speaker zu bitten, Ihre Aussprache – falls nötig – zu korrigieren. Weiterhin unterstützt es den Lernprozeß, sehr genau hinzuhören, wenn Einheimische sprechen. Bauen Sie sich Eselsbrücken: Stellen Sie sich ein Objekt vor, an das das fremde Wort Sie erinnert: *Camera* ist Italienisch und heißt „Zimmer"; malen Sie sich einen Fotoapparat (eine Kamera) aus, um sich das Wort einzuprägen. Oder denken Sie an ähnlich lautende Wörter der eigenen Sprache. Beispielsweise kann man für „Vielen Dank" italienisch *tante grazie* sagen; denken Sie dabei an eine „Tante", die „Grazie" besitzt.
Erinnerung: Versuchen Sie sich an die Länge des Wortes und an den ersten Buchstaben zu erinnern. Wenn das nichts hilft, entsinnen Sie sich einer Situation, in der Sie das Wort gehört oder selbst erfolgreich eingesetzt haben. Oder Sie denken an Ihre Eselsbrücken.

Inhalte von Vorlesungen und Geschäftssitzungen

EINPRÄGUNG: Versuchen Sie vorauszuahnen, was der Sprecher im nächsten Moment sagen wird. Aussagen, die wichtige Punkte zusammenfassen oder besonders hervorheben, sollten Sie besondere Aufmerksamkeit schenken. Notieren Sie Stichpunkte, damit Sie sich später gut erinnern können, aber machen Sie nicht zu viele Notizen; vermeiden Sie es mitzuschreiben. Sie sind dann nämlich so sehr mit Schreiben beschäftigt, daß Sie auf den Inhalt dessen, was vorgetragen wird, nicht mehr achten können. Schauen Sie sich Ihre Notizen in regelmäßigen Abständen wieder an.

ERINNERUNG: Versuchen Sie, sich an die zusammenfassenden Aussagen und die wichtigsten Punkte zu erinnern. Diese benutzen Sie dann als Ausgangspunkt, um sich der weniger wichtigen Sachverhalte zu entsinnen. Oft hilft es später auch, sich die Situation (den Hörsaal, den Sitzungssaal) vorzustellen, in der man die Vorlesung, den Vortrag hörte.

MACHEN SIE AUS EINER LANGWEILIGEN VORLESUNG EIN SPANNENDES SPIEL, DAS ERHÖHT IHRE AUFMERKSAMKEIT.

Liedtexte

EINPRÄGUNG: Versuchen Sie, die Aussage des Textes zu erfassen, nicht nur die einzelnen Wörter. Weiterhin sollten Sie auf Reimwörter und auf die Phrasen achten, die zu ihnen hinführen. Lernen Sie die Verszeilen eine nach der anderen. Vielleicht singen Sie den Text, hören Sie auf dessen Rhythmus und darauf, wie er mit dem der Melodie zusammenpaßt. Schauen Sie auf das Notenblatt. Es hilft auch, sich immer wieder Platten mit dem Lied anzuhören.

ERINNERUNG: Entsinnen Sie sich der Aussage des Liedes. Oft kommt man weiter, wenn man sich überlegt, welche Reimwörter vorkamen oder welche Töne die Basis der Reimwörter bildeten. Kennt man erst einmal diese Töne, gelingt es oft, die Wörter zu rekonstruieren. (Siehe auch „Gedichte“, Seite 196/197).

Systeme zur Lösung von Rechenaufgaben

EINPRÄGUNG: Rechnen Sie viele ähnliche Aufgaben durch. Lösen Sie sie (soweit möglich) vorwärts und rückwärts. Die Formeln können Sie auf Karteikarten schreiben. Erzählen Sie jemand anders, wie man das Problem löst. Ein weiterer Tip: Ersetzen Sie die Zahlen durch Beispiele aus dem realen Leben. Ansonsten: üben, üben, üben!

ERINNERUNG: Denken Sie an andere Rechenaufgaben, die Sie gelöst haben, die dem aktuellen Rechenproblem ähnlich sind. Es hilft auch, sich Aufgaben genau anzuschauen, die man mit Hilfe eines bestimmten Systems lösen konnte, um sich klarzumachen, wie einfach die Lösung des jetzigen Rechenproblems ist.

SELBST WENN SIE KEIN GUTER KOPFRECHNER SIND, LÄSST SICH RECHNEN LEICHTER LERNEN, ALS MANCH EINER DENKT.

Melodien

EINPRÄGUNG: Zerlegen Sie das Lied, das Ihnen vorliegt, in sinnvolle Melodieabschnitte (Phrasen), die Sie dann nach und nach einzeln singen, summen, pfeifen oder spielen. Dabei versuchen Sie nach jedem Abschnitt, ihn auswendig zu wiederholen (entweder stimmlich oder auf einem Instrument). Reihen Sie nun mehrere Teile aneinander, und rekapitulieren Sie sie auswendig. So verfahren Sie weiter, bis Sie die gesamte Melodie beherrschen. Versuchen Sie, ähnlich klingende, stets wiederkehrende Tonfolgen zu behalten. Oft hilft es auch, sich die Noten des Notenblattes bildlich einzuprägen und sie dann mit dem Text in Verbindung zu bringen. Wenn es keinen Text gibt, denken Sie sich selbst einen aus. Analysieren Sie die Besonderheiten der Notenschrift. Dies alles müssen Sie immer wieder aufs neue üben.

ERINNERUNG: Entsinnen Sie sich der Struktur des Musikstückes oder Liedes, vor allem der wiederkehrenden, deutlich hervorstechenden Phrasen. Man kann auch versuchen, die Melodie in Gedanken mit dem Komponisten zu verknüpfen und dann an andere, ähnlich klingende Melodien desselben Urhebers zu denken. Wiederholen Sie die Phrase, die Ihnen im Gedächtnis ist, fügen Sie weitere hinzu, sowie sie Ihnen einfallen.

Telefonnummern und andere Zahlen

EINPRÄGUNG: Prüfen Sie, ob die Zahl irgendwelche mathematischen Eigenschaften oder Verbindungen aufweist (816 zum Beispiel ist aufteilbar in 8 plus 2 x 8 = 16; aus 826 wird 8 = 2 plus 6). „Übersetzen" Sie die Zahl in Geldbeträge (8 Mark 16 Pfennige), in Gewichte (8 Kilo 16 Gramm) oder historische Daten (816 – Ludwig der Fromme regiert das Frankenreich). Sie können auch die Zahlen anhand der Tabelle von Seite 137 durch Buchstaben ersetzen (8 = f; 1 = t: 6 = g); vielleicht läßt sich dann – eventuell mit Hilfe von zusätzlich hinzugenommenen Vokalen – ein vernünftiges Wort oder eine lustige Neuprägung daraus machen. Oder Sie merken sich die Buchstabenfolge ftg. Eine Telefonnummer schreiben Sie in ein privates Telefonbüchlein, oder Sie nehmen sie in die Liste der Kurzwahlen auf.
ERINNERUNG: Versuchen Sie sich zu entsinnen, wie Sie die Nummer gelernt haben (mathematische Verknüpfungen oder Buchstabenkombination?). Oft hilft es auch, den Rhythmus der Zahlen zu dem Zeitpunkt, als man sie zum ersten Mal hörte oder aussprach, zu rekapitulieren (waren es Einzelzahlen oder Zweier- und/oder Dreierkombinationen – 8,1,6; 8,16; 816?). Schauen Sie in Ihrem Notiz- oder Telefonbuch nach.

Sich reimende Gedichte

EINPRÄGUNG: Lernen Sie Gedichte Zeile für Zeile. Picken Sie in jeder Schlüsselwörter heraus. Sie sollten aufmerksam auf den Rhythmus und das Metrum achten und die Verszeilen mit Betonung aussprechen. Bestimmen Sie den Versfuß (= Metrum, d. h. nach Klangmerkmalen – Quantität oder Akzent – geordnete Silbenabfolge). Dann sprechen Sie den Text entsprechend den entdeckten Merkmalen (lange/kurze, betonte/unbetonte Silbe). Wichtig ist auch, sich das Reimschema (abab oder aabb beispielsweise) einzuprägen. Sagen Sie das Gedicht in verschiedener Weise auf: Leiern Sie es runter, sprechen Sie es im Singsang, dann mit voller Betonung. Oft hilft es, wenn man die Betonung, den Rhythmus der einzelnen Zeilen vergleicht.

Oder Sie sprechen einem anderen das Gedicht vor, diskutieren über Sinn, Inhalt und Aussage des Poems.

ERINNERUNG: Rufen Sie sich das Thema des Gedichtes ins Gedächtnis. Versuchen Sie, sich der Reimwörter zu entsinnen. Darüber hinaus sollten Sie sich die Struktur und den Aufbau des Gedichtes vergegenwärtigen: das Reimschema, den Rhythmus, das Metrum der Zeilen.

Prosa und reimlose Gedichte

EINPRÄGUNG: Wenn Sie nur die Quintessenz einer Textpassage lernen müssen, dann gibt es dafür acht hilfreiche Schritte:

1. Fassen Sie die einzelnen Absätze in nicht mehr als jeweils sechs Schlüsselbegriffen zusammen.
2. Zeichnen Sie eine Art Diagramm, einen schematischen Abriß des Abschnitts und der darin enthaltenen Ideen.
3. Verknüpfen Sie die Signalmarken – wie Überschrift (Titel), Zwischenüberschriften, Anfänge der Absätze, Illustrationen und Zusammenfassungen – mit dem Gesamtinhalt.
4. Analysieren Sie die Beziehungen zwischen den wichtigsten Schlüsselbegriffen; suchen Sie Synonyme für die Schlüsselwörter, und verbinden Sie sie mit Hilfe einer Gedächtnissteuerung.
5. Lesen Sie den Text laut, betonen Sie wichtige Punkte.
6. Stellen Sie sich das Geschriebene bildlich vor.
7. Geben Sie den Inhalt – vereinfacht – mit eigenen Worten wieder.
8. Schreiben Sie eine Zusammenfassung.

Als Ergänzung hierzu ist das folgende Ablaufschema hilfreich: erst durchlesen, dann Fragen stellen, erneut gründlich lesen, darauf rezitieren und zuletzt wieder lesen. Untersuchungen haben allerdings ergeben, daß diese Technik am wirkungsvollsten zu sein scheint, wenn man die Inhalte wissenschaftlicher Texte begreifen und memorieren will. Muß man hingegen einen Text tatsächlich wortwörtlich auswendig lernen, bieten sich eher die Methoden an, die schon für Gedichte vorgeschlagen wurden.

ERINNERUNG: Entsinnen Sie sich des Lernvorgangs, der Paraphrasierungen (= der Formulierungen mit eigenen Worten), der Analysen, sowie der Bilder, die Sie beim Lernen einsetzten. Oder man faßt das, was man noch vom Inhalt weiß, in wenigen, sehr einfachen Worten zusammen: *Jüngling liebt Mädchen; Mädchen liebt anderen; anderer liebt wieder andere und heiratet sie; Mädchen, weil verärgert, heiratet erstbesten, den sie trifft; Jüngling ist arm dran.* Dieses Gerüst schmücken Sie dann mit so vielen Details aus, wie Ihnen nach und nach wieder einfallen.

Lernen Sie das Acht-Punkte-Programm zur Memorierung von Texten.

Spiel- und Sportregeln

Einprägung: Kaufen Sie sich Bücher mit den Sie interessierenden Spielanleitungen und Sportregeln. Die Regeln sollten Sie durchgehen, bevor Sie zu spielen anfangen. Rekapitulieren Sie dann vorab oder nach dem ersten Spiel die Schritte und Strategien, die zum Sieg führen, und diejenigen, die Niederlagen begünstigen. Wenn Sie über eine Entscheidung des Spielleiters oder Schiedsrichters überrascht sind, gehen Sie in Gedanken durch, was gerade passiert ist und warum. Dies sollten Sie notieren, um dann später in den Regeln nachschauen zu können.

Erinnerung: Rufen Sie sich den logischen Ablauf des Spieles ins Gedächtnis, und rekonstruieren Sie so die Regeln. Ziehen Sie Ihre Notizen oder ein Regelbuch zu Rate. Die sicherste Methode aber lautet: Spielen Sie das Spiel so oft wie möglich.

Text eines Theaterstücks

Einprägung: Machen Sie sich ein Bild vom Charakter der darzustellenden Person, und analysieren Sie deren Verhältnis zu den anderen Personen des Stücks. Danach ist es wichtig, sich selbst in der Rolle vorzustellen: Identifizieren Sie sich mit dem Charakter, schlüpfen Sie quasi in die Person hinein. Es hilft auch, sich die Schlüsselwörter, die wichtigsten Sätze und die Gesten, die mit ihnen verknüpft sind, zu merken. Diskutieren Sie mit anderen, wie ein guter/schlechter Schauspieler die Rolle anlegen würde.

Erinnerung: Entsinnen Sie sich der inneren Einstellung des darzustellenden Charakters. Oder Sie denken an Menschen aus Ihrem Bekanntenkreis, die den Personen des Stücks ähneln: Stellen Sie sich vor, diese sprächen den entsprechenden Text. Darüber hinaus sollten Sie sich die Schlüsselwörter, die wichtigsten Sätze ins Gedächtnis rufen. (Wenn Sie nur den Inhalt memorieren müssen, gehen Sie vor wie bei Prosatexten und Reden, ist der Text hingegen Wort für Wort auswendig zu lernen, dann halten Sie sich an die Tips, die für Gedichte gegeben wurden.)

Selbstgehaltene Vorträge und Reden

Einprägung: Achten Sie auf die Schlüsselbegriffe in der Rede; merken Sie sich diese in der richtigen Reihenfolge mit Hilfe einer Methode der Gedächtnissteuerung. Generell sollten Sie die Substanz der Rede mehrmals und gründlich durchgehen. Natürlich müssen Sie den Vortrag üben, so oft es die Zeit erlaubt. Stellen Sie Überlegungen an, welche Punkte beim Publikum am besten ankommen, welche eine überraschende Wirkung haben könnten, welche das Publikum beeindrucken werden, und konzentrieren Sie sich auf die Vorstellungen, die Sie damit verknüpfen. Danach ist es gut, sich vorzustellen, wie die Gesichter der Zuhörer aussehen werden, wenn man die entsprechenden Punkte vorträgt.
Erinnerung: Rufen Sie sich kurz vor Ihrem Auftritt die Schlüsselbegriffe und die wichtigsten Ideen wieder ins Gedächtnis. Überlegen Sie dabei, wie sie miteinander verknüpft sind. Die Botschaft, die Sie rüberbringen wollen, sollten Sie stets im Kopf haben. Stellen Sie sich darüber hinaus vor, daß Sie die Zuhörer nach Ihrer Rede zu einer Diskussion treffen: Welche Passagen der Rede werden sie wohl mit Ihnen diskutieren wollen?

Menschen, die öffentlich frei sprechen können, haben kein überragend gutes Gedächtnis, sondern sie kennen lediglich das Geheimnis, wie man Reden memoriert.

Rechtschreibung

EINPRÄGUNG: Hören Sie auf den Klang des Wortes: Ist ein Vokal lang oder kurz, ein Konsonant hart oder weich? Ein längeres Wort kann man in Silben einteilen. Achten Sie stets darauf, wenn die Schreibweise von dem, was man erwarten würde, abweicht. Es hilft auch, das Wort mehrmals hintereinander richtig aufzuschreiben. Prägen Sie sich anschließend das Schriftbild genau ein. Generell sollten Sie auf Ihre besonderen Schwachstellen – Groß- oder Kleinschreibung, Zusammen- oder Getrenntschreibung, ss oder ß – achten. Lernen Sie Rechtschreibregeln für einzelne Wörter („Wer nämlich mit h schreibt, ist dämlich") oder generelle Regeln („Einen Bindestrich setzt man in unübersichtlichen Zusammensetzungen aus mehr als drei Gliedern"). Bei jeder Unsicherheit empfiehlt es sich, in einem Wörterbuch nachzuschlagen. Eine gute Übung ist, mit anderen Rechtschreibspiele zu spielen.

ERINNERUNG: Rufen Sie sich die zutreffenden Rechtschreibregeln ins Gedächtnis. Sagen Sie sich das Wort vor, hören Sie auf den Klang. Oft hilft es auch, das Wort aufzuschreiben und zu schauen, ob es „richtig" aussieht. Denken Sie an ein ähnlich klingendes Wort, von dem Sie wissen, wie man es schreibt. Oder Sie schlagen im Duden nach oder benutzen die integrierte Rechtschreibhilfe des Computers.

Alltagswissen (Allgemeinbildung)

EINPRÄGUNG: Stellen Sie sich Situationen vor, in denen Sie nach alltäglichen Dingen gefragt werden könnten. Testen Sie, ob Sie in der Lage sind, Fragen nach simplen Fakten zu beantworten. Eine gute Methode ist auch, sich Quizsendungen im Fernsehen anzuschauen und mitzuraten. Interessante Alltagsinformationen sollten Sie in einem Notizbuch oder im Computer katalogisieren. Tauschen Sie mit Freunden Alltagswissen aus, fragen Sie sich gegenseitig ab, machen Sie Ratespiele. Der Buchhandel hält Bücher bereit, in denen man Daten und Fakten aller Art zu den unterschiedlichsten Trivialthemen finden kann. Wenn Sie ernsthaft daran interessiert sind, soviel Faktenwissen wie möglich aufzunehmen, dann bleiben wahrscheinlich auch viele Dinge, die Sie sehen und hören, haften, ohne daß Sie sich besondere Mühe geben müßten.

ERINNERUNG: Versuchen Sie, sich zu entsinnen, wo Sie oder durch wen Sie von dem im Augenblick gesuchten Faktum zum ersten Mal gehört haben: vielleicht im Fernsehen, in einer Rateshow? Gehen Sie nach der Mir-liegt's-auf-der-Zunge-Methode vor. Wie lang ist das gesuchte Wort? Wie viele Silben hat es? Mit welchem Buchstaben fängt es an? Wenn Sie ein Ratespiel spielen oder anschauen: Achten Sie auf die Reaktionen der anderen. Die Gesichter derer, die die Antwort kennen (oder nicht kennen), könnten Ihnen nämlich auf die Sprünge helfen: Sagen Sie beispielsweise die erste Silbe des Wortes, das Sie für die richtige Antwort halten, und beobachten Sie die Reaktion derer, die wahrscheinlich korrekt antworten können.

DIE MIR-LIEGT'S-AUF-DER-ZUNGE-METHODE KANN IHNEN HELFEN, SICH AN DIE TRIVIALSTEN DINGE ZU ERINNERN.

Wortschatz

EINPRÄGUNG: Wenn Sie ein Ihnen bisher fremdes Wort hören, dann versuchen Sie zu analysieren, woher es kommen könnte und wie es sich zusammensetzt. Finden Sie heraus, was es bedeutet. Ihnen fremde Begriffe sowie Fremdwörter schlagen Sie in Wörterbüchern oder Lexika nach; suchen Sie nach sinn- und sachverwandten Wörtern (Synonymen). Legen Sie sich einen speziellen Karteikasten für neue Begriffe an; testen Sie von Zeit zu Zeit, ob Sie die Begriffe noch kennen und deren Bedeutung noch wissen. Lösen Sie Zeitschriftenrätsel, für die man einen großen Wortschatz braucht; lesen Sie viel; spielen Sie Wortspiele wie Scrabble; blättern Sie einfach so zum Spaß in einem Synonymlexikon herum. Ein gutes Wörterbuch und ein Fremdwörterlexikon sollten Sie sowieso immer griffbereit haben.
ERINNERUNG: Denken Sie an die Länge des Wortes, an den ersten Buchstaben, an verwandte Begriffe oder an Synonyme. Schlagen Sie unter dem vermuteten Anfangsbuchstaben im Wörterbuch nach. Oder Sie ermitteln das gesuchte Wort, indem Sie in einem Synonymwörterbuch unter einem Begriff gleicher oder nah verwandter Bedeutung nachschauen.

Liedermacher und Sänger

EINPRÄGUNG: Wenn Sie ein Lied zum ersten Mal hören, achten Sie bewußt auf die Gefühle, die das Lied bei Ihnen hervorruft. Generell sollten Sie die Texte auf der Plattenhülle oder im CD-Booklet lesen. Beachten Sie, inwieweit das neue Lied alten Songs ähnelt, die Sie schon kennen. Hilfreich ist auch, sich ein Notizbuch anzulegen, in dem man sich Titel, Interpret(en), Komponist und Texter jedes Songs aufschreibt. Schließen Sie Freundschaft mit Leuten, die sich ebenfalls für eine bestimmte Form der Musik interessieren, tauschen Sie mit ihnen Ihre Kenntnisse aus. Sie können auch Bänder oder Sampler-CDs abspielen und so Ihren eigenen Kenntnisstand testen. Oder Sie lassen von anderen Musik auflegen und schauen dann, ob Sie die Stücke wiedererkennen. Wenn irgendwo Musik läuft, versuchen Sie herauszufinden, was es ist, wer spielt, wer singt, von wem das Lied oder der Schlager stammt.

ERINNERUNG: Wenn Sie glauben, ein Lied oder einen Song zu kennen, dann versuchen Sie, sich zu erinnern, wann oder wo Sie die Melodie zum ersten Mal gehört haben. Probieren Sie, sich andere Möglichkeiten der Interpretation vorzustellen: nur instrumental, in langsamerem oder schnellerem Rhythmus, mit anderen Stimmen; vielleicht hilft Ihnen das, sich zu erinnern, wo und von wem vorgetragen Sie das Lied zum ersten Mal gehört haben.

ÜBERRASCHEN SIE IHRE FREUNDE, INDEM SIE NICHT NUR DIE INTERPRETEN, SONDERN AUCH DIE KOMPONISTEN UND TEXTER IHRER LIEBLINGSSONGS NENNEN KÖNNEN.

Ereignisse

Persönliche Routineaufgaben

EINPRÄGUNG: Tun Sie alles, was Sie täglich verrichten, bewußt und mit Überlegung: Wenn Sie Ihren Mantel aufhängen, machen Sie sich klar, was Sie da gerade tun, ebenso, wenn Sie ein Hemd bügeln oder sich die Zähne putzen. Sind Sie allein, dann können Sie sogar laut zu sich selbst sagen, womit Sie sich gerade beschäftigen. Beenden Sie den Vorgang jeweils mit einer speziellen Routinehandlung: Morgens zum Beispiel stellen Sie die Zahnbürste so in den Becher, daß die Borsten nach links zeigen, abends weisen sie dann nach rechts.

ERINNERUNG: Denken Sie über mögliche Konsequenzen des Handelns oder des Nichthandelns nach. Halten Sie Ausschau nach physischen oder physikalischen Beweisen dafür, daß die Handlung stattgefunden hat. Um sich zu vergewissern, daß Sie sich die Zähne geputzt haben, können Sie die Borsten der Zahnbürste befühlen. Sind sie feucht, wurde die Bürste offensichtlich benutzt.

Geburtstage

EINPRÄGUNG: Wenn Sie den Geburtstag eines neuen Bekannten erfahren, überlegen Sie, ob er mit dem eines anderen Menschen, den sie kennen, zusammenfällt. Sie können sich auch merken, daß die beiden Geburtstage kurz aufeinander folgen. Suchen Sie nach einer Verbindung zwischen der Person und dem Datum, wobei sich dafür vor allem der Monatsname eignet („Der stürmische Oktober entspricht Jans Charakter"). Lenken Sie die Unterhaltung auf Geburtstage, Horoskope und Tierkreiszeichen, und machen Sie sich „Gedankennotizen". Die einfachste Variante ist natürlich, sich die Geburtstage seiner Verwandten und Freunde in einen Kalender, ein Tagebuch oder sein Adreß- und Telefonverzeichnis zu schreiben.

ERINNERUNG: Versuchen Sie, sich zu entsinnen, wann diese Person ihren letzten Geburtstag feierte. Blättern Sie einen Kalender durch, und probieren Sie so, die Jahreszeit, besser noch: den Monat herauszufinden. Manchmal hilft es auch, die Person nach ihrem Sternzeichen zu fragen.

Bereits ausgespielte Karten

Einprägung: Behalten Sie die ausgespielten Karten immer im Blick. Sagen Sie laut, oder (falls Ihre Mitspieler sich beschweren) murmeln Sie leise vor sich hin, welche Karten von den anderen und von Ihnen selbst abgelegt werden. Bei einem Spiel mit Freunden ist es auch erlaubt zu fragen: „Hast du eben die Herzdame gespielt?“ Generell sollten Sie langsam und mit Bedacht spielen, damit Sie sich die Karten besser merken können. Versuchen Sie auch, aus den bereits abgelegten Karten zu schließen, welche noch im Spiel sind. Wenn es Sie überfordert, den kompletten Ablauf im Kopf zu behalten, dann beschränken Sie sich auf die für das Spiel ausschlaggebenden Karten. Benutzen Sie zum Einprägen eine Art mentaler Kurzschrift: wie etwa HAS für Herzas, KREBU für Kreuzbube. Sofern es von den Mitspielern erlaubt wird, sollten Sie Wichtiges mitnotieren.
Erinnerung: Rekonstruieren Sie anhand des logischen Verlaufs des Spiels, welche Karten bereits ausgespielt wurden. Überschlagen Sie Ihre Chancen, indem Sie die Karten, die auf dem Tisch liegen, genau im Auge behalten.

Was sagte ich gerade ...?

Einprägung: Damit Sie sich bei einem Gespräch, das unerwartet unterbrochen wird, erinnern, was Sie zuletzt sagten, sollten Sie nach Möglichkeit bereits *vor* jedem Gespräch festlegen, worüber gesprochen werden wird. Dieses Verfahren dient der besseren Einprägung. Bewerten Sie zwischendurch die Unterhaltung: Ist sie interessant, trivial, aufrührerisch, obszön? Fassen Sie das bisher geführte Gespräch im stillen zusammen. Schließen Sie Unterbrechungen – sofern möglich – von vornherein aus. Generell sollten Sie stets auf die Unterhaltung konzentriert bleiben und nicht vermeidbare Unterbrechungen als nebensächlich betrachten.
Erinnerung: Manchmal fällt einem der letzte Satz wieder ein, wenn man einfach eine kleine Pause einlegt. Funktioniert das nicht, dann rekonstruieren Sie die Unterhaltung soweit wie möglich und raten Sie, was wahrscheinlich zuletzt gesagt wurde. Sagen Sie etwas, das den anderen veranlaßt, den Faden der Unterhaltung wieder aufzunehmen. „Was sagten Sie gerade?“ bringt den Gesprächspartner meist dazu, die Unterhaltung bis zum Punkt der Unterbrechung noch einmal zusammenzufassen.

Einzelheiten aus früheren Unterhaltungen

EINPRÄGUNG: Denken Sie über jede Unterhaltung nach, sobald sie beendet ist. War der Gesprächsstoff wichtig genug, daß er auch andere interessieren könnte? Ist der Ort, an dem die Unterhaltung stattfand, der Erinnerung wert? Wer nahm an dem Gespräch teil?

ERINNERUNG: Versuchen Sie, sich an die gesamte Situation zu erinnern: an den Ort, die Teilnehmer, die Standpunkte, die vertreten wurden. Rufen Sie sich die vorgetragenen Argumente und Gegenargumente ins Gedächtnis. Sofern Sie sich Notizen gemacht haben, lesen Sie nach.

REKONSTRUIEREN SIE WICHTIGE UNTERHALTUNGEN HINTERHER SO GENAU WIE MÖGLICH.

Daten zukünftiger Ereignisse

EINPRÄGUNG: Tragen Sie das Datum zukünftiger Termine und Ereignisse in einen Kalender oder in Ihr Notizbuch ein. Jeden Morgen schauen Sie nach, welche wichtigen Ereignisse in den nächsten Tagen anstehen. Oder stellen Sie sich bildlich einen Kalender vor, in dem Schlüsseldaten eingetragen sind. Verknüpfen Sie das Datum mit dem bevorstehenden Ereignis. Dieses Ereignis verbinden Sie dann mit einem weiteren, das am selben Tag stattfindet, oder mit einem historischen Ereignis, das sich an diesem Tag zugetragen hat. Ein Geburtstag am 24. Dezember beispielsweise ist einfach zu behalten, denn er fällt auf Weihnachten.

ERINNERUNG: Denken Sie an bevorstehende Feiertage oder historische Gedenktage, und überlegen Sie, ob sie mit irgendwelchen persönlichen Daten zusammenfallen. Manchmal hilft es auch, sich seinen Kalender oder sein Notizbuch vorzustellen.

Mündliche Anweisungen, wie etwas zu erledigen ist

EINPRÄGUNG: Gehen Sie zunächst sicher, daß Sie die Anweisungen von Anfang an richtig verstanden haben. Selbst wenn Ihnen alles klar zu sein

scheint, sollten Sie den „Auftraggeber“ bitten, seine Ausführungen zu wiederholen. Diese Repetition gibt Ihnen die Möglichkeit, das Gehörte zu vertiefen. Wenn eine weitere Person anwesend war, fragen Sie diese später, ob sie die Erläuterungen verstanden hat. Die Unterhaltung darüber bietet noch einmal die Chance, sich die einzelnen Schritte der Anweisung einzuprägen. Diese Person stellt darüber hinaus eine weitere Informationsquelle dar, sollten Sie selbst den einen oder anderen Schritt oder die komplette Instruktion vergessen haben. Denken Sie in jedem Fall über die Anweisungen nach, machen Sie sich Notizen.
Erinnerung: Versetzen Sie sich in Gedanken in die Situation zurück, als Sie die Instruktionen erhielten: Welches war der erste Schritt? Fällt er Ihnen wieder ein, dann rekonstruieren Sie nach und nach den Gesamtauftrag. Natürlich können Sie auch jemanden um Rat fragen, der ebenfalls anwesend war, als die Anweisungen gegeben wurden. Oder Sie bitten jemanden um Hilfe, der sich mit der fraglichen Materie auskennt. Falls Sie sich Notizen gemacht haben: Schlagen Sie dort nach.

Wegbeschreibungen

Einprägung: Wenn Ihnen jemand einen Weg oder eine Reiseroute beschreibt, dann fragen Sie, ob markante Punkte, auffällige Gebäude oder ähnliches am Weg liegen. Danach sollten Sie die Auskunft wiederholen, um zu prüfen, ob Sie alles verstanden und richtig mitbekommen haben. Rekapitulieren Sie dabei systematisch die wichtigsten Punkte: „Erst geradeaus bis..., dann links bis..., danach...“ In einer Ihnen unbekannten Stadt sollten Sie sich zudem die Wegbeschreibung von einem zweiten Passanten bestätigen lassen. Halten Sie – ob als Autofahrer oder Fußgänger – einen Notizblock und einen Stift bereit, damit Sie sich die Wegstrecke notieren oder eine Skizze anlegen können.
Erinnerung: Versuchen Sie, sich die Wegbeschreibung wie auf einer Karte vorzustellen und sie sich so in Erinnerung zu rufen. Bemühen Sie sich darum, die Logik bzw. die Systematik der beschriebenen Route zu erfassen. Natürlich können Sie auch auf einer Karte oder einem Stadtplan nachschauen oder jemanden um Hilfe bitten. Es mag ja sein, daß die ursprüngliche Beschreibung falsch war oder Sie sie mißverstanden haben.

Gewöhnen Sie sich an, Anweisungen laut zu wiederholen.

Kindheitserlebnisse

EINPRÄGUNG: Heben Sie Erinnerungsstücke und Fotos auf. Ordnen Sie alte Bilder in Alben, und beschriften Sie sie. Fragen Sie Verwandte und alte Freunde nach deren Erinnerungen. In Mußestunden können Sie alten Erinnerungen nachhängen: Lassen Sie dabei Ihren Gedanken freien Lauf, notieren Sie sich, was Ihnen eingefallen ist.

ERINNERUNG: Entsinnen Sie sich wichtiger Begebenheiten, die sich in der Zeit ereigneten, an die Sie sich erinnern möchten. Denken Sie an bestimmte Ereignisse, wie zum Beispiel Einschulung, Konfirmation, Kommunion, Schulabschluß, die am Anfang oder am Ende dieser Phase standen. Manchmal bringt es auch etwas, altes Spielzeug oder Tagebücher aus der betreffenden Zeit zu betrachten, um der Erinnerung auf die Sprünge zu helfen. Oder fragen Sie Verwandte und Freunde, die jene Phase miterlebten.

Wichtige persönliche Erlebnisse

EINPRÄGUNG: Versuchen Sie vorauszusagen, wie sich die Dinge abspielen werden. Entscheiden Sie schon zur Zeit des Geschehens, ob dieses Ereignis wichtig genug ist, um in Erinnerung behalten zu werden. Gleich nachdem es stattgefunden hat, sollten Sie den Kern des Ereignisses beschreiben. Wählen Sie dazu ein paar Schlüsselwörter, die die Begebenheit zusammenfassen, und gehen Sie sie in Gedanken immer wieder durch. Dem Einprägen dient weiterhin, mit anderen über das Erlebnis zu sprechen, gleich nachdem es sich ereignet hat. Machen Sie sich Notizen, die die wichtigsten Punkte des Ereignisses festhalten.

ERINNERUNG: Entsinnen Sie sich des zentralen Themas des Ereignisses, und versuchen Sie, das Erlebnis von daher zu rekonstruieren. Oft hilft es, nach sensorischen Details zu suchen, denn Erinnerungen an reale Erlebnisse enthalten häufig auch zahlreiche Sinneseindrücke. Versuchen Sie, die ganze Szenerie in Gedanken wiederzubeleben, erinnern Sie sich an markante

Einzelheiten. Begeben Sie sich quasi in die Szene hinein, schlüpfen Sie in verschiedene Rollen; so mag es gelingen, das Ereignis aus verschiedenen Blickwinkeln zu sehen. Sich selbst über bestimmte Begleiterscheinungen des Ereignisses zu befragen kann manchmal hilfreich sein. Wenn man sich nämlich an ein, zwei Dinge erinnert, folgt der Rest oft wie von selbst. Oder Sie rekapitulieren die einzelnen Punkte des Geschehens in anderer Reihenfolge, beispielsweise vom Ende her. Des weiteren vermögen oft Mitbringsel, Erinnerungsstücke, Souvenirs, Fotos oder andere Gegenstände, die mit dem Ereignis in Zusammenhang stehen, das Gedächtnis anzuregen. Fragen Sie jemanden, der damals dabei war, nach seinen Erinnerungen; das hilft manchmal.

Versuchen Sie sich vorzustellen, was bei einem zukünftigen Ereignis geschehen wird.

Einzelerlebnisse auf Partys, in den Ferien etc.

Einprägung: Noch während das Gesamtereignis stattfindet, können Sie meist entscheiden, ob es erinnernswert sein wird oder nicht. Auf dem Heimweg dann rekapitulieren Sie Einzelheiten: Wer nahm teil, wie waren die Leute gekleidet, worüber wurde gesprochen, was bot man an Speisen und Getränken an, welche Musik wurde gespielt? Nützlich ist auch ein Tagebuch, in das Sie Erinnerungsstücke wie Fotos, Einladungskarten etc. einkleben. Reden Sie über das Erlebte, tauschen Sie mit anderen, die dabei waren, Erinnerungen aus.

Erinnerung: Versetzen Sie sich zurück in die Situation. Erinnern Sie sich an den Tag und daran, was Sie taten, bevor das eigentliche Ereignis begann. Oder fragen Sie jemanden, der auch dabei war; ermuntern Sie ihn, frei zu erzählen. (Oft nämlich glauben Menschen, sie würden sich nicht erinnern können, doch wenn sie erst einmal zu reden anfangen, fällt ihnen vieles wieder ein.) Ein weiterer Tip: Schauen Sie Fotos an, ziehen Sie andere Erinnerungsstücke zu Rate.

Bekannte Gesichter

Einprägung: Beschreiben Sie sich das Gesicht der Person: Form der Mundes, Größe und Form der Nase, Form und Farbe der Augen etc. Mit welchem Gesichtstypus haben Sie es zu tun? Lassen die physiognomischen Merkmale des Gesichtes Rückschlüsse auf den Charakter zu? Prägen Sie sich die Züge also nicht nur ein, sondern geben Sie auch Urteile darüber ab: Woran erinnern sie Sie, sind sie grob oder fein, wirkt das Gesicht ehrlich, gefühlvoll, interessant? Versuchen Sie, Ähnlichkeiten mit den Gesichtern anderer Menschen festzustellen.
Erinnerung: Rekonstruieren Sie eine Situation, in der Sie diesem Menschen begegnet sein könnten. Manchmal hilft auch ein Fotoalbum, ein Jubiläumsjahrbuch oder ähnliches dem Gedächtnis nach. Wenn Sie die Person nicht wiedererkennen, dann geben Sie dies ruhig offen zu, aber ohne dabei unhöflich zu sein.

Bilden Sie sich ein Urteil über eine Person; dies hilft, den Namen zu behalten, der zu dem Gesicht gehört.

Verlegte Aktenordner

Einprägung: Neu angelegte Ordner sollte man sofort korrekt beschriften, und zwar so, daß die Beschriftung stets sichtbar ist. Wenn Sie feststellen, daß in einem Ordner Durcheinander herrscht, dann bringen Sie zunächst diesen in Ordnung, ehe Sie einen neuen anlegen. Sehr nützlich ist es, sich ein Ordnerverzeichnis – auf Papier oder in Form einer Datei – zu erstellen.
Erinnerung: Es ist empfehlenswert, die Ordner von Zeit zu Zeit durchzugehen, auszumisten und die Einordnung zu überprüfen. Denn je weniger Sie durchzublättern haben, desto leichter finden Sie das, was Sie gerade suchen.

Das erste Treffen

Einprägung: Wenn es sich um ein geplantes Treffen handelt, dann können Sie schon im Vorfeld bestimmen, worauf Sie besonders achten wollen. Ist es hingegen eine zufällige, nicht vorher geplante Begegnung, dann entscheiden Sie erst im Verlauf des Ereignisses, was Ihnen erinnernswert scheint. Beschreiben Sie die Begebenheit gleich hinterher mit Worten, und/oder machen Sie sich Notizen. Gut ist auch, mit anderen sobald wie möglich über das Zusammentreffen zu sprechen.
Erinnerung: Rekonstruieren Sie den Verlauf des ersten Treffens. Warum waren Sie da? Was waren die Umstände? Wie sah das Ergebnis aus? Suchen Sie nach Erinnerungsstücken oder Belegen, die mit der ersten Begegnung im Zusammenhang stehen. Oft hilft es auch, Unterhaltungen zu führen, um die Erinnerungen aufzufrischen.

Einzelheiten einer Diät

Einprägung: Manche Diäten schreiben haargenau vor, was man im Laufe des Tages zu sich nehmen darf; andere hingegen geben nur Richtlinien an, die Wahl der Nahrungsmittel darf man selber treffen. Das heißt, man muß im Auge behalten, was man gegessen hat, nicht nur hinsichtlich der erlaubten Nahrungsmittelgruppe, sondern auch hinsichtlich der Menge, der Kalorienzahl usw. Ein Grund dafür, warum so viele Diäten nicht funktionieren, mag darin liegen, daß man leicht vergißt, was und wieviel man bereits zu sich genommen hat. Um dies zu vermeiden, sollten Sie nach jeder Mahlzeit ein wenig Zeit darauf verwenden, alles gewissenhaft zu notieren. Diesen Notizzettel hängen Sie dann an gut sichtbarer Stelle auf, beispielsweise an der Kühlschranktür oder am Eßplatz. Eine weitere Möglichkeit besteht darin, sich am Morgen die gesamte Tagesration zusammenzustellen, die die Diät erlaubt, und dann nur das zu essen, was man bereitgestellt hat; alles weitere ist verboten.
Erinnerung: Rufen Sie sich in Gedächtnis, welche Nahrungsmittel im Rahmen Ihrer Diät erlaubt sind. Dadurch erinnern Sie sich vielleicht daran, was Sie bei den Tagesmahlzeiten bereits verzehrt haben. Zur Bestätigung ziehen Sie Ihre Notizen zu Rate. Falls Sie nichts aufgeschrieben haben, bitten Sie Ihren Tischnachbarn, Ihnen auf die Sprünge zu helfen.

Zutaten, die man zu einem Rezept braucht

EINPRÄGUNG: Beschreiben Sie die Zutaten, während Sie sie zusammensuchen und bereitstellen: Gehören sie zu den Grundnahrungsmittel, sind es Gewürze oder andere Zusatzstoffe? Gut ist auch, sich in Gedanken oder auf Papier Notizen über die Zutaten zu machen, die man brauchen wird. Ein weiterer Tip: Gehen Sie das Rezept mit jemandem durch, während Sie das Gericht zubereiten. Überlegen Sie stets, was Sie schon verwendet haben und was noch fehlt. Dem Speicherungsprozeß dient weiterhin, das Rezept in einem Kochbuch nachzuschlagen.
ERINNERUNG: Stellen Sie sich das fertige Gericht vor – dessen Aussehen, Geschmack, Duft –, und üben Sie, die Zutaten im Kopf zusammenzustellen. Dabei bietet es sich an, im Geist die Reihenfolge durchzugehen, in der sie benötigt werden. Rekapitulieren Sie den Kochvorgang: Woher holten Sie die Zutaten, wo bereiteten Sie was zu? Oder Sie lassen sich von jemandem abfragen, welche Ingredienzien Sie verwendet haben. Häufig hilft es, sich seine Sinneseindrücke zu vergegenwärtigen: Wie schmeckte, wie roch das Gericht, wie sah es aus? Solche Erinnerungen sind nämlich meist sehr stark.

Geld oder Gegenstände, die Sie verliehen haben

EINPRÄGUNG: Wenn Sie etwas verleihen, fragen Sie denjenigen, dem Sie es leihen, wann er Ihnen die Sache zurückzugeben gedenkt. Stellen Sie sich die Situation, in der Sie dem anderen Menschen das Geld oder den Gegenstand aushändigten, immer wieder vor. Es bietet sich außerdem an, den verliehenen Artikel mit Tagesereignissen, mit Personen, die bei der Übergabe zugegen waren, oder mit dem Datum, an dem die Rückgabe erfolgen soll, zu verknüpfen. Machen Sie sich stets genaue Notizen: In Ihren Kalender oder Ihr Notizbuch tragen Sie unter dem Datum der zu erwartenden Rückgabe die Art des Gegenstands und den Namen des Leihers ein.
ERINNERUNG: Gehen Sie Ihre Aufzeichnungen regelmäßig durch, um zu sehen, ob Sie jemandem etwas geliehen haben. Wenn Sie glauben, Sie hätten etwas verliehen, aber in Ihren Notizen nichts darüber finden, dann rekapitulieren Sie in Gedanken die Situation, denken Sie an andere Gelegenheiten, bei denen Sie diesem oder einem anderen Menschen etwas

geliehen haben. Sie können natürlich auch nachsehen, was fehlt, und dann überlegen, wer als Leihnehmer in Frage kommen mag.

WENN SIE GELD ODER GEGENSTÄNDE VERLEIHEN, ZAHLT SICH EIN GUT ORGANISIERTES GEDÄCHTNIS AUS.

Verlegte Schlüssel

EINPRÄGUNG: Legen Sie Ihre Schlüssel stets am selben Platz ab. Das kann ein bestimmter Haken am Schlüsselbrett sein, eine besondere Tasche, eine Schale auf dem Regal neben der Tür. Grundsätzlich sollten Sie sich angewöhnen, auf das Schloß zu schauen, wenn Sie kommen und gehen; zum einen, damit Sie die Tür nicht von außen zuschlagen, während innen noch der Schlüssel steckt, und zum anderen, damit Sie ihn beim Heimkommen nicht aus Versehen draußen stecken lassen. Klopfen Sie beim Verlassen der Wohnung Ihre Taschen ab, wenn Sie die Schlüssel üblicherweise in der Kleidung aufbewahren. Ab und zu sollten Sie sich zwischendurch vergewissern, daß Ihre Schlüssel noch am vorgesehenen Platz liegen. Sehr vergeßliche Menschen sollten ihre Schlüssel lieber an einer langen Kette oder einem reißfesten Band tragen, das mit der Kleidung (dem Gürtel) verbunden werden kann.

ERINNERUNG: Verfolgen Sie systematisch Ihre Schritte zurück: Woher kamen Sie, wo sind Sie überall gewesen, wo wollten Sie hingehen? Schauen Sie an allen Orten nach, an denen Sie Ihre Schlüssel normalerweise ablegen. Versuchen Sie zu erinnern, was Sie ablenkte oder was Sie taten, während Sie auf dem Weg waren, Ihre Schlüssel da abzulegen, wo Sie sie normalerweise deponieren. Die Taschen von Mänteln, Jacken etc., die an der Garderobe hängen, sollten Sie natürlich als erstes durchsuchen.

Andere verlegte Gegenstände

EINPRÄGUNG: Gewöhnen Sie sich beim Ablegen von Gegenständen eine gewisse Routine und Ordnung an. Das klingt zwar langweilig, doch manchmal ist Langeweile eben der Preis, den wir zahlen müssen, um wichtige Dinge im Griff zu haben. Wer nämlich über feste Gewohnheiten verfügt, wo er was hinlegt, hat es leichter, seine Siebensachen wiederzufinden. Benutzen Sie als Ordnungssystem Taschen, Schubladen, Fächer und andere Hilfsmittel. Wenn Sie etwas nicht finden können, dann gehen Sie methodisch vor – Schritt für Schritt. Machen Sie sich bewußt, wer zugegen ist, während Sie etwas tun; diesen Menschen können Sie später – wenn nötig – fragen, wo Sie etwas hingelegt haben. Darüber hinaus sollten Sie regelmäßig durchchecken, ob gewisse Dinge an ihrem Platz sind – auch wenn Sie im Augenblick nichts vermissen. Tragen Sie Gegenstände, die Sie leicht verlegen, nach Möglichkeit bei sich.

Erinnerung: Rekapitulieren Sie, was sie getan haben, bevor Sie den verlegten Gegenstand vermißten. Versuchen Sie sich zu entsinnen, wann Sie ihn zuletzt in Händen hielten. Gehen Sie dann logisch vor: In Gedanken rekonstruieren Sie, wo Sie seitdem überall gewesen sind – im Büro, auf der Bank, in der Reinigung. Die jeweilige Szene spielen Sie durch: Was genau taten Sie dort, mit wem sprachen Sie etc.? Dies hilft dem Gedächtnis meist wieder auf die Sprünge. Haben Sie den Gegenstand zu Hause verlegt, gehen Sie ähnlich vor. Zunächst sollten Sie aber Taschen, Schubladen, Schachteln etc. überprüfen, in denen Sie Dinge der gesuchten Art gewöhnlich aufbewahren. Anschließend kämmen Sie die Stellen oder das Zimmer durch, wo der Gegenstand verschwunden ist.

Oft lässt sich ein gesuchter Gegenstand finden, wenn man einfach ein wenig Logik walten lässt.

Lang vermißte Dinge

Einprägung: Wenn Sie etwas wegpacken, dann wiederholen Sie in Gedanken mehrmals den Namen des Gegenstandes und wo Sie ihn jetzt hinlegen. Stellen Sie sich dann das Objekt an diesem Ort vor. Malen Sie sich aus, daß Sie dort hingehen und nachschauen. Gegenstände, die Sie nicht täglich

brauchen, sollten Sie an Orten verstauen, wo man sie später auch vermuten würde. Reservieren Sie für wichtige Objekte einen bestimmten Platz. Ein weiterer Tip: Beschriften Sie die Kisten, Kästen und Schränke im Keller und auf dem Dachboden. Gehen Sie von Zeit zu Zeit in den Keller, in die Garage oder wo immer Sie Sachen aufbewahren, und schauen Sie, ob noch alles an seinem Platz ist.
Erinnerung: Rekapitulieren Sie, wann Sie den Gegenstand zum letzten Mal benutzt oder gesehen haben. Welche Technik half Ihnen bei früheren Gelegenheiten, vermißte Objekte wiederzufinden? Zunächst sollten Sie sich natürlich vergewissern, daß Sie den Gegenstand nicht verliehen haben. Stellen Sie außerdem sicher, daß nicht jemand anders ihn benutzt und dann verloren oder an einen anderen Ort gelegt hat. Wenn Sie letzteres vermuten, dann wird derjenige Ihnen wahrscheinlich bei der Suche helfen, um seine Unschuld zu beweisen. Wenn alles nichts nützt, müssen Sie Stück um Stück all Ihr Hab und Gut durchsuchen. Vielleicht finden Sie dabei sogar noch etwas anderes, das Sie auch schon seit langem vermissen.

Wo man sein Auto geparkt hat

Einprägung: Schenken Sie dem Moment, in dem Sie Ihr Auto einparken, volle Aufmerksamkeit. Auf markante Punkte in unmittelbarer Nähe des Parkplatzes oder Ihres Autos sollten Sie besonders achten: auf einen Baum, ein Gebäude, einen Laden, einen blühenden Strauch – nicht aber auf neben Ihrem Wagen geparkte Autos; die könnten nämlich in der Zwischenzeit wegfahren! Wiederholen Sie mehrmals laut und deutlich den Namen der Straße, die Nummer des Parkplatzes und/oder des Parkdecks, wo Sie Ihr Auto abgestellt haben, bevor Sie vom Fahrzeug fortgehen. Wichtig ist auch, sich den Weg zu merken, den man einschlägt. Versuchen Sie nach Möglichkeit, auf Ihnen bekannten Plätzen zu parken. Ein weiterer Tip: Binden Sie eine gut sichtbare Schleife an die Antenne, oder kleben Sie einen leuchtenden Sticker auf die Stoßstange. Sie können auch etwas Auffälliges hinter der Windschutz- oder der Heckscheibe liegen lassen. Wenn Sie sich trotzdem noch nicht sicher genug fühlen, dann fertigen Sie eine Notiz oder eine Skizze an. Ist der Wagen gemietet oder geliehen, prägen Sie sich Marke, Farbe und Nummernschild ein.

Erinnerung: Rekonstruieren Sie das Aussehen der Umgebung, in der Sie den Wagen geparkt haben. Oft ist es auch hilfreich, sich zu überlegen, an welchen Läden, Gebäuden, Hauseingängen man vorbeiging, als man den Wagen verließ. Verfolgen Sie in Gedanken den Weg zurück. Wenn Sie unsicher sind, nehmen Sie denselben Weg, den Sie gekommen sind.

Schauen Sie sich die Umgebung des Parkplatzes genau an, ehe Sie vom Wagen weggehen.

Lange Aussagen, Fragen und Bitten

Einprägung: Versuchen Sie nicht, alles aufzunehmen, was gesagt wird. Achten Sie vielmehr auf Schlüsselwörter, und wiederholen Sie diese. Es nützt auch, die Aussage oder Frage mit eigenen Worten zu referieren oder sein Gegenüber um Wiederholung des Gesagten zu bitten. Besonders aufmerksam sollten Sie zuhören, wenn jemand sehr weitschweifig spricht oder in Situationen, in denen Fragen langatmig oder verklausuliert gestellt werden (wie etwa vor Gericht oder in Universitätsseminaren). Machen Sie sich, wenn möglich, Notizen.

Erinnerung: Weisen Sie beim Referieren darauf hin, daß die Aussage (Frage, Bitte) sehr lang war, daß Sie nicht auf alles eingehen können und sich deshalb auf die wichtigsten Punkte beschränken. Dazu ziehen Sie diejenigen Schlüsselbegriffe heran, die Sie sich gemerkt haben. Während Sie sprechen, sollten Sie die Gesichter der Zuhörer beobachten: Sie werden Ihnen verraten, ob Sie etwas Wichtiges vergessen haben. Zum Schluß bietet es sich an zu fragen, ob man alles zur Genüge beantwortet hat. Wenn nicht, bittet man um Hilfestellung.

Mitteilungen, die Sie erhalten, wenn Sie müde sind

Einprägung: Schätzen Sie die Wichtigkeit der Mitteilung ein. Ist sie von vorrangiger Bedeutung, dann schenken Sie ihr alle Aufmerksamkeit, derer Sie fähig sind. Allein schon die Tatsache, daß Sie sich merken, es handelt

sich um etwas Wichtiges, wird später dem Gedächtnis helfen. Reduzieren Sie die Mitteilung auf einen Schlüsselbegriff, und prägen Sie sich diesen gut ein. Sie können sich natürlich auch Notizen machen oder denjenigen, der Ihnen etwas mitgeteilt hat, darum bitten, es Ihnen noch einmal schriftlich zukommen zu lassen. Oder Sie gehen die Sache eher spielerisch an: Vereinbaren Sie, daß Sie beide versuchen werden, sich zu erinnern, und küren Sie dann am nächsten Morgen den „Gedächtnissieger".
ERINNERUNG: Schauen Sie auf Ihrem Notizblock nach. Oder versuchen Sie, sich an das Schlüsselwort zu erinnern, und rekonstruieren Sie so die gesamte Mitteilung. Machen Sie sich bewußt, daß die Angelegenheit dringend war; das wird Ihr Gedächtnis auf Trab bringen.

DIE ERINNERUNG AN EINEN EINZIGEN SCHLÜSSELBEGRIFF VERMAG EINE KOMPLEXE MITTEILUNG WIEDER INS GEDÄCHTNIS ZU RUFEN.

Namen von Menschen, die Ihnen vorgestellt wurden

EINPRÄGUNG: Bereiten Sie sich rechtzeitig auf die Begegnung vor, erkundigen Sie sich vorab, mit wem Sie zusammentreffen werden. Wenn Sie nämlich den Namen bereits einmal gehört haben, ist die Schlacht schon halb gewonnen. Ein weiterer Tip: Erscheinen Sie möglichst nicht als letzter, wenn alle anderen Gäste oder Teilnehmer längst da sind. Sie werden dann nicht allen auf einmal vorgestellt, sondern haben die Möglichkeit, die anderen nach und nach kennenzulernen. Namen und Gesichter prägen sich auf diese Weise besser ein.

Oder Sie wenden die Drei-Punkte-Technik an:

1. Suchen Sie nach einem Wort, das Sie an den Namen der Person erinnert. Wenn Ihnen Herr Donath vorgestellt wird, denken Sie an Donald (Duck). Macht man Sie mit Frau Dorn bekannt, dann assoziieren Sie „Rose" (keine Rose ohne Dornen).

2. Merken Sie sich den markantesten Zug im Gesicht der Person, etwa Herrn Donaths große Nase, Frau Dorns Sommersprossen.
3. Projizieren Sie das Bild Ihres in Punkt 1 gefundenen Begriffes (zum Beispiel die Rose) auf das Gesicht der Person.

Oder versuchen Sie es mit der Vier-Punkte-Methode:

1. Sagen Sie laut den Namen.
2. Fragen Sie die Person etwas, und sprechen Sie sie dabei mit ihrem Namen an.
3. Benutzen Sie den entsprechenden Namen mindestens einmal während der Unterhaltung.
4. Beenden Sie das Gespräch, indem Sie sich namentlich von der Person verabschieden.

Weitere Einprägetechniken:

- Suchen Sie ein Wort, das sich auf den Namen reimt.
- Denken Sie an einen Freund, einen Verwandten, eine berühmte Persönlichkeit, die der Person ähnlich sieht.
- Manchmal ist es auch möglich, den Namen in eine andere Sprache zu übersetzen. *Elizabeth Taylor* zum Beispiel wäre auf deutsch *Elisabeth Schneider, Romy Schneider* dagegen hieße in Italien *Romy Sarto*.
- Analysieren Sie die nationale oder ethnische Herkunft des Namens. *Scheufele* ist ein typisch schwäbischer Name, *Hansen* dagegen norddeutsch.
- Es hilft auch, auf Eigentümlichkeiten der Person zu achten.

Wenn Sie die Party oder die Versammlung verlassen, dann versuchen Sie, sich alle neuen Namen und Gesichter ins Gedächtnis zu rufen. Sprechen Sie dabei die Namen laut aus, und schreiben Sie sie bei erstbester Gelegenheit auf. Das ist besonders dann hilfreich, wenn Ihnen mehrere Leute nacheinander vorgestellt wurden. Eine gute Methode ist auch, anderen zu erzählen, wen man getroffen hat; dabei verwendet man die genauen Namen. Übrigens empfindet es kaum jemand als unhöflich, wenn man sich nach der Vorstellung nochmals nach dem genauen Namen erkundigt; besonders dann nicht, wenn er ausgefallen klingt oder vielleicht eine ungewöhnliche Schreibweise hat. Ein Nachhaken kann sogar als besondere Geste der Höflichkeit ausgelegt werden, denn Sie zeigen Ihrem Gegenüber auf diese Weise, daß Sie ernsthaft an seinem Namen und damit an seiner Person interessiert sind. Ein weiterer Tip: Denken Sie sich Situationen aus, in denen Sie diesem Menschen wiederbegegnen könnten. Stellen Sie sich vor, wie Sie ihn treffen und mit Namen begrüßen.

Erinnerung: Vergegenwärtigen Sie sich, wann und wo Sie den Menschen kennengelernt haben und was Sie dabei empfanden. Rufen Sie sich das Gesicht in Erinnerung, und achten Sie dabei auf markante Züge. Darüber hinaus sollten Sie auf die Silbenzahl des Namens achten und darauf, ob er selten verwendete Buchstaben enthielt. Manchmal hilft es auch, das Alphabet durchzugehen, um den Anfangsbuchstaben herauszubekommen. Oder Sie suchen nach dem nationalen oder ethnischen „Schlüssel“: War es ein nord- oder süddeutscher oder ein ausländisch klingender Name? Wenn Sie nicht zugeben wollen, daß sie den Namen vergessen haben, dann fragen Sie die betreffende Person bei nächster Gelegenheit nach der korrekten Aussprache oder Schreibweise ihres Namens (doch Vorsicht! Mit diesem Trick können Sie ganz schön dumm dastehen, wenn die Person beispielsweise *Müller* heißt). Gehen Sie – sofern vorhanden – Ihre Notizen durch, schlagen Sie in Ihrem Adreßbuch oder in einem anderen Verzeichnis nach, in dem der Name vorkommen könnte. Wenn überhaupt nichts funktioniert, Sie aber auch nicht mit dem Satz „Entschuldigen Sie, ich habe Ihren Namen vergessen“ die Flucht nach vorn antreten wollen, dann bleibt nur eins: Vermeiden Sie es, die Person namentlich anzusprechen (was freilich eine ziemlich unhöfliche Lösung ist).

Namen alter Bekannter

Einprägung: Tauschen Sie mit anderen Menschen Erinnerungen an gemeinsame Bekannte aus; das frischt das Gedächtnis auch hinsichtlich vergessener Namen auf. Wenn Sie jemand anders einen Namen nennen hören, der Ihnen von früher her bekannt ist, dann wiederholen Sie ihn laut. Was weiterhin hilft: Reime auf den Namen finden.

Erinnerung: Versuchen Sie, Informationen zu sammeln, die Ihrem Gedächtnis zum zündenden Funken verhelfen. Fragen Sie die Person zum Beispiel, was sie in den letzten Jahren gemacht hat, erkundigen Sie sich nach gemeinsamen Bekannten, deren Namen Ihnen präsent sind. Oder Sie fragen die Person nach ihrer Arbeit. Manchmal entdeckt man auch Monogramme auf Taschentüchern, Krawatten, Börsen, Taschen und so weiter.

GEZIELTES FRAGEN NACH HINTERGRUNDINFORMATIONEN KANN EINEM HELFEN, RASCH DEN AUSWEG AUS EINER PEINLICHEN SITUATION ZU FINDEN.

Namen von Leuten, die einem kurz nacheinander vorgestellt werden

EINPRÄGUNG: Wiederholen Sie jeden Namen im stillen oder – noch besser – laut: zum Beispiel, wenn Sie die Person, die Ihnen eben vorgestellt wurde, begrüßen und ein paar Worte mit ihr wechseln. Es hilft auch, ähnlich klingende Namen zusammenzufassen oder Verse auf den Namen zu machen. Oder Sie benutzen die Methode *Loci* (Seite 137) oder das System *Aufhänger* (Seite 138/139). Generell sollten Sie auf das Aussehen der Gesichter achten. Gehen Sie später im Geist die Reihe der Ihnen vorgestellten Personen durch, und notieren Sie sich die Namen sobald wie möglich. In jedem Fall sollten Sie den ernsthaften Versuch unternehmen, sich beim Vorstellen die Namen zu merken. Machen Sie es sich nicht zu einfach, indem Sie nur an den Leuten vorbeigehen, Hände schütteln und ein paar freundliche Worte sagen, ohne auch nur zu versuchen, sich wenigstens ein paar der Namen zu merken.

ERINNERUNG: Versetzen Sie sich in die Situation zurück. Versuchen Sie, sich die Reihe der Menschen vorzustellen: Wer stand neben wem, wessen Name fällt Ihnen sofort ein? Dort setzen Sie mit Ihren Überlegungen an. Wenn Sie eine Erinnerungstechnik verwendet haben, dann versuchen Sie, den Namen der Person anhand des „Aufhängers“ oder des „Ortes“ wiederzufinden. Sie können auch das Alphabet durchgehen und nach dem Anfangsbuchstaben des Namens suchen. Oder stellen Sie eine Frage, die Ihnen auf die Sprünge hilft.

Fotos: wann, wo, was, von wem aufgenommen?

EINPRÄGUNG: Schauen Sie sich die Bilder, sobald sie aus dem Labor kommen, genau an. Versuchen Sie, sich an so viele Details wie möglich zu erinnern. Diese Informationen sollten Sie umgehend auf die Rückseite der Bilder schreiben.

ERINNERUNG: Schauen Sie sich von Zeit zu Zeit Ihre Fotosammlung an, und frischen Sie so Ihr Gedächtnis auf. Dabei sollten Sie nachprüfen, ob die Details ordentlich auf der Rückseite vermerkt sind. Wenn nicht, versuchen Sie, sich jetzt an so viele Einzelheiten wie möglich zu erinnern; diese notieren Sie wie beschrieben. Oft verhilft es zum gewünschten Aha-Effekt, wenn man das abgelichtete Ereignis, das Gebäude, die Landschaft etc. mit den abgebildeten Personen in Verbindung bringt. Versetzen Sie sich in die dargestellte Situation – ein Picknick, ein großes Essen, eine Hochzeit oder ein Urlaub – zurück. Kleidung, Frisur und Alter der abgebildeten Personen können wichtige Hinweise geben auf das Datum und die Art des Ereignisses. Falls auf den Fotos Freunde oder Verwandte von Ihnen zu sehen sind, hilft es oft, dort einmal nachzufragen.

Während einer Reise besuchte Orte

EINPRÄGUNG: Merken Sie sich die wichtigsten Orte, durch die Sie kommen werden, bereits *vor* Antritt der Reise. Jeden Ort, den Sie besucht und besichtigt haben, prägen Sie sich ins Gedächtnis ein, indem Sie seinen Namen wiederholen und ihn mit dem Namen des vorangegangenen und des folgenden Ortes verknüpfen. Achten Sie auf besondere Sehenswürdigkeiten, führen Sie ein Reisetagebuch, und machen Sie Film- oder Fotoaufnahmen während der Reise.

ERINNERUNG: Gehen Sie die Reiseroute in Gedanken durch. Des weiteren sollten Sie mit anderen, die auch dabei waren, Reiseerinnerungen austauschen. Ein anderer Trick: Stellen Sie sich den Ort so vor, wie Sie ihn zum ersten Mal sahen. Den Zeitpunkt Ihres Aufenthaltes können Sie leichter herausfinden, wenn Sie an andere wichtige persönliche oder weltpolitische Ereignisse denken, die sich zur selben Zeit abspielten. Schauen Sie außerdem in Ihre Reisenotizen; betrachten Sie die Filme und Fotos sowie die von der Reise mitgebrachten Souvenirs.

Meinungen, die zu einem Thema geäußert wurden

EINPRÄGUNG: Achten Sie auf alle Meinungen und Ansichten, die zu einem bestimmten Thema geäußert werden, besonders wenn es sich um eine kontroverse Diskussion handelt. Dabei sollten Sie sich den eigenen, aber auch den Gedankengang der anderen gut einprägen. In formellen Situationen können Sie sich während der Diskussion Notizen machen oder – nach vorheriger Rückfrage – ein Aufnahmegerät benutzen.

ERINNERUNG: Entsinnen Sie sich der Positionen, die Sie oder Ihre Gesprächspartner bei anderen Gelegenheiten, als es um andere Themen ging, vertreten haben. Schließen Sie daraus, was Sie im letzten Gespräch mit größter Wahrscheinlichkeit gesagt haben. Wenn Sie jetzt Ihre Gegenüber die Diskussion eröffnen lassen, gibt Ihnen das mehr Zeit, gründlich nachzudenken. Gut ist es außerdem, die Diskussion so zu lenken, daß man hilfreiche Stichworte – sogenannte Schlüsselwörter – erhält.

ERMUNTERN SIE ZUNÄCHST ALLE ANDEREN ZU REDEN; DAS GIBT IHNEN ZEIT NACHZUDENKEN.

Inhalt von Privatbriefen

EINPRÄGUNG: Heben Sie Ihre Korrespondenz auf, besonders, wenn es sich um wichtige handelt. Ihre eigenen Briefe sollten Sie kopieren oder mit Durchschlag schreiben. Heften Sie Briefe und Antworten geordnet zusammen ab, damit Sie jederzeit Ihrem Gedächtnis nachhelfen können. Kurze, wichtige Briefe sollten Sie zuvor mehrmals lesen. Ihre eigenen Briefe gehen Sie gründlich durch, ehe Sie sie in den Umschlag stecken und abschicken.

ERINNERUNG: Erinnern Sie sich des Grundes, warum Sie den Brief schrieben. Wie würden Sie den Inhalt heute formulieren? Lesen Sie zunächst die an Sie gerichteten Briefe durch, dann die Kopien, die Sie sich von Ihren eigenen gemacht haben.

Dinge, die Sie jemandem gesagt oder aufgetragen haben

EINPRÄGUNG: Erstellen Sie in Gedanken eine Liste, wenn Sie anderen etwas auftragen. Im Geschäftsleben ist es klug, sich eine Aktennotiz zu machen, wenn man einen Auftrag erteilt oder wichtige Unterredungen geführt hat.
ERINNERUNG: Entsinnen Sie sich der Situation und Ihrer damaligen Stimmung. Suchen Sie nach Hinweisen, indem Sie die Sache aufs Tapet bringen und abwarten, ob der andere sich erinnert, daß sie besprochen wurde. Falls vorhanden, sollten Sie natürlich in Ihren Notizen nachsehen.

IM GESCHÄFTSLEBEN IST ES WICHTIG, SICH ÜBER MENSCHEN, MIT DENEN MAN ZUSAMMENKOMMT, NOTIZEN ZU MACHEN. MAN KANN SIE DANN SPÄTER MIT EINZELHEITEN BEEINDRUCKEN.

Absichten

Routineaufgaben bevor man das Haus verläßt

EINPRÄGUNG: Erledigen Sie Dinge wie Tasche packen, Hund Gassi führen, Schulbrote schmieren, Unterlagen zusammensuchen, Licht ausschalten etc. täglich in derselben Reihenfolge und um dieselbe Zeit. Die Utensilien und Werkzeuge, die Sie tagsüber brauchen werden, sollten Sie rechtzeitig – am besten am Abend vorher – zurechtlegen. Deponieren Sie Dinge, die Sie mitzunehmen haben, in der Nähe der Wohnungstür oder an einem Platz, an dem Sie sie sehen müssen.
ERINNERUNG: Gehen Sie gleich wenn Sie aufwachen, in Gedanken durch, was tagsüber bzw. bevor Sie das Haus verlassen zu erledigen ist. Haken Sie die im Laufe des Tages erledigten Dinge ab, und überlegen Sie gleichzeitig, was noch zu tun ist.

Eine neue, regelmäßig zu erledigende Aufgabe

EINPRÄGUNG: Erstellen Sie für die nächsten paar Tage einen genauen Stundenplan. Wichtig ist dabei, Prioritäten zu setzen. Schreiben Sie unbestimmten Stunden auf dem Plan besondere Bedeutung zu. Hilfreich ist auch, Gegenstände an ungewöhnlichen Orten zu deponieren, um sich so an die neue Aufgabe zu erinnern. Oder benutzen Sie Alarmsysteme wie beispielsweise einen Wecker. Schauen Sie sicherheitshalber regelmäßig in Ihre Notizen.

ERINNERUNG: Denken Sie an die neue Aufgabe, wenn Sie zu Bett gehen und wenn Sie aufwachen. Gut ist auch, mit anderen über Ihre neuen Pflichten zu sprechen: Erzählen Sie, wie Sie die Sache organisieren.

NUTZEN SIE DIE ZEIT VOR DEM EINSCHLAFEN, UM SICH EINEN ÜBERBLICK ÜBER IHRE VERPFLICHTUNGEN ZU VERSCHAFFEN.

Verabredungen und Treffen

EINPRÄGUNG: Stellen Sie sich vor, wie Sie zur ausgemachten Zeit zu der Verabredung gehen. Überlegen Sie, was Sie vor dem Treffen tun werden, und knüpfen Sie eine Verbindung zwischen den beiden Handlungen. Auch die folgende Methode dient der besseren Einprägung: Versuchen Sie, sich Ihre Uhr vorzustellen – die Zeiger zeigen die Zeit des Treffens an – und dazu ein Zeichen, das den Zweck der Verabredung symbolisiert, etwa ein Weinglas oder einen Teller für eine Verabredung zum Essen, eine Aktentasche für einen geschäftlichen Termin. Sie können auch ein Diagramm zeichnen, das darstellt, was bei der Zusammenkunft zu erledigen sein wird. Hilfreich ist auch, an die Vorteile zu denken, die sich ergeben, wenn man das Treffen pünktlich einhält, und an die Nachteile, wenn man es versäumt.

ERINNERUNG: Notieren Sie die Dinge, die Sie gewohnheitsmäßig zu erledigen haben, in einen Terminkalender, einen normalen Kalender, in ein Tagebuch oder auf Zetteln, die Sie an eine Pinnwand heften. Neugetroffene Verabredungen sollten Sie stets sofort eintragen. Am besten, Sie benutzen ein zweigleisiges System: Notieren Sie Routinetreffen in Ihrem Terminkalender, führen Sie zusätzlich einen zweiten Kalender, in den die neu hinzugekommenen, kurzfristigen Verabredungen eingetragen werden. Schauen Sie mindestens zweimal täglich auf Ihren Stundenplan: zum einen am Abend, um die Verpflichtungen des nächsten Tages zu überschauen und um sicherzustellen, daß es keine Überschneidungen gibt, zum anderen am nächsten Morgen, um alle Verabredungen sicher im Kopf zu haben. Sie können natürlich auch Alarmsysteme einsetzen, die Sie an den Termin erinnern. Wenn Sie in Eile sind und in der Hektik eine Verabredung ausgemacht haben, dann verändern Sie so lange etwas an Ihrer Umgebung in auffälliger Weise, bis Sie dazu kommen, die Zeit und den Ort des Treffens zu notieren: Legen Sie einen Schuh aufs Sofa, stellen Sie Ihren Papierkorb auf den Schreibtisch, machen Sie Ihre Uhr ums andere Handgelenk.

ZWEI TERMINKALENDER SIND SICHERER ALS EINER.

Grußkarten und Geschenke

EINPRÄGUNG: Verknüpfen Sie das Datum der Fälligkeit mit einem anderen Ereignis, das dem Datum vorausgeht. Sowie Sie von Geburtstagen erfahren, sollten Sie sie in einem Kalender oder Adreßbuch notieren. Ein weiterer Tip: Kaufen Sie am Jahresanfang einen Stoß Gruß- und Glückwunschkarten, adressieren Sie sie an alle Freunde und Verwandte denen Sie im Lauf des Jahres Grüße schicken wollen, und bewahren Sie die so vorbereiteten Karten in einem Ordner auf, der zwölf Monatseinteilungen hat. Diesen Ordner gehen Sie dann regelmäßig durch, damit Sie keine Karte abzuschicken vergessen.

ERINNERUNG: Schauen Sie von Zeit zu Zeit in Ihren Terminkalender, um zu sehen, welche Geburtstage in nächster Zeit anstehen. Erwähnen Sie regelmäßig das Thema Geburtstage in Unterhaltungen mit der Familie und engen Freunden; sicher wird einer sagen: „Ach ja, übermorgen hat übrigens Peter Geburtstag.“

Wechselgeld einstecken

EINPRÄGUNG: Denken Sie stets daran, daß Sie zwei Dinge in Händen halten müssen, ehe Sie von der Verkaufstheke oder der Kasse weggehen: den erstandenen Gegenstand und das Wechselgeld. Den Geldbeutel sollten Sie erst dann wegstecken, wenn Sie letzteres hineingetan haben. Machen Sie sich die Mühe, das Wechselgeld nachzuzählen – ein nützlicher Trick wider den Automatismus.
ERINNERUNG: Behalten Sie die Geldbörse so lange in der Hand, bis Sie Ihr Wechselgeld bekommen haben. Ehe Sie das Geschäft verlassen, zählen Sie es nach, um sicher zu sein, daß alles stimmt.

NACH DEM EINKAUF MUẞ MAN ZWEI DINGE IN HÄNDEN HALTEN: DEN GEKAUFTEN GEGENSTAND UND DAS WECHSELGELD.

Nötige Hausarbeit

EINPRÄGUNG: Plazieren Sie die für die bestimmte Aufgabe benötigten Hilfsmittel an einer auffälligen Stelle. Denn solange der Staubsauger im Putzschrank steht, kann man leicht vergessen, daß man ihn einsetzen wollte. Wenn man aber mitten im Wohnzimmer über ihn stolpert, erinnert man sich mit Bestimmtheit, daß gesaugt werden muß. Lassen Sie sich von den Haushaltspflichten nicht durch angenehmere Dinge abhalten. Zur Not müssen Sie an gut sichtbarer Stelle Notizen aufhängen.
ERINNERUNG: Gehen Sie im Geist die Checkliste der häuslichen Pflichten durch; auf diese Weise versetzen Sie Ihrem Gedächtnis einen Stoß, so daß es nicht vergißt, Sie an Ihre Pflichten zu erinnern.

Lästige Pflichten

EINPRÄGUNG: Setzen Sie stets Prioritäten. An Wichtiges sollten Sie sich selbst vorab mit zunehmender Häufigkeit erinnern, je näher die Sache rückt. Stellen Sie sich einen Wecker. Stellen Sie sich auf etwas später einen zweiten Wecker. Es nützt auch, überall Notizzettel zu hinterlegen, die Sie erinnern. Denken Sie immer an die Konsequenzen, die Sie zu tragen haben, wenn Sie Ihre Pflichten versäumen. Ein weiterer Trick besteht darin, sich selbst eine Belohnung zu versprechen, wenn man die Sache hinter sich gebracht hat.

ERINNERUNG: Gehen Sie die Liste der Dinge durch, die Ihnen am lästigsten sind, die Sie am meisten langweilen oder ärgern, und checken Sie, ob etwas dabei ist, das Sie im Moment erledigen müßten. Fragen Sie Freunde oder Familienangehörige, welche der Ihnen lästigen Verpflichtungen Sie vernachlässigt haben.

Herd abstellen, wenn das Gericht fertig ist

EINPRÄGUNG: Organisieren Sie die Kocherei so, daß sie weniger hektisch abläuft. Damit reduziert sich zugleich das Risiko, einzelne Schritte oder Zutaten zu vergessen. Bestimmen Sie die Garzeit, die das Gericht brauchen wird, und planen Sie parallel dazu eine andere Tätigkeit, die etwa die gleiche Zeit in Anspruch nimmt. Wenn Sie zum Beispiel den Ofen nach etwa 20 Minuten ausschalten müssen, dann legen Sie eine Platte auf. Ist die eine Seite abgespielt, so ist die Zeit um. Natürlich können Sie auch den Küchenwecker stellen.

ERINNERUNG: Beobachten Sie aufmerksam die gleichzeitig laufenden Aktivitäten, und hören Sie auf die Küchenuhren, die Sie stellen. Sie müssen dann sofort reagieren; tun Sie nicht erst noch rasch etwas anderes, das erhöht nämlich die Gefahr, daß Sie das Essen auf dem Herd oder in der Backröhre dann doch wieder vergessen.

Fällige Briefe

EINPRÄGUNG: Sobald Sie feststellen, daß ein Brief geschrieben werden muß, tragen Sie dies zur Erinnerung in Ihren Notizkalender ein. Wer lieber der Technik vertraut: Es gibt Software, die an vorher eingegebenen Tagen einen Alarm auslöst, der Sie an fällige Korrespondenz mahnt.

ERINNERUNG: Gehen Sie Ihren Notiz- oder Terminkalender durch. Hüten Sie sich davor, sich auf das Erinnerungsvermögen anderer zu verlassen, es sei denn, es handelt sich dabei um Ihre Sekretärin, die Sie an fällige Korrespondenz erinnert oder diese selbständig für Sie erledigt.

Termine und Fristen von geringerer Wichtigkeit

EINPRÄGUNG: Wir tendieren dazu, alles, was wir als weniger wichtig einstufen, auch leichter zu vergessen, weil wir der Sache von Anfang an weniger Aufmerksamkeit widmen. Notieren Sie deshalb auch solche Fristen auf jeden Fall in Ihrem Terminkalender, den Sie im übrigen täglich durchsehen sollten. Ein weiterer Tip: Stellen Sie sich vor, wie Sie etwas erledigen, das der ablaufenden Frist unmittelbar vorausgeht. Zwischen diesen beiden Angelegenheiten knüpfen Sie eine Verbindung. Wenn Sie dann die zeitlich früher liegende Sache tatsächlich erledigen, wird es Sie an die Frist erinnern.

ERINNERUNG: An Arbeiten oder andere Aufgaben, die exakten Fristen unterliegen, muß man sich mit Hilfe externer Gedächtnisstützen erinnern. Schauen Sie täglich in Ihren Kalender, um zu sehen, ob irgendwelche Fristen näher rücken.

DINGE VON GERINGERER WICHTIGKEIT LASSEN SICH OHNE HILFE VON GEDÄCHTNISSTEUERUNGEN ODER ESELSBRÜCKEN KAUM BEHALTEN.

Kleidung korrekt anziehen

EINPRÄGUNG: Ziehen Sie sich in systematischer Reihenfolge an, entweder von oben nach unten oder umgekehrt. Es erleichtert den Ankleidevorgang, wenn Sie alle Kleidungsstücke, die Sie tragen wollen – einschließlich der Accessoires wie Krawatte und Einstecktuch, Schal und Schmuck –, schon am Abend zuvor für den kommenden Tag zurechtlegen. Sorgen Sie außerdem dafür, daß Sie am nächsten Morgen genügend Zeit haben, sich in Ruhe anzuziehen, und nicht halb angezogen aus dem Haus rennen müssen.

ERINNERUNG: Schauen Sie in den Spiegel, bevor Sie die Wohnung verlassen. Betrachten Sie sich aufmerksam von Kopf bis Fuß. Wenn Sie bemerken, daß ein Knopf nur noch an einem Fädchen hängt, dann prüfen Sie, ob er diesen einen Tag noch halten wird, und schreiben Sie auf einen Merkzettel „Knopf annähen". Hält er dem Test nicht stand und geht gleich ab, müssen Sie rasch zu Nadel und Faden greifen oder sich umziehen.

Besorgungen

EINPRÄGUNG: Setzen Sie Prioritäten: Schreiben Sie auf, was Sie kaufen oder besorgen müssen, und ordnen Sie die Posten nach Dringlichkeit. Wenn nötig, erledigen Sie die Sache sofort. Je länger Sie warten, desto größer ist im übrigen die Gefahr, daß Sie die Besorgung ganz vergessen. Ein weiterer Hinweis: Erstellen Sie eine vollständige Liste aller Dinge, die Sie besorgen wollen, und nehmen Sie diese dann mit. Oder Sie stecken irgend etwas, das Sie an eine spezielle Besorgung erinnert, in die Tasche: Wenn Sie zum Beispiel einen Hammer kaufen müssen, packen Sie einen Nagel ein.
ERINNERUNG: Erledigte Besorgungen streichen Sie umgehend von Ihrer Liste; Sie brauchen dann nur noch auf das nicht Gestrichene zu achten. Wenn Sie gar nicht mehr weiterwissen, können Sie durch den Laden gehen und die Regale systematisch danach absuchen, ob etwas Sie an den zu besorgenden Gegenstand erinnert.

NUMERIEREN SIE DIE POSTEN AUF IHRER EINKAUFSLISTE. SO KÖNNEN SIE – EINE RELATIV GERINGE ANZAHL VORAUSGESETZT – LEICHT SEHEN, OB NOCH ETWAS FEHLT.

Was Sie aus einem anderen Raum holen oder dort erledigen wollten

EINPRÄGUNG: Wenn Sie losgehen, um nebenan etwas zu holen oder zu erledigen, dann sagen Sie laut, was Sie gleich zu tun gedenken. Es nützt auch, sich schon vorab die Handlung oder den Gegenstand vorzustellen; denken Sie daran, was Sie damit tun wollen, wenn Sie ihn geholt haben.
ERINNERUNG: Schauen Sie sich im Zimmer um, vielleicht fällt Ihnen das gesuchte Objekt ins Auge. Manchmal hilft es auch, an den Ort zurückzuge-

hen, an dem man den Entschluß faßte, den Gegenstand zu holen. Denken Sie an das, was Sie zuletzt taten, ehe Sie das Zimmer betraten. Und noch ein Rat: Machen Sie sich keine allzu großen Gedanken wegen Ihrer kleinen Vergeßlichkeit; trösten Sie sich mit dem Spruch: „Wenn ich's vergessen habe, dann kann es von vornherein nicht sonderlich wichtig gewesen sein."

Informationen, die in einer hektischen Situation gegeben werden

EINPRÄGUNG: Generell sollten Informationen und Anweisungen, die in hektischen Situationen gegeben werden, wiederholt werden, und zwar entweder vom Auftraggeber selbst oder vom Ausführenden. Noch bessser ist es, den anderen darum zu bitten, sein Anliegen später, wenn mehr Ruhe herrscht, zu wiederholen. Machen Sie sich sobald wie möglich eine Notiz. Ist dafür keine Zeit, dann nehmen Sie eine deutliche Veränderung an Ihrer Umgebung vor: Stellen Sie das Telefon auf den Fußboden, machen Sie die Uhr ums andere Handgelenk, bis Sie die Sache erledigt oder sie sich zumindest notiert haben. Verinnerlichen Sie die Wichtigkeit des Auftraggebers oder der Angelegenheit; dadurch erinnern Sie sich später besser.
ERINNERUNG: Stellen Sie sich die Situation vor, in der Sie die Anweisung erhielten: Wie sah der Sprecher aus, wo befanden Sie sich, warum scheint die Information so wichtig zu sein? Versuchen Sie sich des genauen Wortlauts zu entsinnen – selbst ein oder zwei Wörter, die hängengeblieben sind, können manchmal bewirken, daß man sich wieder an alles erinnert.

ANWEISUNGEN, DIE SIE IN EINER HEKTISCHEN SITUATION ERHALTEN, SOLLTEN SIE IN GEDANKEN MEHRMALS WIEDERHOLEN.

Schlüssel nicht vergessen

EINPRÄGUNG: Legen Sie Ihre Schlüssel immer an derselben Stelle ab, wenn Sie nach Hause kommen. Sie sollten sich außerdem angewöhnen, die

Taschen abzuklopfen, ehe Sie beim Verlassen der Wohnung die Tür schließen, um sich zu vergewissern, daß Sie den Schlüssel eingesteckt haben. Stellen Sie grundsätzlich den Fuß in die Tür, und ziehen Sie sie erst dann zu, wenn Sie den Schlüssel fühlen und auch geprüft haben, daß kein anderer mehr von innen steckt. Sie können auch ein Schloß mit einer Sperre für die Falle einbauen lassen – es bewirkt, daß man die Tür nur von außen zuschließen kann. Außerdem bietet es sich an, bei einem Freund oder Nachbarn seines Vertrauens einen Zweitschlüssel zu hinterlegen.

ERINNERUNG: Wenn Sie den Schlüssel nicht auftreiben können, dann gehen Sie Ihre Schritte in Gedanken durch. Schauen Sie an allen Stellen nach, an denen Sie üblicherweise Ihre Schlüssel aufbewahren. Schauen Sie an den Stellen nach, wo Sie die Schlüssel verlegt oder verloren haben könnten – auch unter dem Autositz, unter dem Kissen auf dem Stuhl, unter der Flurkommode, in sämtlichen Jacken- und Manteltaschen, zwischen den Schals und Handschuhen...

Wartung des Autos sowie anderer wartungspflichtiger Haushaltsgeräte

EINPRÄGUNG: Legen Sie ein kleines Büchlein an, in dem alle Gegenstände Ihres Haushalts aufgeführt sind, die regelmäßig überprüft und gewartet werden müssen. Notieren Sie dort auch den Termin, und haken Sie ihn später ab. Darüber hinaus sollten Sie diese Daten in Ihren Terminkalender übertragen. Hilfreich ist auch, die Geräte mit einem Etikett zu versehen, auf dem die letzte Wartung vermerkt ist.

ERINNERUNG: Gehen Sie Ihr Büchlein oder Ihren Terminkalender regelmäßig durch, und prüfen Sie, ob Termine für eine Wartung eingetragen sind. Schauen Sie auf den Gegenständen selbst nach, wann die letzte Überprüfung stattgefunden hat.

Führen Sie Buch über die wartungspflichtigen Haushaltsgeräte – das spart Zeit und Geld.

Medikamente einnehmen

EINPRÄGUNG: Stellen Sie sich eine große Uhr vor, auf der jeweils zu *der* Uhrzeit eine Pille klebt, wenn ein Medikament zu nehmen ist. Kaufen Sie eine Arzneidose mit einzelnen Fächern für die verschiedenen Tageszeiten oder Wochentage, an denen Sie Medikamente nehmen müssen. In Apotheken und im Versandhandel sind außerdem Pillenboxen mit programmierbarer Zeitschaltuhr erhältlich, die einen lauten Signalton von sich geben, wenn es Zeit wird für die Arzneien. Bitten Sie darüber hinaus Familienangehörige, Freunde oder Krankenschwestern, Ihnen zu helfen, die Zeiten nicht zu vergessen. Eine einfachere Methode besteht darin, die komplette Tagesdosis gleich am Morgen – oder am Abend vorher – in eine einzige Dose zu tun und diese Box an einer gut sichtbaren Stelle zu plazieren. Diese Methode eignet sich besonders, wenn Sie nur ein einziges Medikament benötigen und der Einnahmezeitpunkt auch einmal unter- oder überschritten werden darf.

ERINNERUNG: Überprüfen Sie den Medikamentenvorrat jedesmal, wenn Sie Ihre Arznei nehmen. Wenn Sie glauben, eine Einnahme versäumt zu haben, dann rekonstruieren Sie, wie Sie den Tag verbracht, was Sie wann wo gemacht haben – dies könnte Ihnen helfen, sich daran zu erinnern, ob Sie Ihre Medikamente genommen haben. Sind Sie immer noch im Zweifel, so rufen Sie lieber erst Ihren Arzt an, ehe Sie die Arznei ein zweites Mal nehmen und eine möglicherweise folgenschwere Überdosierung riskieren.

Wichtige Dinge ins Reisegepäck packen

VORBEREITUNG: Holen Sie Ihren Koffer ein paar Tage vor Reiseantritt hervor; werfen Sie zunächst alles hinein, das Ihnen in die Finger kommt und das Sie mitnehmen wollen oder müssen. Erst dann sortieren Sie aus. Deponieren Sie vorsorglich eine Liste im Koffer, auf der alle wichtigen Dinge draufstehen. Diese Liste sollten Sie nach jeder Reise um die Posten ergänzen, die Sie das letzte Mal vergessen haben.

ERINNERUNG: Schauen Sie sich von Kopf bis Fuß an, und suchen Sie systematisch die nötigen Kleidungsstücke und Körperpflegemittel zusammen. Sie können natürlich auch vorab aufschreiben, was Sie mitnehmen möchten, und dies dann jeweils abhaken. Fragen Sie außerdem andere, die häufig reisen, was Sie einpacken. Wenn Sie glauben, alles beisammen zu haben, dann überlegen Sie, welche weniger häufig gebrauchten Gegenstände – besonderer Regenschutz, Tubenwaschmittel, Fotoapparat etc. – Sie mitnehmen wollen. Packen Sie in jedem Fall rechtzeitig und in Ruhe, warten Sie nicht bis zur letzten Minute.

Packen Sie Ihren Koffer nie hektisch in letzter Minute vor der Abreise. Sie würden bestimmt etwas vergessen.

Bei der Heimreise alles einpacken

Einprägung: Packen Sie am Reiseziel nur das Nötigste aus; leben Sie soweit wie möglich „aus dem Koffer". Schmutzwäsche sollten Sie zusammen in einem Beutel aufbewahren.

Erinnerung: Gehen Sie ebenso vor wie beim Kofferpacken zu Hause. Von Dingen, die Sie am Reiseort gekauft haben, legen Sie am besten eine Liste an; bei der Abreise können Sie dann alles abhaken. Packen Sie systematisch alles aus den Schränken und Schubladen des Hotelzimmers ein. Einen zweiten großen Check sollten Sie vornehmen, nachdem die Koffer gepackt sind. Schauen Sie sich gewissenhaft um, ehe Sie das Zimmer endgültig verlassen – liegt wirklich nichts mehr auf dem Bett, dem Schreibtisch, dem Nachttisch, hängt nichts mehr an irgendeinem Haken? Es bietet sich außerdem an, einen Mitreisenden darum zu bitten, Sie nach Dingen zu fragen, die Sie möglicherweise vergessen haben könnten.

Rechnungen rechtzeitig bezahlen

Einprägung: Bewahren Sie unbeglichene Rechnungen an einem gut sichtbaren Platz auf, am besten in einem eigens dafür angelegten Ordner oder Aktendeckel. Den letztmöglichen Zahlungstermin sollten Sie in Ihrem Kalender vermerken und diesen dann jeden Tag durchsehen. Merken Sie einen bestimmten Tag des Monats als „Zahltag" vor. Eine gute Idee mag auch sein, einen bestimmten Tag des Monats zum generellen „Erinnerungs-

tag“ zu machen; man begleicht dann nicht nur Rechnungen, sondern erledigt auch andere, immer wiederkehrende Dinge, die sonst leicht vergessen werden.
ERINNERUNG: Gehen Sie Ihre Rechnungen ein-, besser zweimal im Monat durch. Verwenden Sie externe Gedankenstützen zur Erinnerung.

MACHEN SIE EINEN BESTIMMTEN TAG DES MONATS ZUM „ERLEDIGUNGSTAG“, AN DEM SIE ALL DAS VERRICHTEN, WAS SONST LEICHT VERGESSEN WIRD.

Notwendige Telefonanrufe

EINPRÄGUNG: Stellen Sie sich vor, wie Sie mit einer Uhr in der Hand neben dem Telefon stehen, deren Zeiger anzeigen, daß der Anruf jetzt zu erledigen ist. Am besten, Sie tragen den fälligen Anruf in Ihren Terminkalender ein. Diesen gehen Sie dann mehrmals täglich durch. Es hilft auch, an gut sichtbarer Stelle eine Notiz hinzulegen. Sie können sich auch ein Telefon mit automatischem Anwählsystem anschaffen, das Sie auf zu erledigende Anrufe aufmerksam macht – natürlich muß man den Apparat vorher programmieren. Schließlich tut auch ein gestellter Wecker, der Sie an Termine erinnert, gute Dienste.
ERINNERUNG: Schauen Sie in Ihrem Terminkalender nach, ob irgendwelche Telefonate nötig sind. Wenn Sie das Gefühl haben, jemandem einen Anruf schuldig zu sein, dann gehen Sie in Gedanken alle Leute durch, von denen Sie in letzter Zeit angerufen wurden, dies könnte Ihr Gedächtnis auf Trab bringen.

DEPONIEREN SIE EINEN NOTIZBLOCK BEIM TELEFON, AUF DEN SIE FÄLLIGE ANRUFE AUFSCHREIBEN.

Aus der Bibliothek entliehene Bücher zurückgeben

EINPRÄGUNG: Tragen Sie das Rückgabedatum sofort – am besten noch in der Bibliothek – in Ihren Terminkalender ein. Den Leihschein, den die Bibliothek ausstellt, sollten Sie im Buch selbst aufbewahren (benutzen Sie ihn einfach als Lesezeichen). Wenn der Rückgabetermin heranrückt, legen Sie das Buch an einen Platz nahe der Wohnungstür, damit Sie es sehen, wenn Sie das Haus verlassen. Ein weiterer Trick: Denken Sie an die fällige Mahngebühr, wenn Sie den Rückgabetermin überschreiten.

ERINNERUNG: Machen Sie die Rückgabe von Bibliotheksbüchern zu einer Ihrer Routineaufgaben, die Sie in Zusammenhang mit anderen Pflichten – wie etwa dem Gang zum Supermarkt – erledigen.

Uhren bei Zeitumstellung vor- oder zurückstellen

EINPRÄGUNG: Tragen Sie in Ihrem Kalender das Wochenende ein, an dem die Uhren vor- bzw. zurückgestellt werden. Merken Sie sich: Frühling vor, Herbst zurück.

ERINNERUNG: Stellen Sie die Uhren immer sofort um, wenn Sie in den Nachrichten hören, daß „heute nacht" die Umstellung stattfindet. Zeigt später eine Uhr eine abweichende Zeit an, dann seien Sie vorsichtig: Vielleicht handelt es sich noch um die alte Zeit.

Sie haben einen Geistesblitz – doch keine Zeit, ihn zu notieren

EINPRÄGUNG: Taucht die Idee während einer Unterhaltung auf, dann verknüpfen Sie sie in Gedanken schnell mit einer Sache, die Sie später zu erledigen haben. Generell sollten Sie die neue Idee im Geist mehrmals durchgehen und sie außerdem in ein Bild umsetzen, selbst wenn das bedeutet, daß Sie eine Weile nicht an der Unterhaltung teilnehmen. Tragen Sie immer einen kleinen Notizblock oder einige Karteikarten bei sich, oder halten Sie diese Dinge wenigstens griffbereit, damit Sie etwaige Geistesblitze sobald wie möglich aufschreiben können. Ein weiterer Trick: Verändern Sie in auffälliger Weise etwas an Ihrer Umgebung oder an Ihnen selbst. Ziehen Sie zum Beispiel die Uhr ans andere Handgelenk, um sich so daran zu erinnern, daß Sie sich die Idee notieren wollten.

ERINNERUNG: Wenn Sie sich nur noch vage an den Inhalt der Idee erinnern können, dann gehen Sie das Alphabet durch auf der Suche nach dem Schlüsselbegriff: Mit welchem Buchstaben fing er an, wie viele Silben hatte das Wort? Versuchen Sie, das Bild der Idee wiederzufinden. Nützlich ist auch, von Zeit zu Zeit ein „Brainstorming" zu veranstalten, um gute Ideen wiederzubeleben, die Sie vielleicht vergessen haben.

Wichtige Gedanken kurz vor dem Einschlafen oder im Halbschlaf

EINPRÄGUNG: Denken Sie über die Idee nach, bevor Sie (wieder) einschlafen. Eine gute Erinnerungsstütze ist folgende Methode: Stellen Sie einen Pantoffel auf den Nachttisch oder etwas vom Nachttisch auf den Boden; Sie wissen dann am anderen Morgen, daß Sie sich an irgend etwas erinnern wollten. Ein Notizblock in Reichweite des Bettes leistet ebenfalls gute Dienste. Falls Sie nicht allein sind, legen Sie einen Stift mit eingebauter Taschenlampe dazu, damit Sie kein Licht anmachen müssen, was den anderen stören würde.

ERINNERUNG: Wenn Sie meinen, nächtens einen tollen Gedanken gehabt zu haben, dann suchen Sie gleich morgens nach dem Schlüsselbegriff, der die Idee umreißt. Vielleicht können Sie sich auch an Träume erinnern, die irgend etwas mit dem Geistesblitz zu tun haben.

HALTEN SIE NOTIZBLOCK UND STIFT AUF DEM NACHTTISCH BEREIT, DAMIT SIE IHRE NÄCHTLICHEN GEISTESBLITZE NOTIEREN KÖNNEN.

Pünktlichkeit

EINPRÄGUNG: Setzen Sie Prioritäten. Verbinden Sie in Gedanken das Ereignis, zu dem Sie pünktlich zu erscheinen haben, mit bestimmten davorliegenden Tätigkeiten. Sie können sich auch eine große Uhr vorstellen, die die Zeit anzeigt, zu der Sie irgendwo sein müssen. Ermahnen Sie sich mit wachsender Häufigkeit, je näher der Termin rückt. Oder Sie stellen sich einfach einen Wecker.

ERINNERUNG: Wenn Sie die davorliegende Tätigkeit ausüben, wird Sie das an die ausgemachte Zeit erinnern. Wiederholen Sie mehrmals laut Zeitpunkt, Ort und Art Ihres wichtigen Termins. Lassen Sie keine Störungen von außen zu. Wenn Sie sich einen Wecker gestellt haben, sollten Sie unverzüglich auf das Signal reagieren.

Rechtzeitig aufstehen

EINPRÄGUNG: Denken Sie an den Grund, warum Sie unbedingt rechtzeitig aufstehen müssen („Ich darf den Zug nicht verpassen"; „Ich darf keinesfalls zu spät zur Besprechung kommen"; „Ich muß vor der Arbeit unbedingt erst noch zur Bank"). Stellen Sie sich sicherheitshalber zwei Wecker. Plazieren Sie sie so, daß Sie sie vom Bett aus nicht erreichen können, Sie also aufstehen müssen, um sie abzustellen. Hilfreich sind auch Wecker, die selbsttätig den Weckvorgang innerhalb kurzer Zeitabstände und mit impertinentem Ton wiederholen.

ERINNERUNG: Denken Sie an die Folgen, die es haben wird, wenn Sie nicht rechtzeitig aufstehen („Wenn ich den Zug verpasse, ist der Urlaub im Eimer"; „Wenn ich kein Geld von der Bank hole, kann ich nicht zum Tanken fahren"). Zwingen Sie sich, aus dem Bett zu springen, sowie Sie aufwachen. Häufig hilft es auch, an den Grund zu denken, *warum* man so früh aufsteht – wegen des Urlaubs, der Bank, des Jobs.

STELLEN SIE SICH ZWEI WECKER, WENN SIE AUF KEINEN FALL VERSCHLAFEN DÜRFEN.

Handlungen

Eine gerade unterbrochene Tätigkeit

VORBEREITUNG: Wenn Sie eine Tätigkeit unterbrechen müssen, dann gehen Sie im Geist rasch die Schritte durch, die noch zu erledigen sind. Noch besser ist es, wenn Sie es sich laut vorsagen. Verknüpfen Sie die unterbrochene Handlung mit irgend etwas an Ihrem derzeitigen Aufenthaltsort, so daß der Kontext Sie an die noch zu vollendende Tätigkeit erinnert. Bestimmte Aktivitäten sollten bestimmten Tagen vorbehalten bleiben. Beobachten Sie andere, und ahmen Sie diesem Vorbild nach. Unabdingbar ist, sich stets auf wichtige Handlungen intensiv zu konzentrieren.
ERINNERUNG: Schauen Sie sich in Ihrer Umgebung um: Manchmal hilft das, den verlorenen Faden wiederzufinden. Rekapitulieren Sie die einzelnen Schritte, die Sie bereits erledigt haben. Ein guter Tip ist auch, schon morgens aufzuschreiben, was man an jenem Tag alles erledigen will; später dann kann man in seinen Notizen nachschauen. Oder legen Sie eine Stichwortliste zum Abhaken an.

Eine länger nicht ausgeübte Handlung, die man früher beherrscht hat, richtig ausführen

EINPRÄGUNG: Entwickeln Sie verschiedene Methoden, um stets wiederkehrende Handlungen auszuführen. Üben Sie Tätigkeiten, die Sie perfekt verrichten wollen, so lange, bis alles haargenau sitzt. Schon vorab sollten Sie überlegen, welche Fehler Ihnen unterlaufen könnten – wappnen Sie sich dagegen! Es bietet sich weiterhin an, Videobänder auszuleihen, um die Erinnerung an bestimmte Handlungsabläufe aufzufrischen – etwa, wie man Tennis spielt oder Zopfmuster strickt.
ERINNERUNG: Bevor Sie die Aktion in Angriff nehmen, denken Sie erst einmal über die einzelnen Schritte nach. Wenn Sie müde sind oder unter Streß stehen, sollten Sie den Versuch lieber unterlassen. Achten Sie sorgsam auf das, was Sie tun, denn Sie könnten auch körperlich ein wenig eingerostet sein; dies ist gerade bei Bewegungsabläufen einer Sportart zu beachten. Sie können natürlich auch jemanden, der die Handlung korrekt beherrscht, bitten, sie Ihnen zu zeigen, ehe Sie es selbst versuchen.

VERSUCHEN SIE NICHT, EINE HANDLUNG PERFEKT AUSZUFÜHREN, WENN SIE MÜDE SIND ODER UNTER STRESS STEHEN. DAS ERGEBNIS IST WAHRSCHEINLICH ENTTÄUSCHEND.

Alltägliche Handlungen zu Ende bringen

EINPRÄGUNG: Denken Sie schon zu Beginn an die Vollendung der Handlung (den Schlüssel vom Innenschloß abziehen und ihn einstecken, ehe man die Haus- oder Wohnungstür zuschlägt, die fertiggewaschene Wäsche aus der Maschine nehmen). Die einzelnen Schritte des gesamten Handlungsablaufs sollten Sie sich laut oder leise vorsprechen. Gehen Sie stets methodisch und logisch vor. Wenn es der Sache dient, nehmen Sie Zeitschaltuhren zur Hilfe.

ERINNERUNG: Prägen Sie sich bestimmte Handlungsabläufe durch Übung ein. Versichern Sie sich immer, daß Sie den Wagenschlüssel in der Hand haben, ehe Sie die Autotür zuschlagen; wenn Sie nach Hause kommen, legen Sie den Wohnungsschlüssel stets an denselben Platz usw.

Richtige Haltung beim Ausüben einer Sportart

EINPRÄGUNG: Üben Sie die richtige Körperhaltung für bestimmte sportliche Aktivitäten mit Hilfe eines Trainers, Lehrers oder anhand von Büchern oder Videos ein. Am besten, Sie teilen den Bewegungsablauf in einzelne kleinere Schritte auf. Diese gehen Sie übungshalber in Gedanken durch, möglichst in Momenten der Ruhe (etwa während einer Bus- oder Zugfahrt oder während Sie irgendwo warten müssen). Darüber hinaus sollten Sie natürlich so oft wie möglich praktisch üben.

ERINNERUNG: Entsinnen Sie sich früherer Fehler und wie Sie sie umgangen oder vermieden haben. Wenn Sie sich genügend Zeit fürs Aufwärmen nehmen, ehe Sie mit der eigentlichen Übung beginnen, können Sie den Ablauf noch einmal in Ruhe gedanklich durchspielen.

Mehrere wichtige Besorgungen erledigen

EINPRÄGUNG: Ehe Sie sich auf den Weg machen, sollten Sie sich die komplette Route und das Endziel vorstellen. Planen Sie die Strecke so, daß Sie an allen erforderlichen Punkten vorbeikommen. Damit Sie nichts vergessen, legen Sie eine Notiz an gut sichtbarer Stelle hin. Oder Sie deponieren an einem exponierten Platz sinnvolle Erinnerungsstücke: zum Beispiel Ihr Scheckheft, wenn Sie zur Bank müssen, die Einkaufsliste für den Supermarkt, das Wartungsheft, wenn die Autoinspektion fällig ist.

ERINNERUNG: Überlegen Sie, was Sie taten, bevor Sie das Haus verließen, und denken Sie an die Route, die Sie ausgearbeitet haben. Wenn Sie mit dem Auto unterwegs sind, dann schauen Sie dort nach, ob sich irgendwelche Hinweise auf Erledigungen finden lassen, die noch ausstehen. Haben Sie einen Beifahrer, kann auch er Ihnen möglicherweise weiterhelfen.

WENN SIE MEHRERE DINGE ZU ERLEDIGEN HABEN, PLANEN SIE EINE ROUTE, DIE SIE NACHEINANDER AN ALLEN PUNKTEN VORBEIFÜHRT.

Rechtzeitig tanken und den Ölstand prüfen

EINPRÄGUNG: Trotz optischer Warnsignale stehen zahlreiche Autofahrer ab und an mit leerem Tank da, weil sie das Signal zunächst ignoriert und später vergessen haben, zum Tanken zu fahren, oder weil sie versäumt haben, ihre Fahrtroute so zu planen, daß sie an einer Tankstelle vorbeikommen. Als Gegenmittel können Sie sich angewöhnen, die Zapfsäule bereits mit halbleerem Tank anzulaufen und dann auch jedesmal routinemäßig den Ölstand zu prüfen.

ERINNERUNG: Steuern Sie sofort die nächste Tankstelle an, wenn das Warnlicht zu leuchten beginnt. Geht das nicht, dann schreiben Sie sich eine Notiz und kleben Sie sie an die Windschutzscheibe, damit Sie beim nächsten Einsteigen erinnert werden. In jedem Fall ist es sinnvoll, immer einen gefüllten Reservekanister dabeizuhaben – für sich und vielleicht für andere.

Den Tankdeckel wieder aufsetzen

EINPRÄGUNG: Sagen Sie sich jedesmal, wenn Sie den Tankdeckel abschrauben: „Wie viele Leute vergessen, nach dem Tanken den Deckel wieder zuzuschrauben; mir wird diese Dummheit nicht passieren." Außerdem sollten Sie es sich zur Gewohnheit machen, den Deckel während des Tankens immer an derselben Stelle abzulegen oder in der Hand zu behalten. Legen Sie ihn möglichst nicht aufs Wagendach, da sieht man ihn meist am schlechtesten. Wenn Sie schon viele Tankdeckel verloren haben, dann kleben Sie sich einen Leuchtsticker auf die Tankklappe, oder plazieren Sie eine Notiz auf dem Armaturenbrett mit der Aufschrift „Tankdeckel nicht vergessen!" Sie können auch den Tankdeckel in der Werkstatt durch eine Kette mit der Klappe verbinden lassen.
ERINNERUNG: Gewöhnen Sie sich an, erst dann weiterzufahren, wenn Sie sicher wissen, daß Sie den Deckel aufgeschraubt haben. Bitten Sie außerdem vorher Ihre Mitfahrer, Sie später nach dem Deckel zu fragen.

Fernlicht und Blinker ausschalten

EINPRÄGUNG: Wenn Sie das Licht oder den Blinker einschalten, lassen Sie den Finger kurz auf dem Schalter ruhen und sagen Sie sich, daß Sie gerade einen „*Ein*schalter" betätigen, der auch wieder *aus*geschaltet werden muß.
ERINNERUNG: Prüfen Sie stets schon dann Ihr Fernlicht, wenn Sie den ersten Lichtstrahl eines entgegenkommenden Autos bemerken. Wenn jemand Sie anblinkt, schimpfen Sie nicht, sondern checken Sie lieber, ob Sie Ihr Fernlicht vergessen haben.

Autoscheinwerfer und -radio ausschalten

EINPRÄGUNG: Machen Sie es sich zur Gewohnheit, immer erst nachzuschauen, ob das Licht aus ist, ehe Sie vom geparkten Fahrzeug weggehen. Es hilft auch, sich eine bestimmte Reihenfolge anzugewöhnen: Zunächst macht man das Radio, dann das Licht aus, bevor man aussteigt. Günstig sind Automarken, bei denen sich automatisch das gesamte elektrische System ausschaltet, wenn man den Schlüssel aus dem Zündschluß zieht.
ERINNERUNG: Überprüfen Sie routinemäßig, ob Sie alle Funktionen abgeschaltet haben, ehe Sie das geparkte Auto verlassen. Wenn Sie Ihre Einkäufe

vor dem Haus bereits ausgeladen haben und erst dann bemerken, daß die Scheinwerfer noch an sind, bringen Sie die Sachen nicht erst hinein, sondern handeln Sie sofort. Sie könnten vergessen, wieder rauszugehen und das Licht auszumachen. Oder sagen Sie wenigstens auf dem ganzen Weg vor sich hin: „Scheinwerfer ausschalten, Scheinwerfer ausschalten", und lassen Sie sich von nichts ablenken.

MACHEN SIE ES SICH ZUR GEWOHNHEIT, IMMER ERST VORN UM DEN WAGEN HERUMZUGEHEN UND NACHZUSCHAUEN, OB SIE DAS LICHT AUSGEMACHT HABEN, EHE SIE VOM GEPARKTEN FAHRZEUG WEGGEHEN.

Autoschlüssel abziehen und mitnehmen sowie ein Sichausschließen verhindern

EINPRÄGUNG: Manche Wagentypen lassen sich von außen nicht durch Niederdrücken des Türknopfes und anschließendes Zuschlagen der Tür verschließen; man kann also die Schlüssel nicht im Wagen einschließen. Dies ist ein recht narrensicheres System. Ein weiteres Problem: Man vergißt den Wagenschlüssel im Zündschloß oder auf dem Sitz und läßt das Auto offen – ein gefundenes Fressen für Autodiebe. Für im Zündschloß vergessene Schlüssel gibt es ein Warnsystem: Öffnet man die Tür, solange der Schlüssel steckt, ertönt ein Geräusch. Gewöhnen Sie sich außerdem an, die Schlüssel sofort in die Tasche zu tun, wenn Sie noch Gepäck auszuladen haben. Das Armaturenbrett oder der Autositz eignen sich nämlich schlecht als „Zwischenlager"; allzuleicht vergißt man die Schlüssel dort und schlägt einfach die Tür zu.
ERINNERUNG: Ziehen Sie den Schlüssel ab, sobald Sie am Ziel angekommen sind, und stecken Sie ihn in die Tasche. Generell sollten Sie sich angewöhnen, immer auf die Schlüssel zu achten, ehe Sie die Wagentür zuschlagen. Für den Fall der Fälle bietet es sich an, stets einen Zweitschlüssel bei sich haben.

Benimmregeln

EINPRÄGUNG: Rekapitulieren Sie *vor* einem gesellschaftlichen Ereignis die Etiketteregeln, die Sie brauchen werden (anderen die Tür öffnen, jemandem etwas reichen, anderen aus dem Mantel helfen, Leute einander vorstellen, peinliche Pausen in der Konversation überbrücken). Schlagen Sie in einem neueren Benimmbuch nach (manche alten Zöpfe sind inzwischen abgeschnitten!), wie man bestimmte Situationen meistert, und versetzen Sie sich in die beschriebene Situation. Manchmal sollte man sicherheitshalber einen Einheimischen zu speziellen lokalen Sitten befragen oder sich darüber in einem Reiseführer informieren. Denn je weiter Sie sich von zu Hause wegbegeben, desto mehr können Sitten und Gebräuche abweichen. Machen Sie sich Höflichkeit zur Gewohnheit. Seien Sie vorsichtig und zurückhaltend in Situationen, in denen Sie vorschnell das Falsche sagen oder tun könnten. Wenn Sie einen Fauxpas begehen – oder dies bei jemand anders bemerken –, dann schreiben Sie sich in Gedanken eine Notiz und achten in Zukunft darauf, daß er nicht wieder vorkommt.
ERINNERUNG: Achten Sie verstärkt auf Fehler, die Sie schon öfter begangen haben. Gut ist, öfters in ein neueres Benimmbuch zu schauen und regelmäßig die entsprechenden Kolumnen in den Zeitschriften zu lesen. Erinnern Sie sich selbst daran, daß in bestimmten gesellschaftlichen Situationen mehr Etikette verlangt wird als in anderen; wenn Sie mit Ihren besten Freunden zusammensitzen, können Sie sich anders benehmen als beim Empfang beim Bundespräsidenten. Ein weiterer Tip: Nehmen Sie das Verhalten derer, die sich ganz offensichtlich auskennen, als Richtschnur.

ÜBERPRÜFEN SIE IHRE KENNTNISSE ÜBER ZEITGEMÄSSE UMGANGSFORMEN, BEVOR SIE SICH IN GESELLSCHAFT BEGEBEN.

Ein einzelner Schritt aus einer Abfolge

EINPRÄGUNG: Es kommt häufig vor, daß man eine Handlung ausführen muß, die mehrere Einzelschritte in einer bestimmten Reihenfolge erfordert. Die meisten dieser Handlungsabläufe sind uns so in Fleisch und Blut übergegangen, daß wir uns ihrer als Abfolge gar nicht mehr bewußt sind. Manchmal aber müssen wir uns zunächst durch eine längere Gebrauchsanweisung quälen. Ein Gedächtnisausfall bei der späteren Erinnerung an die richtige Reihenfolge der Schritte oder das versehentliche Auslassen eines Teilschrittes kann das gewünschte Ergebnis vereiteln. Um das zu verhindern, sollten Sie zunächst in Ruhe in Gedanken den kompletten Ablauf durchgehen, ehe Sie die Sache in Angriff nehmen. Sofern eine Gebrauchsanweisung vorhanden ist, lesen Sie diese erst noch einmal genau durch. Es hilft auch, nach der logischen Verknüpfung der einzelnen Schritte zu suchen und sich laut vorzusagen, was warum getan werden muß und was jeder einzelne Schritt bewirkt.

ERINNERUNG: Wenn Sie eine Folge kleiner Einzelhandlungen auszuführen haben, dann achten Sie darauf, daß jeder einzelne Schritt abgeschlossen ist, ehe Sie den nächsten in Angriff nehmen. Eine gute Methode dabei: sich die benötigten Werkzeuge oder Utensilien für jeden einzelnen Schritt zurechtzulegen, so daß der Anblick dieser Gegenstände einen daran erinnert, was als nächstes zu tun ist. (Außerdem braucht man so den Arbeitsablauf nicht zu unterbrechen, um fehlende Gerätschaften zu holen.) Achten Sie sorgfältig darauf, welche Schritte schon ausgeführt sind, und gehen Sie in Gedanken die noch nicht erledigten durch.

WENN SIE EINE KOMPLEXE AUFGABE IN ANGRIFF NEHMEN, DIE VIELE EINZELSCHRITTE ERFORDERT, GEHEN SIE ZUNÄCHST IM GEIST JEDEN EINZELNEN SCHRITT DURCH, EHE SIE IHN IN DIE TAT UMSETZEN.

Peinliche Ausrutscher in der Unterhaltung vermeiden

EINPRÄGUNG: Merken Sie sich ein für alle Mal, welche Themen unter bestimmten Freunden und Kollegen tabu sind. Generell sollten Sie Gesprächsthemen meiden, bei denen Sie etwas Falsches, Anstößiges oder

Peinliches sagen könnten. Suchen Sie in Ihrer Erinnerung nach Situationen, in denen Ihnen verbale Ausrutscher passiert sind; nehmen Sie sie als Warnung zum Schutz vor erneuten Fehlgriffen.

Erinnerung: Wenn Sie sich im Wort vergriffen oder möglicherweise auch nur versprochen haben, dann machen Sie sich dies stets bewußt, um den Fehler beim nächsten Mal zu vermeiden. Stoßen Sie häufiger ungewollt jemanden durch unbedachte Äußerungen vor den Kopf, sollten Sie sich angewöhnen, das, was Sie sagen wollen, zunächst in Gedanken durchzugehen, ehe Sie es laut aussprechen. So können Sie relativ sicher sein, niemanden zu beleidigen.

Je mehr Methoden, desto besser

In diesem Kapitel wurden zwar sehr viele Situationen vorgestellt, in denen das Gedächtnis gefordert ist, doch kann eine solche Auflistung niemals vollständig sein. Wenn *Ihr* spezielles Gedächtnisproblem nicht aufgeführt sein sollte, dann schauen Sie nach unter einer vergleichbaren Situation. Möglicherweise lassen sich die dort gegebenen Tips und Hinweise auf Ihr Problem übertragen.

Nun gibt es nicht für alle Lebenssituationen aufgabenspezifische Gedächtnissteuerungen. Und für leichtere Aufgaben, die wir permanent bewältigen müssen, ohne uns dessen recht bewußt zu sein, genügen die allgemeinen Tips und Hinweise, die ich in Kapitel 6 gegeben habe. Wenn aber die Möglichkeit besteht, eine spezielle Strategie einzusetzen, die auf die geforderte Gedächtnisleistung zugeschnitten ist, dann sollte man sie *unbedingt* anwenden. Noch besser, Sie benutzen – sofern möglich – zwei oder mehr verschiedene Methoden. Denken Sie nur an die alltägliche Situation, sich einen Namen einprägen zu müssen. Eine mögliche Technik besteht darin, sich zu überlegen, welche nationale Herkunft der Name hat. Eine andere analysiert die Länge des Namens, die Zahl der Silben, ungewöhnliche Buchstabenkombinationen. Allein diese beiden Methoden also gehen auf jeweils völlig unterschiedliche Weise an ein und dieselbe Aufgabe heran.

Angenommen, es werden Ihnen zwei Damen und zwei Herren vorgestellt: Frau *Schmidt* und Frau *Wieczorek-Zeul,* Herr *Schäuble* und Herr *de Maizière. Schmidt* ist für viele ein typisch deutscher Name; die wenigsten denken daran, daß er (wie *Müller* und *Meier)* von einer Berufsbezeichnung abgeleitet ist. Doch er hat insofern seine Tücken, als er unterschiedlich geschrieben werden kann. *Schmid* oder *Schmidt, Schmitt* und *Schmied* kommen vor. Wer sich gleich bei der Vorstellung nach der korrekten Schreibweise erkundigt, hat bereits eine erste Erinnerungsstütze. Der Name *Wieczorek* fällt nicht nur durch eine – für uns Deutsche – ungewöhnliche Schreibweise auf, er läßt darüber hinaus osteuropäische Wurzeln vermuten. *Schäuble* wiederum ist mit der typischen Verkleinerungsform „le" am Ende dem schwäbischen Sprachraum zuzuordnen, während *de Maizière* nicht nur von der Schreibweise her ungewöhnlich erscheint, sondern auch auf ausländische, nämlich französische respektive hugenottische Herkunft deutet.

Schon diese ethnisch-nationale Zuordnung der Namen kann helfen, sich später an sie zu erinnern. Wenn man darüber hinaus noch auf besondere Buchstabenkombinationen achtet, wird es noch leichter.

Neben diesen beiden Techniken wurden im Buch noch viele weitere vorgestellt. Es zeigt sich, daß nicht jedes Verfahren für jeden Namen gleichermaßen gut geeignet ist; deshalb wird derjenige sich am sichersten erinnern, der die meisten Methoden beherrscht. Dies gilt für *alle* Gedächtnisaufgaben. Je *mehr* Steuerungen und Techniken man sich angeeignet hat, desto *größer* ist die Auswahl, wenn es um ein spezifisches Problem geht. Hinzu kommt, daß die Suche nach der geeigneten Steuerung eine intensive Beschäftigung mit der Gedächtnisaufgabe voraussetzt und so bereits das Einprägen fördert und die Erfolgsaussichten vergrößert.

Je mehr Gedächtnissteuerungen Sie einsetzen, desto grösser sind Ihre Erfolgschancen bei der Bewältigung einer Aufgabe.

Versuchen Sie nun aber nicht, *alle* Gedächtnishilfen und -steuerungen, die in diesem Buch vorgestellt wurden, systematisch zu erlernen und zu behalten. Das würde die Leistungen Ihres Gedächtnisses *verschlechtern* statt verbessern. Fangen Sie mit einer oder zwei Gedächtnisübungen an, die Ihnen ernsthaft Schwierigkeiten bereiten und die Sie für besonders wichtig halten. Schon allein, wenn Sie da Ihre Leistung zu verbessern vermögen, haben Sie eine Menge für sich erreicht. Später können Sie dann weniger wichtige Aufgaben angehen und andere Hilfen erlernen.

Speziell die in diesem Kapitel vorgestellten Techniken erfordern **Übung** und oft auch **Disziplin,** damit man sie wirklich effektiv einsetzen kann. Der individuell unterschiedlich empfundene Schwierigkeitsgrad einer bestimmten Strategie wird darüber entscheiden, ob sie sich für Sie eignet oder nicht. Erfahrungsgemäß führen die komplizierteren Techniken zu einer tieferen Einprägung der Gedächtnisspur. Aber erstens ist es individuell verschieden, was als leicht oder schwierig eingestuft wird, und zweitens könnte es sein, daß Sie zunächst aus Zeitmangel auf eine leichtere Steuerung zurückgreifen möchten.

Wenn Sie sich für eine Methode entschieden haben, dann ist es empfehlenswert, sich eine **Karteikarte** anzulegen. Schreiben Sie auf die eine Seite die Aufgabe, die Sie bewältigen wollen, und auf die andere die Methode, die Sie dafür gewählt haben. Heben Sie die Karte an gut sichtbarer Stelle auf, beispielsweise neben dem Bett oder auf Ihrem Schreibtisch. Jedesmal, wenn Sie sie sehen, werden Sie daran erinnert, daß Sie eine bestimmte Gedächtnisstrategie trainieren möchten. Mit etwas Übung sollten Sie bald soweit sein, automatisch an die Gedächtnissteuerung zu denken, sobald die spezifische Aufgabe auf Sie zukommt.

Zusammenfassung

Techniken, die Ihnen helfen, bestimmte Gedächtnisaufgaben zu bewältigen, verschaffen Ihnen einen Vorteil, denn sie bereiten Sie rechtzeitig auf die Aufgabe vor. Die in diesem Kapitel vorgestellten Methoden und Manipulationen beziehen sich auf etwa 100 typische Alltagssituationen, in denen das Gedächtnis gefragt ist und die vielen Menschen Probleme machen. Wann immer möglich, sollten Sie Techniken anwenden, die auf spezielle Gedächtnisaufgaben zugeschnitten sind.

KAPITEL 9

Der volle Durchblick: Schöpfen Sie Ihre Potentiale aus!

Der letzte Schritt einer umfassenden Gedächtnisverbesserung besteht sozusagen in der Entwicklung des vollen Durchblicks. Das bedeutet, Sie müssen lernen, Ihre Gedächtnisprobleme zu erkennen, um ihnen mit den bestgeeigneten Techniken, die Sie sich ebenfalls erst aneignen müssen, beikommen zu können.

Der richtige Zeitpunkt, der richtige Ort

Jede Gedächtnissteuerung oder Technik ist praktisch wertlos, wenn sie zur falschen Zeit, am falschen Ort oder von der falschen Person angewandt wird. Um zu bestimmen, ob es Sinn macht, eine spezifische Steuerung einzusetzen, sollten Sie sich *zwei wichtige Fragen* stellen:

1. *Paßt die Technik zu mir bzw. zur Situation, in der ich mich befinde?*

Wenn beispielsweise ein Hobbykoch eine Liste mit Lebensmitteln zusammenstellt, die einzukaufen sind, so denkt er an die Speisen und Gerichte, die er zubereiten wird. Die einzukaufenden Zutaten stehen für ihn also in einem logischen Zusammenhang mit dem, was er damit zu tun gedenkt. Für jemanden, der vom Kochen rein gar nichts versteht, ist eine solche Einkaufsliste nichts weiter als eine Kette unzusammenhängender Begriffe, deren Bedeutung er möglicherweise nicht einmal kennt (etwa, wenn es sich um exotische Früchte oder seltene Gewürze handelt). Die zuerst erwähnte Person kann sich die Liste möglicherweise am besten merken, indem sie sich auf den *Sinn und Zweck* der einzelnen Posten konzentriert, während die zweite Person wahrscheinlich besser beraten ist, sich die *Aussprache* oder den *Klang* der Einzelelemente einzuprägen. Mit anderen Worten:

Es bewirkt das Gegenteil von dem, was man erwünscht, wenn man Gedächtnissteuerungen wählt, die mit den **Gegebenheiten** nicht vereinbar sind.

Um es noch deutlicher zu machen: Derselbe Mensch, der Probleme hat, sich eine Einkaufsliste für Lebensmittel mit Hilfe der ersten Technik zu merken (logische Verknüpfung der zu kaufenden Gegenstände mit dem Zweck, für den sie gedacht sind), weil er selbst nichts vom Kochen versteht, könnte diese Technik sehr wohl in einer anderen Situation anwenden: Dann nämlich, wenn es darum geht, sämtliche Utensilien zur Renovierung des Hauses zu besorgen. Umgekehrt müßte in dem Fall der Hobbykoch auf die zweite (oder eine andere) Methode zurückgreifen, um sich die vielen Einzelposten einzuprägen, weil er vom Ablauf einer Renovierung nichts versteht.

2. *Erfordert die Gedächtnissteuerung mehr Aufwand, als der Situation angemessen ist?*

Wenn Sie im Supermarkt den Wocheneinkauf erledigen, dann könnten Sie sich die 50 zu besorgenden Einzelteile anhand komplizierter Techniken wie *Loci* (siehe Seite 137) oder *Aufhänger* (siehe Seite 138/139) merken; Sie könnten Karteikarten schreiben oder irgendeine andere Methode wählen. Es ginge allerdings sehr viel einfacher und schneller, wenn Sie schlicht eine geordnete Einkaufsliste benutzen würden. Alles andere wäre in diesem Fall Zeitverschwendung.

FRAGEN SIE SICH, OB DIE JEWEILIGE GEDÄCHTNISAUFGABE DEN AUFWAND WERT IST, DEN BESTIMMTE TECHNIKEN ERFORDERN.

Müßten Sie hingegen ein bevorstehendes Examen oder eine Sprachprüfung bewältigen, dann wäre es mit einem schnellen Listeschreiben nicht getan. In einem solchen Fall wäre es sinnvoll, die nötige Zeit zu investieren, die es braucht, um umfangreichen Stoff mit Hilfe einer ausgefeilteren Technik dauerhaft dem Langzeitgedächtnis einzuprägen.

Um diese beiden Fragen bezüglich jeder Gedächtnissituation richtig beantworten zu können, ist es nötig, *dreierlei* Dinge miteinander in Einklang zu bringen:

- die eigenen Fähigkeiten und Neigungen,
- die klar definierte zu bewältigende Gedächtnisaufgabe und
- die dafür zur Verfügung stehenden Techniken.

Der Trick besteht darin, die aktuelle Gedächtnissituation so genau wie möglich zu umreißen und dann die Steuerung zu wählen, die sowohl Ihnen persönlich als auch der Situation angemessen ist.

Die einfachste Methode, um herauszufinden, ob Sie die richtige Technik gewählt haben: Prüfen Sie, ob sie funktioniert hat. Oder andersherum: Möglicherweise fällt es Ihnen gar nicht auf, wenn Ihr Gedächtnis erfolgreich gearbeitet hat; Sie bemerken nur sein Versagen; dann haken Sie da an diesem Punkt ein.

Sie müssen Ihre Fortschritte routinemässig überprüfen, um sicher zu sein, dass Sie richtig vorgehen.

Wenn Sie das nächste Mal wieder Ihre Schlüssel verlegt haben oder sich an den Namen eines Bekannten nicht erinnern können, dann sollten Sie sich weder verfluchen noch einfach zur Tagesordnung übergehen. Nehmen Sie sich einen Augenblick Zeit, und fragen Sie sich: Was läuft hier schief? Was könnte ich tun, um diese lästigen Fehlleistungen auszuschalten, um die Informationen besser aufzunehmen und sie mir nachhaltiger einzuprägen?

Wenn Sie es mit der Verbesserung Ihres Gedächtnisses ernst meinen, sollten Sie systematische **Selbstbeobachtung** betreiben. Ein **Gedächtnistagebuch** mit einer **Checkliste** macht es einfacher herauszufinden, wo Ihr Gedächtnis Schwachstellen aufweist und wo Sie besonders viel Energie investieren sollten. Selbst wenn Sie nicht akribisch Buch führen, so kann doch ein gelegentlicher Überblick nicht schaden.

Kontrollieren Sie Ihre schlechten Gewohnheiten

Um Ihr Gedächtnis **auf Dauer** in Form zu halten, sollten Sie sich gute Gedächtnisgewohnheiten aneignen und die schlechten, die die Leistung beeinträchtigen, soweit wie irgend möglich ablegen. Der folgende kleine Test gibt Ihnen Aufschluß darüber, wie der Stand der Dinge bei Ihnen aussieht. Überprüfen Sie, wie oft Sie in der beschriebenen Weise handeln:

TEST: HABEN SIE SCHLECHTE GEWOHNHEITEN ANGENOMMEN?

Tragen Sie in die Tabelle auf den folgenden Seiten in den vorgegebenen Raum Ihre Eigenbewertung nach folgender Skala ein:

1 = *immer*
2 = *sehr oft*
3 = *ziemlich oft*
4 = *etwa in der Hälfte der Fälle*
5 = *manchmal*
6 = *selten*
7 = *nie*

HANDLUNGSWEISE	
1. Ich schätze Gedächtnisaufgaben ziemlich gering.	
2. Ich stufe meine eigenen Gedächtnisleistungen gering ein.	
3. Ich schenke meiner körperlichen Verfassung keine Beachtung, denn ich glaube nicht, daß sie die Gedächtnisleistung beeinflußt.	
4. Ich setze nachteilige Stimulantien (Nikotin, Alkohol) ein, wenn ich eine Gedächtnisleistung erbringen soll.	

HANDLUNGSWEISE	
5. Ich führe ein extrem hektisches Leben.	
6. Ich führe ein sehr in Routine erstarrtes Leben.	
7. Ich folge keinem täglichen Stundenplan.	
8. Ich bewahre meine Sachen ungeordnet auf.	
9. Ich setze keine Gedächtnissteuerungen oder -hilfen ein, weil ich glaube, auch ohne sie ein gutes Gedächtnis zu haben.	
10. Ich lerne, während ich fernsehe oder andere Menschen anwesend sind.	
11. Ich lerne im ganzen, ohne die wichtigsten Punkte zu bestimmen und diesen dann besondere Aufmerksamkeit zu schenken.	
12. Ich lasse meine Gedanken abschweifen, wenn ich eigentlich lernen sollte.	
13. Ich gehe die Lernschritte durch, aber ich weiß, daß ich nicht bei der Sache bin.	
14. Ich versuche, alles auf einmal einzupauken, statt viele einzelne Lernsitzungen abzuhalten.	
15. Ich prüfe immer wieder, ob ich etwas erledigt oder mich richtig erinnert habe, obwohl ich weiß, daß ich die Sache eben gerade erst überprüft habe.	

Sie ermittteln Ihr Testergebnis, indem Sie alle Zahlen zusammenzählen und das Ergebnis durch die Anzahl der Fragen (15) teilen. Statistisch gesehen schwankt die Bewertung in der Regel je nach Alter und Herkunft der Personen, doch der typische Mittelwert liegt zwischen 4 und 6. Wenn Ihre eigene Bewertung eher nach 3 oder gar 2 tendiert, dann haben Sie viele Fragen mit „immer" oder „sehr oft" beantwortet. Das heißt, Sie sollten zunächst an der Beendigung bzw. Vermeidung schlechter Gewohnheiten arbeiten, ehe Sie mit der Verbessung des Gedächtnisses beginnen. Sonst machen Sie sich unnötige Arbeit.

Entwickeln Sie die „Beschleunigungsstrecke" Ihres Gedächtnisses

Wer größere Gedächtnisleistungen erbringen will, muß in der Lage sein, Situationen zu erkennen, in denen sein Gedächtnis gefragt ist, und er muß die richtigen Techniken anwenden können. Es heißt also, mit anderen Worten, eine Art Beschleunigungsstrecke für das eigene Gedächtnis zu entwickeln. Ob Sie Informationen beim **Lernen** speichern oder sie beim **Erinnern** wieder abrufen: Für beide Prozesse lassen sich spezielle Schritte einsetzen, die Ihre Bemühungen organisieren und zielgerichtet lenken. Dazu nun einige Erläuterungen:

Sich Lernstoff besser einprägen

Machen Sie sich die folgenden todsicheren Systeme zu eigen, wenn Sie sich etwas **einprägen** möchten:

- *Stellen Sie als erstes sicher, daß Sie sich die richtige Information einprägen.* Dazu ist es nötig, sich mit allem, was man zu lernen hat, zunächst vertraut zu machen, ehe man eine Methode einsetzt, um die Information fest ins Gedächtnis einzuspeichern.
- *Überlegen Sie, ob es sinnvoller ist, gewissen Lernstoff als Ganzes aufzunehmen oder lieber in Einzelteile zu zerstückeln.* Wenn Sie ihn sich portionsweise einprägen, dann sollten Sie zum Schluß genügend Zeit dafür aufwenden, um die Einzelinformationen wieder zu verknüpfen.

SUCHEN SIE IMMER NACH DER BESTEN METHODE, DIE ZUGLEICH AUCH DIE SCHNELLSTE IST.

■ *Wann immer möglich, sollten Sie für ein und dieselbe Sache mehr als eine Methode der Gedächtnissteuerung einsetzen.* Dies bewirkt eine tiefer eingeprägte, länger haltbare Gedächtnisspur. Oft gelingt es, eine Technik zu finden, die die Gedächtnisspur fest verankert und eine zweite, die sich auf die Eigenschaften des zu lernenden Materials bezieht. Zum Beispiel prägt man sich eine Reihe von Gegenständen zunächst dadurch ein, daß man sie im stillen wiederholt; dann sucht man nach einer inneren Verbindung zwischen den einzelnen Gegenständen (einem gemeinsamen Nenner), so daß sie sinnvoll verknüpft erscheinen.

■ *Verteilen Sie den Lernvorgang auf mehrere Einzelsitzungen.* Eine intensive Lernphase von zwei und mehr Stunden ist im allgemeinen nämlich weniger effektiv als zwei einstündige Sitzungen, zwischen denen eine Pause liegt. Lernen Sie nach Stundenplan, und überprüfen Sie nachher jeweils Ihre Fortschritte.

ZWEI EINSTÜNDIGE LERNPHASEN SIND EFFEKTIVER ALS EINE ZWEISTÜNDIGE.

■ *Während des gesamten Lernvorgangs sollten Sie regelmäßig den Erfolg kontrollieren.* Bevor Sie sich erneut zum Lernen hinsetzen, schätzen Sie ab, wieviel Sie vom letzten Mal behalten haben. Wenn der Stoff besonders wichtig oder kompliziert ist, dann überprüfen Sie Ihren Kenntnisstand weiterhin, auch wenn Sie glauben, alles hundertprozentig zu wissen. Während Sie sich dem Eigentest unterziehen, sollten Sie sich Situationen vorstellen, in denen Sie gezwungen sind, das Gelernte anzuwenden. Achten Sie vor allem auch darauf, ob Sie sich Informationen ein- oder zweigleisig einprägen müssen. Wenn Sie zum Beispiel Englisch lernen, dann müssen Sie das Vokabular nicht nur deutsch-englisch, sondern auch umgekehrt englisch-deutsch beherrschen.

- *Seien Sie auf Stillstände vorbereitet.* Sie werden einen Punkt erreichen, wo Sie trotz aller Bemühungen keine weiteren Fortschritte zu erzielen scheinen. Wie beim Sport sind das Zustände, die eine Zeitlang anhalten, dann aber schließlich doch dem Wachsen der Fähigkeiten weichen.

Einfache Tricks, um sich zu erinnern

Sie werden überrascht sein, wie wirkungsvoll die folgenden einfachen Tricks sind:

- *Versuchen Sie, sich in Ruhe zu erinnern.* Gehen Sie bewußt langsam und sorgfältig zuwege. Eile und Hektik führen nämlich dazu, daß Teile der Information unterdrückt werden, die Sie eigentlich parat haben. Außerdem ist die Wahrscheinlichkeit größer, daß Sie etwas Falsches aus dem Gedächtnis ausgraben. Wenn Sie sich nicht *sofort* erinnern können, dann sollten Sie sich der kurzfristigen Blockade nicht schämen. Sehr oft fällt einem das Gesuchte wieder ein, wenn man sich nur genügend Zeit läßt.

Lassen Sie sich beim Erinnern Zeit: Hektik und Stress blockieren nur. Das Motto sollte lauten: lieber langsam, dafür aber genau.

- *Rufen Sie sich die Informationen in optimaler Reihenfolge wieder ins Gedächtnis.* Eine chronologische Ordnung ist meist dann die beste, wenn Sie sich an ein Ereignis oder eine Geschichte erinnern wollen. Wenn Sie sich hingegen an eine kürzlich erhaltene komplexe Information erinnern möchten, dann sollten Sie als erstes das zu rekapitulieren versuchen, was Sie zuletzt aufnahmen, und erst danach den Teil, den Sie zuerst hörten; zum Schluß heißt es, zwischen diesen beiden Bruchstücken eine Brücke zu schlagen und die fehlenden Informationen zu ergänzen. Wenn es sich um sehr viel Stoff handelt, der nicht chronologisch zu ordnen ist, dann teilen Sie ihn zunächst auf. Beim Erinnern versuchen Sie dann, zwischen den Einzelteilen und dem Ganzen hin- und herzupendeln.

■ *Stellen Sie sich selbst Fragen:* Als erstes solche, die speziell mit der Information zusammenhängen. Danach befragen Sie sich zu den Begleitumständen, die nur bedingt mit der Information zu tun haben. Wechseln Sie ab zwischen den direkten und den indirekten Fragen, bis sich der Erfolg einstellt oder bis Sie erkennen, daß momentan eine Blockade herrscht.

„Überarbeiten" Sie zunächst im Geist die Dinge, an die Sie sich erinnern, ehe Sie sie anderen gegenüber ausposaunen. Sie können die **Richtigkeit** Ihrer wiederaufgefundenen Erinnerung auf verschiedene Weise prüfen:

■ *Fragen Sie sich, wie hoch der Wahrscheinlichkeitsgrad ist, mit dem Sie eine richtige Antwort auf eine Frage zu einem bestimmten Themenkreis erkennen würden.* Die meisten Menschen haben nämlich ein recht sicheres Gespür für das, was Sie wissen. Bei Wissensgebieten, in denen Sie sich gut auskennen, sollte der Schätzwert hoch liegen. Bei Themen, die weniger in Ihr Ressort fallen, müßte der Schätzwert entsprechend geringer ausfallen. Aber ob hoch oder niedrig: Ihre Selbsteinschätzung wird im großen und ganzen richtig sein.

■ *Prüfen Sie den Inhalt dessen, woran Sie sich erinnert haben.* Ergibt das Erinnerte einen Sinn? Ist es in sich logisch und geschlossen? Wenn nicht, haben Sie sich möglicherweise vertan und etwas Falsches aus Ihrem Gedächtnis hervorgekramt. Denken Sie noch einmal nach, setzen Sie andere Strategien ein.

Sie können die Richtigkeit Ihrer Erinnerung anhand verschiedener Fragen selbst überprüfen.

■ *Seien Sie sich darüber im klaren, daß Sie auf vielerlei Weise im Irrtum sein können:* Es mag vorkommen, daß Sie die Frage mißverstanden haben.

Oder Sie haben vielleicht etwas außer acht gelassen. Eine zweite Gedächtnisspur könnte sich mit derjenigen vermischt haben, auf der Ihre gesuchte Erinnerung liegt. Sie mögen sich zum falschen Zeitpunkt erinnnern (etwa an ein Treffen, *nachdem* man es verbummelt hat) oder am falschen Ort. Schließlich könnte es sein, daß Sie nur einen Teil der gewünschten Information wiedergefunden haben. Das Prüfen und Gegenchecken all dieser möglichen Fehlerquellen kann zugleich eine Methode sein, um auch den Erinnerungsprozeß genau zu überprüfen.

■ *Gehen Sie das Erinnerte durch, um sicherzustellen, daß Sie nicht mit etwas herausplatzen, das als beleidigend oder anstößig angesehen werden könnte.*

Behalten Sie Ihre Gedächtnisfehlleistungen im Auge. Analysieren Sie sie, und korrigieren Sie sie dann.

Wenn Ihre Bemühungen trotz ernsthaftester und intensivster Versuche fehlschlagen, dann lassen Sie die Sache vorerst ruhen. Die Chancen stehen gut, daß die gewünschte Erinnerung irgendwann scheinbar wie von selbst ins Bewußtsein tritt. Oder Sie probieren einmal die **Yoga-Erinnerungsmethode:** Suchen Sie sich ein ruhiges Plätzchen, wo niemand Sie stört, und legen Sie sich dort hin. Entspannen Sie systematisch alle Muskeln. Wenn Sie völlig entspannt sind, dann beginnen Sie, sich Fragen zu der Information zu stellen, an die Sie sich erinnern wollen. Das hilft dem Gedächtnis oft auf die Sprünge.

Sollten Sie denselben Gedächtnisfehler immer wieder begehen, dann analysieren Sie einmal, *warum* das passiert, und entwerfen Sie ein System von Schritten, die Sie das nächste Mal einsetzen werden, um den **Fehler** zu vermeiden.

Entwickeln Sie ein gesundes Maß an **Selbstvertrauen** bezüglich Ihres Erinnerungsvermögens. Wenn Sie sicher wissen, daß Sie sich an etwas erinnern, dann sagen Sie es. Haben Sie sich aber ganz offensichtlich getäuscht, so geben Sie dies zu. Jeder macht Fehler.

Seien Sie ein wenig mißtrauisch gegenüber Antworten, die sehr spontan kommen und wohlbekannt wirken. Bei manchen Irrtümern handelt es sich um nichts anderes, als um alte schlechte Gewohnheiten des Gedächtnisses, die sich besonders gern dann einmischen, wenn man mit der Suche nach einer Erinnerung beschäftigt ist.

Üben, üben und immer wieder üben!

Wie Forschungsergebnisse zeigen, sind die meisten Menschen spontan in der Lage, sich sieben aufeinanderfolgende Zahlen – wie etwa die Ziffern einer Telefonnummer – problemlos zu merken. Mit entsprechender Übung ist es möglich, sich eine Zahlenreihe von bis zu 80 Ziffern fehlerlos einzuprägen. Nun mag es sein, daß Sie es nicht für sonderlich erstrebenswert halten, gerade diese spezielle Fähigkeit zu entwickeln. Diese Superleistung zeigt allerdings, wieviel sich auf dem Feld der Gedächtnisverbesserung durch intensives Training erreichen läßt.

ES IST DURCHAUS MÖGLICH, SICH EINE ZAHLENREIHE VON 80 ZIFFERN FEHLERFREI EINZUPRÄGEN.

Wenn Sie wissen, daß Sie regelmäßig mit einer bestimmten Gedächtnisaufgabe konfrontiert sind, dann zahlt es sich aus, eine *sichere* Methode der Gedächtnisverbesserung zu üben. Angenommen, Sie verkaufen eine breitgefächerte Palette von Produkten; dann möchten Sie natürlich Ihr komplettes Angebot im Kopf haben. Wenn Sie erst einmal in der Lage sind, alle Produkte vom Aussehen her zu identifizieren, sollten Sie üben, die Produktnamen aufzusagen, ohne hinzuschauen. Legen Sie eine Pause ein, und gehen Sie wieder alles durch. Wiederholen Sie diese Vorgehensweise so lange, bis die Namen sitzen. Sie werden feststellen, daß sich die Geschwindigkeit, mit der Sie die Einzelprodukte behalten können, vergrößert und daß Sie bald in der Lage sind, auch eine größere Anzahl auf einen Schlag zu behalten.

Üblicherweise sind etwa sechs **Wiederholungen** oder circa zehn Minuten pro Einprägevorgang nötig, um einen deutlich feststellbaren Fortschritt zu erzielen. Forschungsergebnisse zeigen, daß tägliches Üben über einen Zeitraum von einigen Wochen hinweg die Leistung verdreifacht. Deshalb sollten Sie auf diese Weise fortfahren, bis Sie zufrieden sind.

WENN SIE EINE REIHE VON EINZELWÖRTERN, MARKENNAMEN ODER ZAHLEN LERNEN WOLLEN, SOLLTEN SIE ÜBER MEHRERE WOCHEN HINWEG TÄGLICH ETWA ZEHN MINUTEN LANG ÜBEN.

Dieser Typ **mentaler Übung** eignet sich auch sehr gut, wenn Sie Stoff wiederbeleben wollen, den Sie früher einmal aus dem Effeff beherrschten, der aber inzwischen in Vergessenheit geraten ist, weil Sie ihn nicht gebraucht haben. Wenn Sie also aus gutem Grund annehmen dürfen, daß man von Ihnen irgendwann gerade zu diesem Thema einen Beitrag erwarten wird, dann üben Sie Ihr einmal beherrschtes Wissen auf die genannte Weise wieder ein. Da Sie nicht wieder beim Punkt Null mit dem Lernen beginnen müssen, werden Sie bald mehr und mehr **früheres Wissen reaktivieren** und auch sehr leicht **Neues hinzulernen.** Denn gerade die Kombination von Reaktivierung und Neulernen steigert die Leistung des Gedächtnises in hohem Maße.

Das tägliche Leben bietet uns unendlich viele Möglichkeiten, Gedächtnistraining zu betreiben. Man muß sich ständig Namen einprägen, seien es neue oder ehemals bekannte, nun wieder vergessene, wie beispielsweise die Namen von Filmstars, für die man als Jugendlicher schwärmte, oder die entfernter Verwandter und alter Bekannter.

Das tägliche Leben bietet uns jede Menge Möglichkeiten, den Einsatz von Gedächtnissteuerungen zu üben.

Es gibt natürlich auch spezielle Anforderungen an das Gedächtnis, die nicht jeden Tag vorkommen. Wohl kaum jemand wird täglich mit dem Problem konfrontiert, sich eine Wegbeschreibung merken zu müssen. Doch wenn die Situation eintritt, ist es meist wichtig, daß man sich die Beschreibung rasch einprägt und ohne lange irrezugehen zum angegebenen Ort findet. Die wenigsten Menschen aber trauen Ihrer Erinnerung an verbal erhaltene Instruktionen, ohne diese Form der Erinnerung zuvor geübt zu haben.

Wenn Sie Ihre Leistungen bezüglich außergewöhnlicher Aufgaben verbessern wollen, müssen Sie Mittel und Wege finden, solche Situationen zu *simulieren.* Für das oben genannte Beispiel könnten Sie sich von anderen Menschen Wegbeschreibungen geben lassen, wenn Sie zusammen im Auto unterwegs sind. Wenn Sie Ihr Namensgedächtnis verbessern wollen, dann schauen Sie sich im Fernsehen Talkshows an. Memorieren Sie dabei die Namen der Ihnen unbekannten Gäste (sie werden ja meist von Zeit zu Zeit eingeblendet).

Solche ausgedachten Übungen kann man allein durchführen, aber mehr Spaß bereiten sie, wenn man zusammen mit anderen ein Spiel daraus macht. Auch spezielle Computersoftware eignet sich für solche Gedächtnisspiele.

Selbst wenn Sie nicht soweit kommen, die Situation *praktisch* einzuüben, können Sie doch die Liste möglicher auf Sie zukommender Gedächtnisaufgaben durchgehen. Stellen Sie sich eine Aufgabe vor, die Sie gerne meistern möchten. Dann überlegen Sie, was Sie tun würden, um dieses Ziel zu erreichen: vielleicht eine geeignete Gedächtnissteuerung suchen, besonders sorgsam auf Ihren Gesundheitszustand achten, gegenüber der Aufgabe eine positive Haltung einnehmen, Ihre Umgebung zur Mitarbeit motivieren, wenn Sie die Aufgabe angehen, und so weiter. Sportler berichten, daß es ihre Wettkampfleistung verbessern hilft, wenn Sie sich vor ihrem geistigen Auge den kompletten Ablauf einer perfekten Leistung vorstellen. Auch Ihrem Gedächtnis kann eine solche Imagination zugute kommen.

Es bedeutet Arbeit und damit Zeitaufwand, doch wenn Sie Ihr Gedächtnis wirklich auf Hochtouren bringen wollen, ist es unerläßlich, daß Sie es über einen längeren Zeitraum hinweg systematisch trainieren. Leider verbessert die bloße Lektüre eines Buches das Gedächtnis genausowenig wie Lesen dem Golf- oder Tennisspieler hilft, seine Technik zu verfeinern.

Gesellschaftsspiele: mit Spaß lernen

Ich habe zwar mit aller Deutlichkeit darauf hingewiesen, daß zur Entwicklung eines guten Gedächtnisses Übung und harte Arbeit nötig sind, aber das heißt nicht, daß man nicht auch eine Menge Spaß dabei haben kann. Schließlich besteht eine Möglichkeit, das Gedächtnis zu üben, darin, Spiele zu spielen.

Fast jedes Brett-, Karten- oder Gesellschaftsspiel ist eine Herausforderung für das Gedächtnis. Spiele wie *Memory, Bridge, Poker, Skat, Go, Schach, Dame* oder auch *Kreuzworträtsel* können beinahe als vollwertige Gedächtnisverbesserungskurse angesehen werden (und sind möglicherweise sogar hilfreicher als reine Gedächtnistrainings). *Trivial Pursuit* stützt sich ganz und gar auf das Erinnerungsvermögen. *Scrabble* oder auch Spiele wie *Teekessel-Raten* sind bestens geeignet, den Wortschatz zu erweitern. Selbst *TV-Spiele* aller Art laden dazu ein, selbst mitzuraten und die Fähigkeiten des eigenen Gedächtnisses auszuloten und zu steigern.

> MIT DEN VERSCHIEDENSTEN SPIELEN LÄSST SICH DAS GEDÄCHTNIS AUF EINE VERGNÜGLICHE ART UND WEISE TRAINIEREN.

Die genannten Spiele werden Ihre allgemeinen Gedächtnisleistungen natürlich nicht innerhalb kürzester Zeit drastisch verbessern; doch wenn Sie regelmäßig verschiedene Spiele spielen, entdecken Sie dadurch vielleicht selbst ein paar sehr hilfreiche Gedächtnissteuerungen. Außerdem können Sie Ihren Erfolgsgrad bei diesen Spielen auch als eine Art „Gedächtnisbarometer" ansehen. Wenn Sie nämlich bemerken, daß Ihre Leistungen im Vergleich zu denen der Mitspieler abfallen, könnte dies ein Anreiz sein, den Zustand Ihres Gedächtnisses einmal unter die Lupe zu nehmen und dann etwas für dessen Verbesserung zu tun.

Rollenspiele

Rollenspiele sind eine weitere gute Möglichkeit, Ihre Gedächtnisfähigkeiten zu trainieren und gleichzeitig **Spaß** zu haben. Bitten Sie jemanden, den Sie gut kennen und der Ihr Vertrauen genießt, mit Ihnen zusammen Situationen darzustellen, in denen das Gedächtnis besonders gefordert ist.

Angenommen, Sie wollen Ihr Namensgedächtnis verbessern. (Übrigens die bestgehaßte Gedächtnisaufgabe bei jung und alt.) Für das Rollenspiel bitten Sie einen oder mehrere Partner, sich Namen auszudenken, mit denen sie sich Ihnen wie auf einer Party oder bei einem Geschäftstreffen bekannt machen. Sie müssen dann versuchen, die Namen zu behalten. Diese gespielten Vorstellungsszenen helfen – wenn sie gründlich geübt werden – in der Realität tatsächlich, Namen besser zu erinnern. Wenn Sie dann auch noch die Rollen tauschen, wird ein kleiner Wettbewerb daraus. Sieger ist, wer am schnellsten die meisten Namen über den längsten Zeitraum behält. Dieses Beispiel zeigt übrigens, daß es Situationen gibt, für die man schlecht oder gar nicht allein üben kann. Die Zusammenarbeit mit anderen dagegen ist oft sehr hilfreich und macht obendrein noch Spaß.

Zusammenfassung

Sie können auf eine Verbesserung Ihres Gedächtnisses hinarbeiten, indem Sie sich zunächst in Sachen Gedächtnis den vollen Durchblick verschaffen und dann auf der sogenannten Beschleunigungsstrecke üben. Das heißt, Sie erwerben nicht nur volle Kenntnis vom Vorhandensein bestimmter Strategien und Techniken zur Verbesserung des Gedächtnisses, Sie lernen auch, wann, wo und wie die einzelnen Methoden am effektivsten einzusetzen sind.

Große Erwartungen

Das Geheimnis um das Gedächtnis ist viel zu komplex, um ihm lediglich mit ein paar Techniken und Ratschlägen zur Verbesserung gerecht zu werden. Die moderne **Forschung** hat gezeigt, daß ein Mensch viele verschiedene Methoden anwenden kann und sollte, um flexibel auf die unterschiedlichsten Aufgaben, die dem Gedächtnis gestellt werden, reagieren zu können. Schließlich wird das Gedächtnis nicht zuletzt daran gemessen, inwieweit es angemessen auf die alltäglichen Anforderungen in den verschiedensten Lebenssituationen reagiert.

Jede Generation bringt ihre **Gedächtnisgenies** hervor, die auf den unterschiedlichsten Gebieten Erstaunliches leisten. Da gibt es Menschen, die können die komplette Bibel auswendig, andere lesen eine Zeitung durch und sind dann in der Lage, den gesamten Inhalt von vorn bis hinten (oder umgekehrt) wiederzugeben. Andere vermögen bis zu 80 mehrstellige Zahlen in der richtigen Reihenfolge zu wiederholen, obwohl sie sie nur einmal gehört haben, wieder andere können die Namen von hunderten von Leuten auf einen Schlag behalten. Obwohl diese Menschen sicherlich über eine recht spezielle Gedächtnisbegabung verfügen, ist ihre Fähigkeit doch nicht allein eine Folge ihres ungewöhnlichen Talents. Dieses Talent stellt nur die Basis dar, sehr viel **Anstrengung** und noch mehr **Übung** müssen hinzukommen. Dazu ist jedermann in der Lage. Selbst wenn Sie mit Ihrem Gedächtnis niemals zirkusreife Leistungen werden vollbringen können, so ist es Ihnen doch in jedem Fall möglich, eine deutliche Verbesserung zu erzielen, indem Sie Ihre grundsätzlich vorhandenen Fähigkeiten trainieren und Schritt für Schritt verbessern.

Unabhängig davon, wie bescheiden oder hochtrabend Ihr Ehrgeiz, die Gedächtnisleistung zu verbessern, auch sein mag: Der Weg zum Ziel besteht darin, sich ein ganzes Repertoire an Methoden anzueignen, darunter vor allem solche Techniken, die auf spezielle Aufgaben zugeschnitten sind. Denn eines ist sicher: Man kann sich an alles erinnern, wenn man sich wirklich erinnern will.

Ich hoffe, dieses Buch ebnet Ihnen den Weg zu einem besseren, effektiver funktionierenden Gedächtnis. Mit den Worten eines weisen alten Mannes möchte ich mich von Ihnen verabschieden:

Mögest du dich immer
an all das erinnern, was wichtig ist,
und den Rest vergessen.

LIEBE LESERIN, LIEBER LESER!

Während Sie die in diesem Buch vorgestellten Methoden ausprobieren, fallen Ihnen vielleicht Verbesserungen oder ganz neue Techniken ein, die anderen Menschen nützlich sein könnten. Solche Ideen (aber auch Ihre Kommentare zu den hier präsentierten Vorschlägen) wären für mich und meine Forschungsarbeit von unschätzbarem Wert. Sie helfen damit auch, eine Neuauflage dieses Buches zu verbessern. Schreiben Sie also gegebenenfalls an folgende Adresse: Dr. Douglas Herrmann, 7420 Rosewood Manor Lane, Gaithersburg, MD 20879, USA.

Register

Sachwortregister

Mnemotechniken

Externe Gedächtnisstützen

Gedächtnis-aufgaben

(= Dinge, an die man sich erinnern muß oder die zu erledigen sind)

Layout: Graphic Design David Barclay, Neu-Anspach
Übersetzung: Inge Uffelmann
Redaktion: Karin Schulze-Langendorff

Satz: DM-SERVICE OHG, Rodgau 3

47890195X817 2635 4453 6271

1096900X03 02 01 00